INVENTOR

인벤터 3D CAD 모델링을 위한 기본서

인벤터 설계

홍성기, 강민정 지음

BM (주)도서출판 성안당

■ 도서 A/S 안내

성안당에서 발행하는 모든 도서는 저자와 출판사, 그리고 독자가 함께 만들어 나갑니다.

좋은 책을 펴내기 위해 많은 노력을 기울이고 있습니다. 혹시라도 내용상의 오류나 오탈자 등이 발견되면 "좋은 책은 나라의 보배"로서 우리 모두가 함께 만들어 간다는 마음으로 연락주시기 바랍니다. 수정 보완하여 더 나은 책이 되도록 최선을 다하겠습니다.

성안당은 늘 독자 여러분들의 소중한 의견을 기다리고 있습니다. 좋은 의견을 보내주시는 분께는 성안당 쇼핑몰의 포인트(3,000포인트)를 적립해 드립니다.

잘못 만들어진 책이나 부록 등이 파손된 경우에는 교환해 드립니다.

저자 문의 e-mail : nthong23@daum.net, goldilove@naver.com

본서 기획자 e-mail : coh@cyber.co.kr(최옥현)

홈페이지 : http://www.cyber.co.kr   전화 : 031) 950-6300

인벤터 프로그램은 기계분야에서 쓰이는 3D 모델링 프로그램으로서 현재 2D 작성은 AutoCAD와 함께 쓰이고 있습니다. 앞서 저자가 집필한 "CAD 실무능력평가 1.2급"과 인벤터 프로그램 모두 설계를 위한 툴로써 캐드는 2D 작성, 인벤터는 3D 모델링을 하는 전문 프로그램으로 자리 잡았습니다. 인벤터를 배우는 목적은 기계분야 자격증과 3D 모델링을 활용하기 위해 배우는 경우가 많습니다. 그래서 전공자가 아닌 비전공자가 인벤터를 배우는 과정에서 자격증을 취득하거나 모델링을 목적으로 하더라도 기본적인 지식 없이 프로그램만 배워서는 활용도가 높지 않습니다. 시중에 나와 있는 인벤터 도서들 대부분 기계제도 기능사, 산업기사 등 자격시험과 전공자에 초점이 맞춰 있기에 내용이 기계로 한정되어 내용 구성 또한 기초지식이 전혀 없는 비전공자가 이해하기 어렵습니다. 본 도서는 인벤터 프로그램 입문에 비전공자와 전공자 모두 기본에 충실하도록 집필하였습니다. 인벤터 프로그램이 기계분야를 위해 만들어진 만큼 기계설계에 필요한 최소한의 기초지식을 쉽게 이해하고, 깊이 있게 학습할 수 있는 토대를 마련하도록 하였습니다.

앞서 캐드 책을 집필하며 언급하였듯 본 도서 또한 교육하면서 교재로 사용하기 좋고, 자격증 취득을 목표로 하는 독자들에게 최소한의 시간과 노력으로 합격할 수 있는 노하우를 전하려고 합니다. 교육하시는 선생님들과 교육에 종사하시는 모든 분께 제가 가진 작은 지식이나마 모두 공유한다는 생각으로 집필을 하게 되었습니다. 빼야 될 부분은 과감히 빼고, 꼭 알고 흥미를 높일 수 있는 다양한 예제와 핵심만을 모아 배울 수 있도록 구성하였고, 기계와 관련된 예제뿐만 아니라 비전공자도 다양하고 재밌는 예제를 통해 흥미를 높일 수 있도록 하였습니다. 본 도서가 교육기관의 교안으로 활용되길 바라며, 독학을 하는 독자를 위해 부족한 부분은 동영상을 통해 채우려 노력하였습니다.

마지막으로 저자가 직접 교육 현장에서 경험을 바탕으로 집필하고자 노력하였기에, 교육하시는 선생님들과 전공 및 비전공자에게 이 책을 통해 지식을 공유하고, 실무자와 현장에서 핵심을 한눈에 알 수 있는 지침서가 되기를 바랍니다.

본 도서의 특징은 다음과 같습니다.

Part 1은 인벤터를 처음 학습하는 분들을 위해 가능한 쉽고 다양한 예제와 명령어 설명으로 비전공자들도 흥미롭게 학습할 수 있도록 구성하였습니다.

Part 2는 심화 학습을 통해 실력 쌓기를 할 수 있습니다. 전산응용기계제도 기능사, 산업기사 실기시험에 대비한 KS 규격집 적용과 설계에 필요한 기초 내용을 담아 인벤터 작업형 실기 교재로 활용할 수 있습니다. 부품 모델링을 위한 부품 도면, 공용 부품을 활용한 조립 및 조립 도면을 작성할 수 있는 예제로 구성하였습니다.

Part 3은 실무에서 필요하고 알아두면 유용한 곡면 모델링, CAM 도면과 분해도 및 BOM 작성, 프레젠테이션과 재질, 질량 구하기 등 예제를 통해 인벤터의 다양한 기능을 사용할 수 있습니다.

본 도서가 출간되기까지 애써주신 출판사 관계자분들과 많은 도움을 주신 모든 분들께 진심으로 감사드립니다.

목 차

chapter 04 조립하기

chapter 05 공용 부품

part
3

인벤터 실무 활용

chapter 01 분해도

chapter 02 곡면 모델링

chapter 03 다양한 기능 및 모델링

인벤터 기초 다지기

Inventor(인벤터)는 오토데스크에서 만든 3D 프로그램으로 Auto CAD와
호환성이 좋으며 화면 구성 및 아이콘 등이 유사합니다. 이 장에서는 Inventor
를 처음으로 접하는 초보자를 주요 대상으로 가능한 쉬운 예제와 명령어 설명으
로 구성하였습니다. 비전공자들도 흥미롭게 학습할 수 있도록 다양한 예제를 학
습할 수 있습니다. 그리고 작성한 3D 모델링의 치수를 기입하여 도면화하는 방
법에 대해 알아보겠습니다.

Chapter 01 모델링

1

모델링

인벤터를 시작하기 위해 환경 설정에 대해 알아보고, 2D 스케치 방법과 3D 모델링에 대해
학습합니다.

1 인벤터 시작하기

1 인벤터 화면 구성

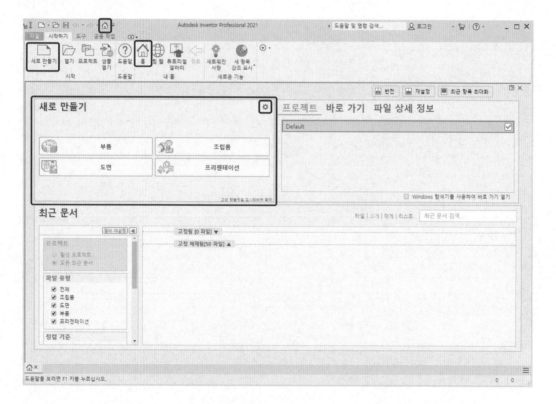

icon	기능
	파일을 시작하거나 파일을 열거나 최근 파일을 찾습니다.
(Ctrl + N)	새 파일 작성 대화상자를 불러옵니다.
 부품	새 부품, 이 템플릿은 피쳐와 하나 이상의 본체로 구성된 2D 또는 3D 객체를 작성합니다.
 도면	새 도면, 작성된 부품을 도면으로 표현, 형상, 치수 등 부품 변경이 자동 변경됩니다.
 조립품	이 템플릿은 정확하게 정렬된 부품과 기타 조립품으로 구성된 집합을 작성합니다.
 프레젠테이션	이 템플릿을 사용하여 조립품 파일에 대한 조립품 순서나 구성요소 관계를 표시하는 애니메이션 및 분해된 뷰를 작성합니다.

② 시작하기

❶ 첫 번째 방법은 '새 파일 작성 대화상자'를 불러와서 작업을 시작합니다.

홈 ▶ 시작하기 탭 ▶ 새로 만들기

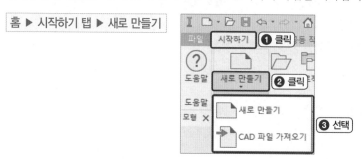

❷ 두 번째 방법은 홈 화면의 새로 만들기의 4개의 작업 공간 버튼을 눌러 시작합니다.

icon	기능	비고
Standard (mm).ipt	**부품** 2D 스케치와 3D 모델링을 작성	
ISO.idw	**도면** 작성된 모델링을 형상, 치수 등 도면화	
Standard (mm).iam	**조립품** 모델링 부품을 조립, 작동 조건에 맞게 구속조건을 적용하여 작성	
Standard (mm).ipn	**프레젠테이션** 조립품의 조립도 및 분해도를 작성. 애니메이션 뷰를 작성	

2 스케치 시작

스케치를 작성하는 방법은 다양하게 있습니다. 새 스케치를 하는 경우 원하는 작업 평면을 선택 후 원점으로 작성하는 경우와 모델링 작성 중 특정 면을 선택하여 스케치를 작성하는 방법 등이 있습니다.

1 첫 번째 방법

❶ 2D 스케치 시작

❷ 3개의 작업 평면 중 선택

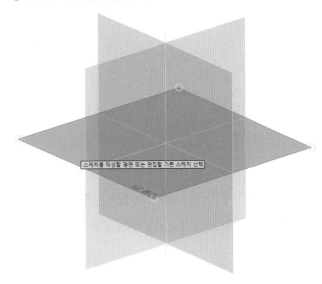

❸ 스케치 시작 화면

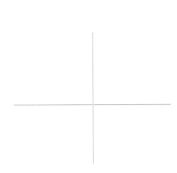

❹ 스케치 후 마우스 오른쪽

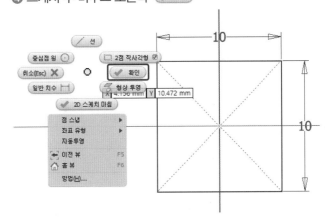

3개의 작업 평면 중 XY 평면이 정면으로 보이는 면입니다.

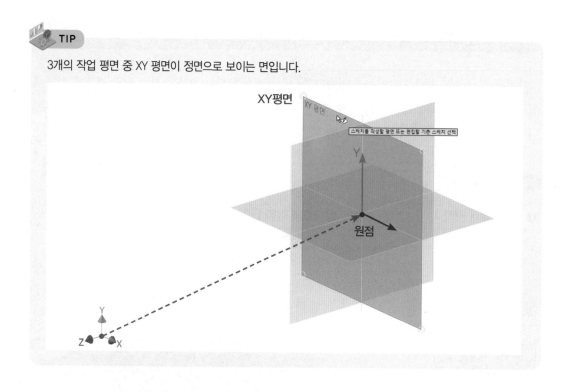

② 원점 평면에 스케치를 작성하는 방법

모형 검색기의 3개의 (XY평면, XZ평면, YZ평면) 평면 중 선택하여 스케치를 작성합니다.

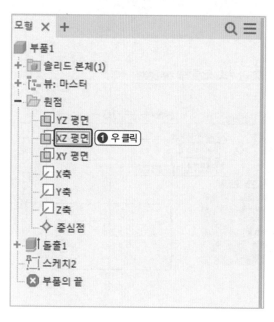

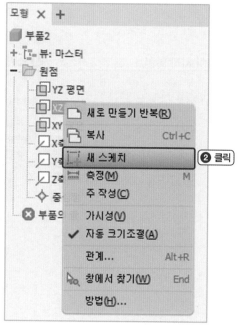

③ 생성된 솔리드의 평면에 스케치를 작성하는 방법

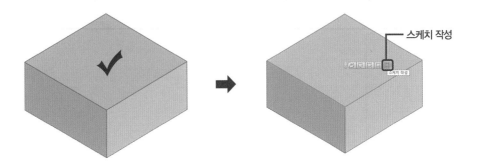

스케치 작성

④ 생성된 작업 평면에 스케치를 작성하는 방법

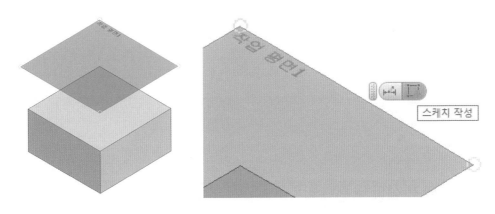

스케치 작성

 TIP

"모형 검색기"는 작업 내역이 기록되며, 모델링을 수정할 때 반드시 필요합니다. 실수로 마우스 클릭을 잘못한 경우 화면 왼쪽에 "모형 검색기"가 사라집니다.

다음과 같이 "뷰 ▶ 사용자 인터페이스 ▶ 모형 검색기"를 체크하면 다시 화면에 보입니다.

▲ 검색 창이 안 보일 때

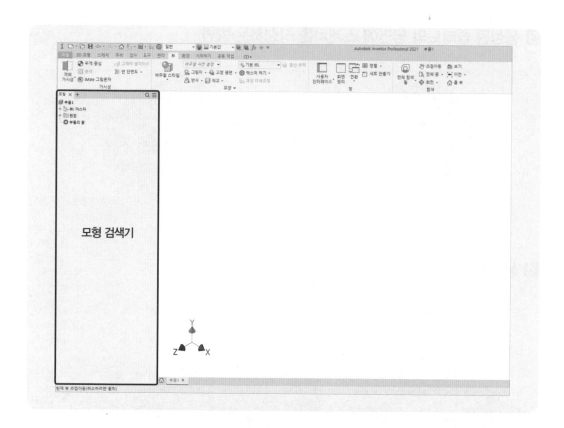

모형 검색기

1 도면(*.idw) 작성 시 스타일 편집기 설정

● 관리 탭 ▶ 스타일 편집기 ▶ 스타일 및 표준 편집기

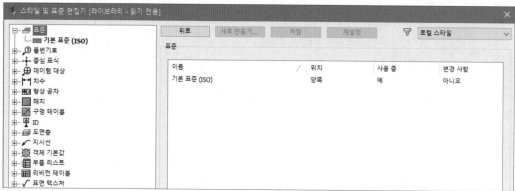

② 응용프로그램 옵션 및 문서 설정

● 도구 탭 ▶ 응용프로그램 옵션 설정 대화상자

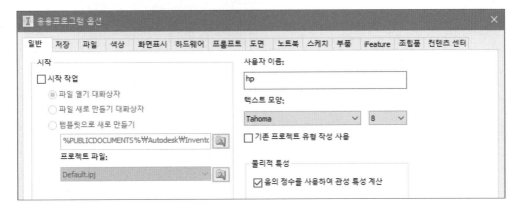

● 도구 탭 ▶ 문서 설정 ▶ 대화상자에서 단위 확인

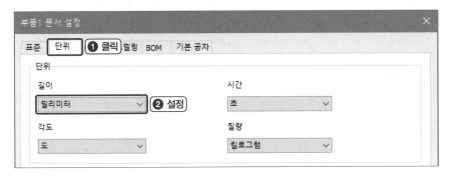

● 도구 탭 ▶ 응용프로그램 옵션을 실행하여 사용자 환경에 맞게 설정

[일반] 탭	[색상] 탭
[화면표시] 탭	스케치

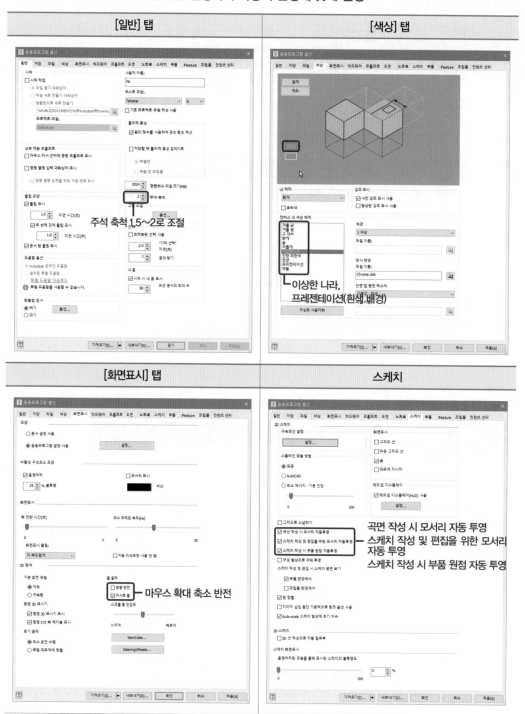

❸ 단축키

스케치(Sketch)							
NO	icon	단축키	기능	NO	icon	단축키	기능
1		L	선, 호 그리기	11		–	미러
2		A	중심점 호	12		–	3점 호
3		T	텍스트	13		–	2점 직사각형
4		X	자르기	14		–	모깎기(둥글게)
5		O	간격 띄우기	15		–	모따기(각지게)
6		D	치수 기입	16		–	연장
7		F7	그래픽 슬라이스	17		–	분할(2D)
8		F8 / F9	전체 구속조건 표시 / 숨김	18		–	중심선
9		Ctrl+Shift+C	중심점 원	19		–	직사각형 패턴
10		객체 선택 후 마우스 오른쪽	구성 선	20		–	원형 패턴

피처(Features)							
1		S	2D 스케치	13		Ctrl+Shift+L	로프트
2		E	돌출	14		Ctrl+Shift+S	스윕
3		R	회전	15		–	쉘
4		H	구멍	16		–	면 기울기

5		F	모깎기	17			–	스레드
6		]	작업 평면	18			–	분할(3D)
7		/	작업축	19			–	직접 편집
8		.	작업점	20			–	솔리드 결합
9		Ctrl + Shift + K	모따기	21			–	두껍게 하기 /간격 띄우기
10		Ctrl + Shift + R	직사각형 패턴	22			–	면 삭제
11		Ctrl + Shift + O	원형 패턴	23			–	엠보싱
12		Ctrl + Shift + M	미러	24			–	리브(보강재)

조립(Assembly)								
1		C	구속조건 활성화	4			P	구성요소 배치
2		G	구성요소 자유 회전	5			N	구성요소 작성
3		V	구성요소 자유 이동					

프레젠테이션(Presentation)								
1		T	구성요소 미세조정				–	모형삽입

뷰(Views)								
1		F1	도움말	8			–	형상투영
2		F2	초점 이동	9			–	절단 모서리 투영

3		F3	확대, 축소	10		Shift+휠 버튼	뷰 자동회전
4		F4	객체 회전	11		Shift+F5	다음 뷰
5		F5	이전 뷰	12		Space Bar	마직막 재실행
6		F6	등각투영 뷰	13		Delete	선택한 객체 삭제
7		Home	줌 전체	14		Esc	선택 해제, 종료

윈도우(Windows)

1		Ctrl+P	인쇄	6		Ctrl+C	복사1
2		Ctrl+S	저장	7		Ctrl+V	붙여넣기
3		Ctrl+O	새 문서 열기	8		Ctrl+X	잘라내기
4		Ctrl+N	새 문서 작성	9		Ctrl+Y	명령 복구
5		Ctrl+Z	명령 취소	10		Ctrl+A	전체 선택

4 구속조건

	I	수직	◎	–	동심	≡	–	수평
	=	동일	🔒	–	고정	⟲	–	접선
	–	일치	//	–	평행	✕	–	부드럽게
	–	동일선상	⌊	–	직각	⊓⊔	–	대칭

① 일치		② 동일선상		③ 동심	

점–선 또는 점–점을 일치 | 두 개의 선을 동일선상에 일치 | 두 개의 원의 중심을 일치

④ 평행		⑤ 직각		⑥ 수평	

두 개의 선을 서로 평행하게 | 두 개의 선을 서로 직각으로 | 수평이 아닌 선을 수평하게

⑦ 수직		⑧ 접선		⑨ 동일	

수직이 아닌 선을 수직으로 | 원과 선을 접하게 | 선 또는 원을 동일하게

⑩ 대칭		⑪ 부드럽게		⑫ 고정	

서로 대칭되도록 구속 | 선을 부드럽게 연결 | 선택 요소를 현재 자리에 고정

4 스케치 작성

icon	기능
/	선(L)
∿	제어 꼭지점 스플라인
∿	보간 스플라인

1 2D 선 그리기 /

2D 스케치에서 스케치 탭 그리기 패널 선 / 을 클릭합니다.

❶ 시작점과 끝점을 클릭합니다. 계속해서 클릭하여 연속하는 직선을 작성할 수 있습니다. 작업을 종료하려면 [Esc] 키를 눌러 종료합니다.

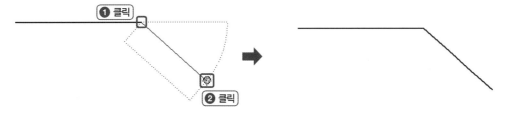

❷ 선의 끝에서 접하는 호를 작성하려면 호가 시작될 지점에서 마우스 왼쪽 버튼을 클릭한 상태로 드래그하여 작성합니다. 마우스 버튼을 놓으면 구속조건이 적용됩니다. 계속해서 클릭하여 연속 선 또는 호를 작성합니다. 작업을 종료하려면 두 번 클릭하거나 [Esc] 키를 눌러 호를 종료합니다.

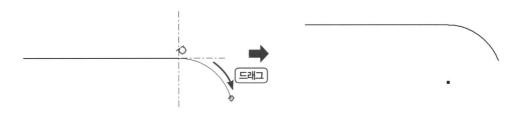

2 제어 꼭지점 스플라인 작성 ∿

두 가지 유형의 제어 꼭지점 스플라인 및 보간 스플라인을 지원합니다.

❶ 작성

• 활성 스케치에서 스케치 탭 ▶ 작성 패널 ▶ 제어 꼭지점 스플라인을 클릭합니다.

- 클릭하여 첫 번째 점 클릭 후 계속 클릭하여 스플라인을 작성합니다.
- [확인]을 클릭하여 스플라인을 완성하고 명령을 종료합니다.

❷ 편집

아래와 같이 편집합니다.

- 제어 꼭지점을 끌어 변형합니다. 끝점을 끌어 셰이프의 크기를 조절합니다.
- 제어 꼭지점을 끌어 변형합니다. 끝점을
  끌어 셰이프의 크기를 조절합니다.

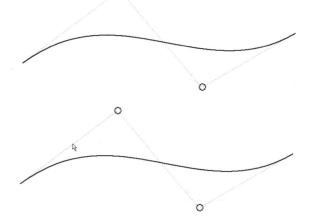

- 점선(공차)을 끌어 스플라인 셰이프를 변
  경합니다.

❸ 보간 스플라인 작성

❶ 작성

- **활성 스케치에서 스케치 탭 ▶ 작성 패널 ▶ 보간 스플라인**을 클릭합니다.

❷ 편집

아래와 같이 편집합니다.

- 점을 끌어서 재배치하고 끝점을 끌어 셰이프의
  크기를 조절합니다.

- 접선 핸들을 마우스 오른쪽 버튼으로 클릭하고
  핸들을 끌어서 스플라인 셰이프를 조정합니다.

④ 원과 타원

icon	기능
	중심점 원(Ctrl+Shift+C)
	접선 원
	타원

❶ 원 작성

- **스케치 탭 ▶ 작성 패널 ▶ 원**을 클릭합니다.
- 원 도구는 원형 셰이프를 중심점과 반지름에서 작성합니다.

❷ 접선 원 작성

3개의 선에 접하도록 작성합니다.

❸ 타원 작성

- **스케치 탭 ▶ 작성 패널 ▶ 원**의 ▼ 아래 화살표를 눌러 **타원**을 클릭합니다.
- 타원은 중심점, 장축 및 단축을 사용하여 타원을 작성합니다.

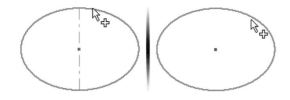

⑤ 호 그리기

icon	기능
	3점 호(A)
	접선 호
	중심점 호

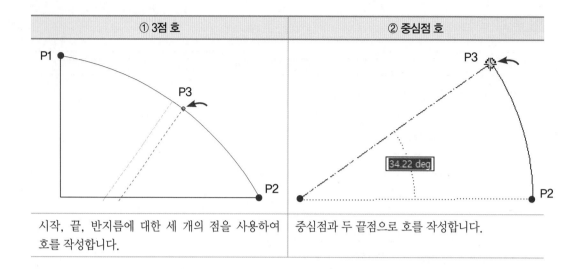

① 3점 호	② 중심점 호
P1, P3, P2를 사용한 호	P3, P2, 34.22 deg를 사용한 호
시작, 끝, 반지름에 대한 세 개의 점을 사용하여 호를 작성합니다.	중심점과 두 끝점으로 호를 작성합니다.

6 직사각형, 슬롯, 폴리곤

icon	기능
	2점 직사각형
	3점 직사각형
	두 점 중심 직사각형
	세 점 중심 직사각형
	중심 대 중심 슬롯
	전체 슬롯
	중심점 슬롯
	3점 호 슬롯

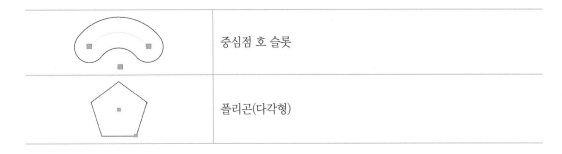	중심점 호 슬롯
	폴리곤(다각형)

❶ 직사각형 작성

스케치 탭 ▶ 작성 패널 ▶ 직사각형 ☐을 클릭합니다.

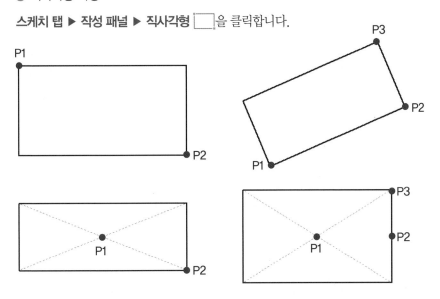

❷ 슬롯 작성

스케치 탭 ▶ 작성 패널 ▶ 직사각형 ☐의 ▼ 아래 화살표를 눌러 슬롯을 클릭합니다.

다음 중 하나를 선택하여 작성합니다.

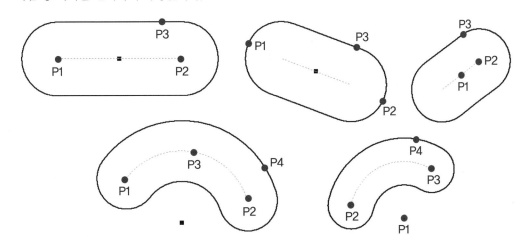

❸ 폴리곤(다각형) 작성

스케치 탭 ▶ 작성 패널 ▶ 직사각형 ▢의 ▼ 아래 화살표를 눌러 폴리곤 ⬠을 클릭합니다.

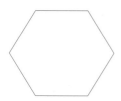

- 폴리곤 도구는 최대 120개 면을 갖는 폴리곤을 작성할 수 있습니다.
- 내접 – 두 모서리 간의 꼭지점을 사용하여 폴리곤의 크기와 방향을 결정합니다.
- 외접 – ⬡ 모서리 세그먼트의 중간점을 사용하여 폴리곤의 크기와 방향을 결정합니다. 작성할 모서리 수를 입력합니다.

---

5 모델링

1 돌출하기 ▣ (단축키 : E)

❶ 돌출 작성

- 리본에서 **3D 모형 탭 ▶ 작성 패널 ▶ 돌출**을 클릭합니다.
- ▣ **솔리드(기본값) – 열리거나 닫힌 프로파일에서 솔리드 피쳐를 작성합니다.**

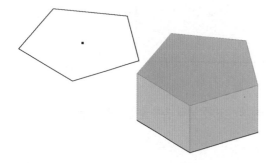

❷ ▣ 곡면

열리거나 닫힌 프로파일에서 곡면 피쳐를 작성합니다. 이 옵션은 곡면 또는 분할 부품을 작성 시 분할 도구로 사용할 수 있습니다.

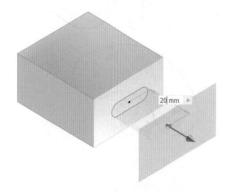

② 돌출하기 대화창 옵션

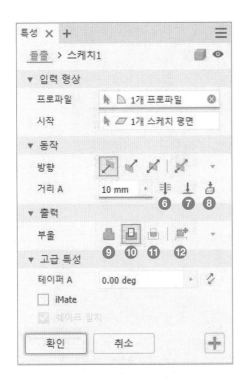

- 스케치에 프로파일이 한 개뿐이면 해당 프로파일이 자동으로 선택됩니다. 그렇지 않으면 스케치 프로파일을 선택합니다.

돌출 방향

❶ 방향 : 기본값

❷ 반전 방향 : 반대 방향으로 돌출

❸ 대칭 : 거리A 값의 1/2을 사용하여 양방향으로 돌출

❹ 비대칭 : 거리 A 및 거리 B의 두 값을 사용하여 돌출

❺ 테이퍼 A : 기울기(각도)를 설정

❻ 전체 관통 : 모든 피쳐와 스케치를 관통하여 프로파일을 돌출

❼ 지정 면까지 : 돌출을 종료할 끝점, 꼭지점, 면 또는 평면을 선택합니다.

❽ 다음 면까지 : 지정된 방향에서 돌출을 종료할 수 있는 다음 면이나 평면을 선택합니다.

❾ 접합 : 돌출 피쳐로 작성된 체적을 다른 피쳐 또는 본체에 추가합니다. 조립품 돌출에는 사용할 수 없습니다.(합집합)

❿ 절단 : 돌출 피쳐로 작성된 체적을 다른 피쳐 또는 본체에서 제거합니다.(차집합)

⓫ 교차 : 돌출 피쳐와 다른 피쳐의 교차된 피쳐를 작성합니다.(교집합)

⓬ 새 솔리드 : 추가 솔리드 생성

❶ 돌출 방향

- 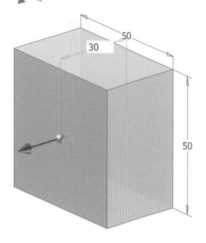 방향 : 기본값

- 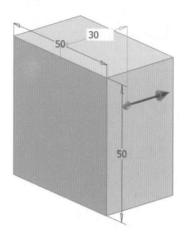 반전 방향 : 반대 방향으로 돌출

-  대칭 : 스케치 평면의 양방향으로 돌출

- 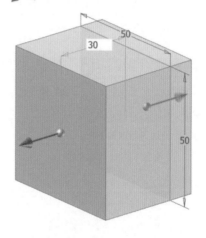 비대칭 : 스케치 평면에서 비대칭으로 돌출

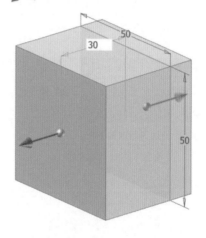

❷ 테이퍼(각도) 돌출

- 돌출 시 (−)각도 방향

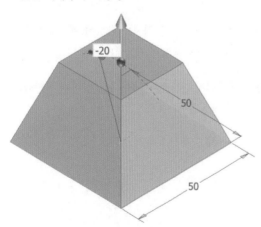

- 돌출 시 (+)각도 방향

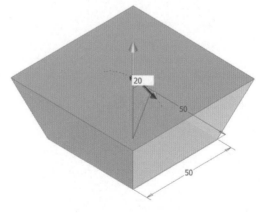

❸ 돌출 시 객체의 부울 여부

- 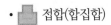 접합(합집합)

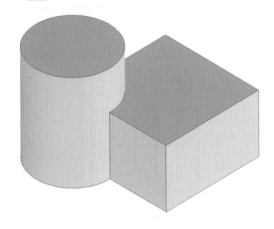

- 절단(차집합)

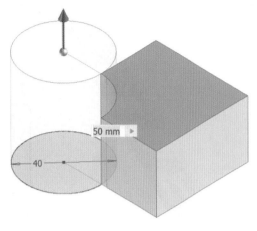

- 교차(교집합)

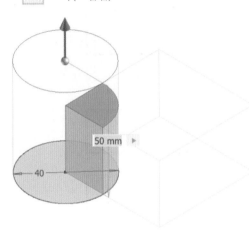

- 새 솔리드

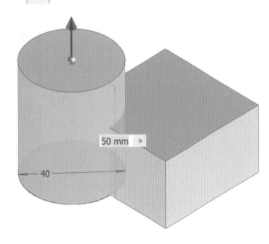

아래 예제를 완성해 봅니다.

※ 치수와 구속조건을 잘 활용합니다.

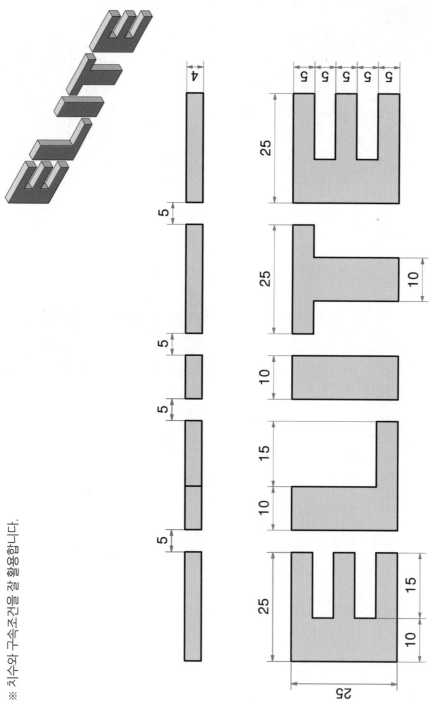

①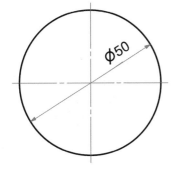

②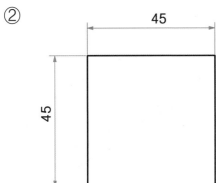

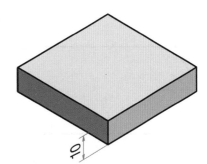

③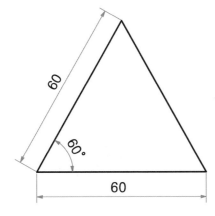

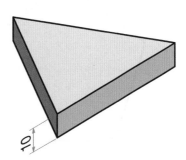

①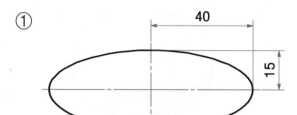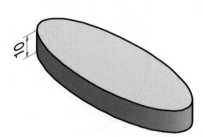

②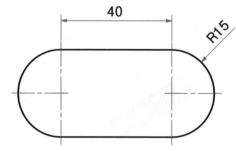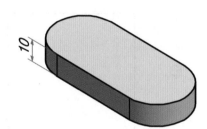

③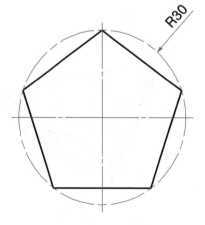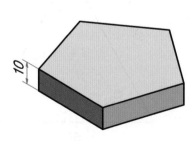

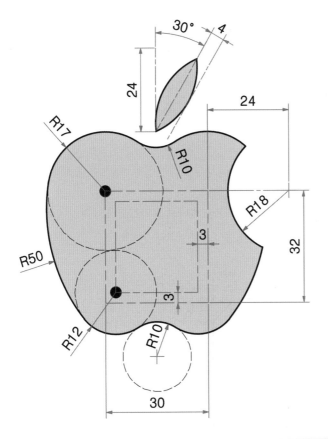

③ 모깎기와 모따기

icon	기능
	모깎기 둥글게(F)
	모따기 각지게
	3D 모깎기 둥글게(F)
	3D 모따기 각지게(Ctrl+Shift+K)

❶ 모깎기

스케치 탭 ▶ 작성 패널 ▶ 모깎기를 클릭합니다.

• 지정된 반지름으로 이루어진 모서리를 둥글게 작성합니다.

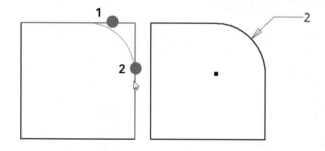

❷ 모따기

스케치 탭 ▶ 작성 패널 ▶ 모따기를 클릭합니다.

• 모서리를 경사지게 작성합니다.

• 세 가지 방법(예 등거리, 두 개의 거리 및 거리와 각도) 중 하나로 모따기를 합니다.

[등거리 예시]

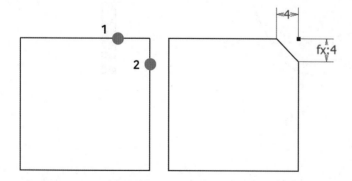

❸ 3D 모깎기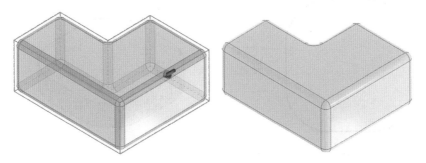

- 하나 이상의 모서리 또는 면에 모깎기 또는 라운드를 선택합니다.
- 구성요소의 내부/외부 모서리 또는 구성요소의 피쳐를 둥글게 합니다.
- 모서리, 면 또는 전체 둥근 모깎기를 작성할 수 있습니다.

❹ 3D 모따기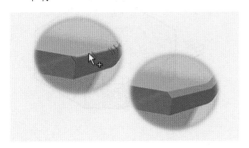

- 하나 이상의 구성요소 모서리에 적용합니다.
- 구성요소 모서리를 모따기합니다. 1개의 거리 및 각도 또는 2개의 거리로 모따기를 작성할 수 있습니다.

①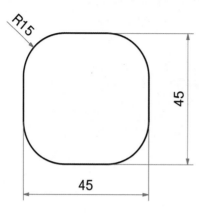

②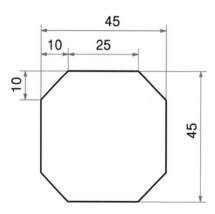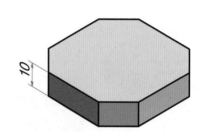

③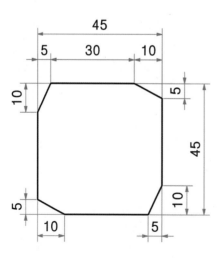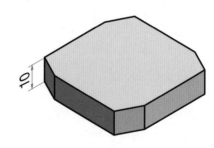

④ 미러와 간격 띄우기

icon	기능
△	미러
△	3D 미러(Ctrl+Shift+M)
⊂	간격 띄우기(O)

❶ 미러

부품 파일에서 **3D 모형 탭 ▶ 패턴 패널 ▶ 미러**를 클릭합니다.

• 스케치에서 미러 축으로 선을 사용합니다.

• 미러 명령은 작업 평면 및 미러 평면의 기존 평면형 면을 사용할 수 있습니다.

    – 2D 스케치 탭 △   – 3D 모형 탭 △

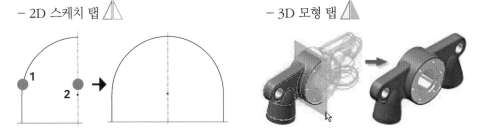

※ 조립품 파일(Inventor LT는 사용 불가)에서 **조립 탭 ▶ 패턴 패널 ▶ 미러** ▯▮를 사용합니다.

❷ 간격 뛰우기 ⊂

• **스케치 탭 ▶ 수정 패널 ▶ 간격 띄우기**를 클릭합니다

    – 기본적으로 간격 띄우기는 원래 형상으로부터 등거리만큼 떨어져 선택된 형상을 작성합니다.

    – 개별적인 곡선을 간격 띄우기 할 수 있습니다.

    – 마우스 오른쪽 버튼을 클릭하고 루프 선택 시 연결된 선 모두 선택할 수 있습니다.

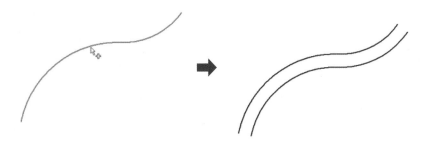

①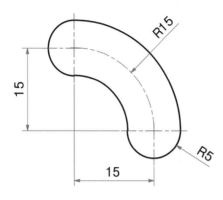

②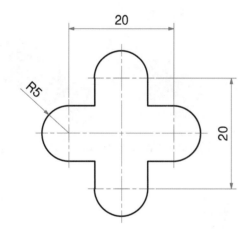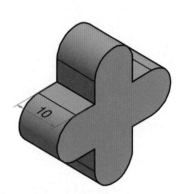

③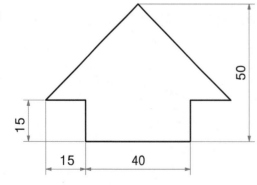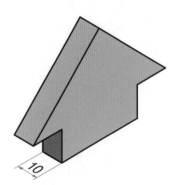

①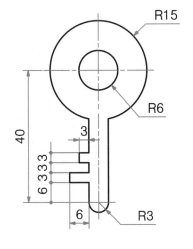

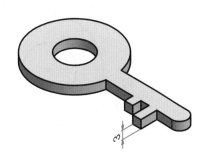

②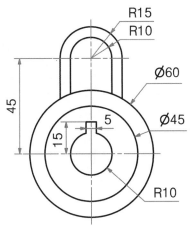

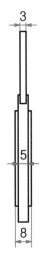

③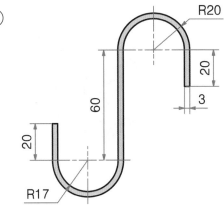

①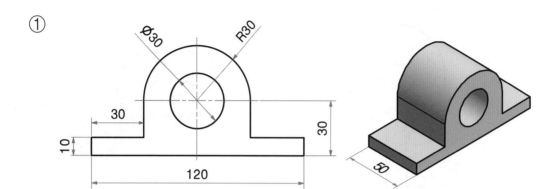

②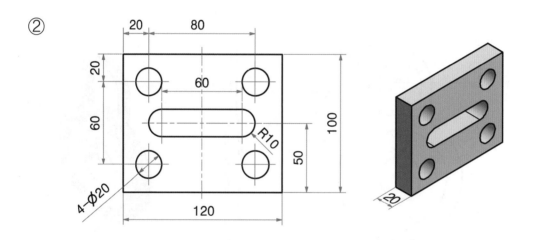

③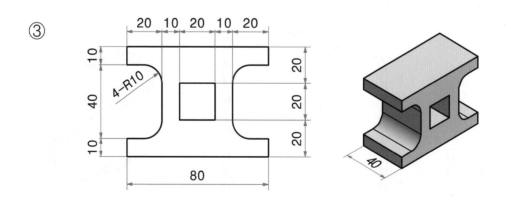

①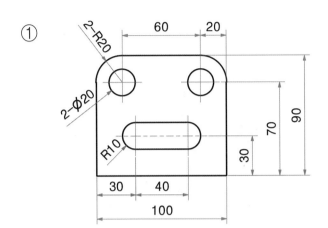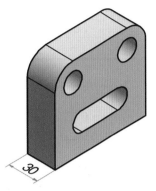

②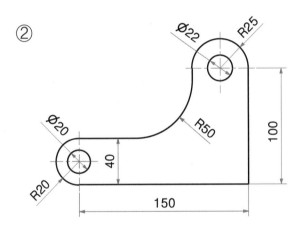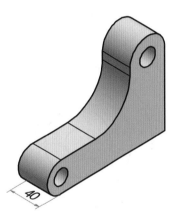

③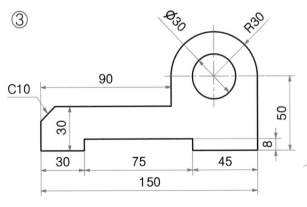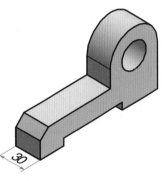

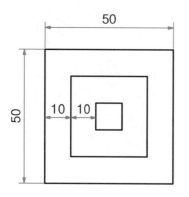

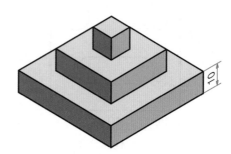

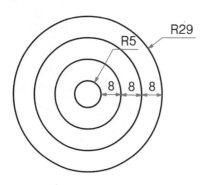

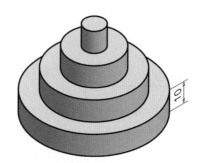

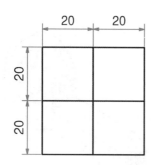

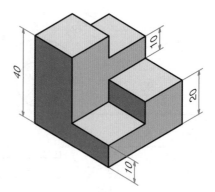

①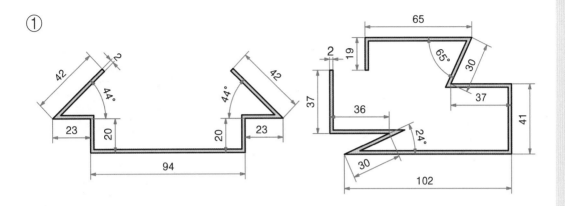

②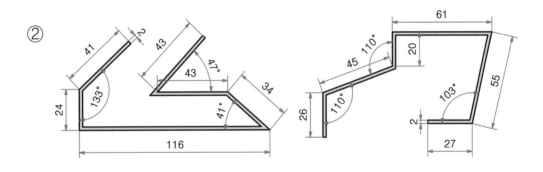

③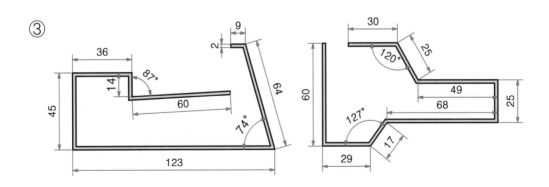

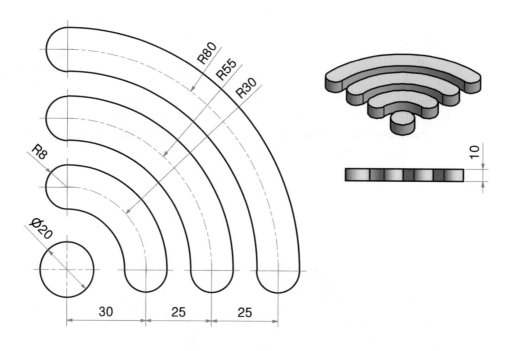

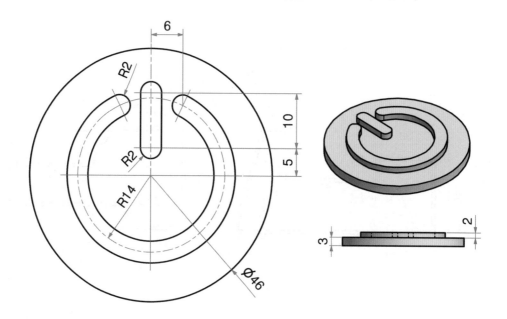

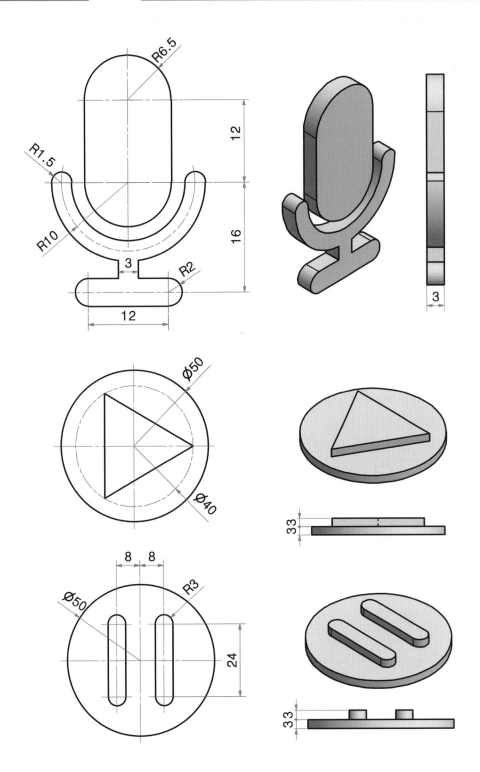

5 직사각형과 원형 패턴

icon	기능
⬚–⬚ ⬚–⬚	직사각형 패턴
○○○ ○○○	원형 패턴
⬚–■ ■–■	3D 직사각형 패턴(Ctrl+Shift+R)
○○ ●●●	3D 원형 패턴(Ctrl+Shift+O)

패턴 명령을 사용하여 스케치 형상의 패턴을 작성할 수 있습니다. 패턴 구성요소 간의 연관 관계를 제거할 경우 형상은 더 이상 패턴이 아니라 개별적으로 편집할 수 있는 형상 요소가 됩니다.

❶ 직사각형 패턴 ⬚–⬚
⬚–⬚

• 스케치에서 **스케치 탭 ▶ 패턴 패널**을 클릭하고 직사각형을 클릭합니다.

 – 선택한 스케치 형상을 복제하고 행과 열로 배열합니다.

 – 패턴화할 형상을 선택한 다음 방향, 사본 수, 사본 간의 거리를 지정합니다.

 – 모서리 또는 작업 피쳐를 선택하여 방향을 지정합니다.

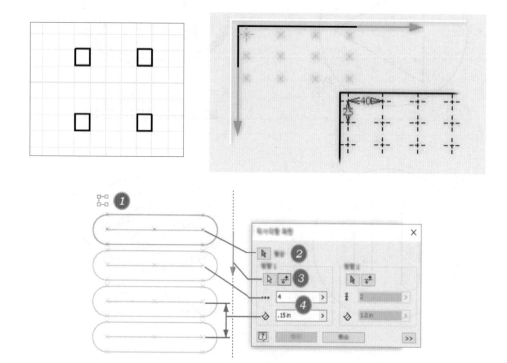

- 직사각형 패턴 대화상자의 방향 1에서 선택 도구를 클릭한 다음 패턴의 첫 번째 방향을 정의할 형상을 선택합니다. 초록색 화살표가 방향을 나타냅니다.

- 방향 1의 경우 작성할 숫자를 입력하고 간격 란에는 요소가 서로 떨어져 있어야 하는 거리를 입력합니다.

- 방향 2에 대해서도 작성 수와 간격을 입력할 수 있습니다.

- 확인을 클릭하여 패턴을 작성합니다.

❷ 원형 패턴

- 스케치에서 **스케치 탭 ▶ 패턴 패널**을 클릭하고 원형을 클릭합니다.

  - 선택한 스케치 형상을 복제하고 호 또는 원 패턴으로 배열합니다.

  - 패턴화할 형상을 선택하고 축으로 사용할 점 또는 중심을 선택합니다. 사본 수와 각도를 지정합니다.

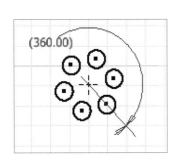

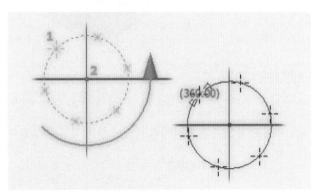

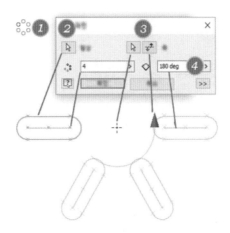

- 원형 패턴 대화상자의 축에서 선택 도구를 클릭한 다음 패턴 축으로 정의할 점, 꼭지점 또는 작업축을 선택합니다.

- 파란색 화살표가 축을 나타냅니다.

- 개수 필드에 작성할 요소 수를 입력하고 각도 필드에는 첫 번째와 마지막 패턴 구성요소 사이의 각도를 입력합니다.
- 확인을 클릭하여 패턴을 작성합니다.

❸ 직사각형 패턴 (3D)

- 중복 피쳐, 솔리드 또는 본체를 작성하여 이를 열과 행에 배열하거나 경로를 따라 배열합니다.
- 패턴에서 피쳐 또는 본체의 간격 및 번호를 지정할 수 있습니다.

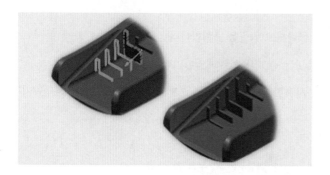

❹ 원형 패턴 (3D)

- 중복 피쳐, 솔리드 또는 본체를 작성하여 호 또는 원형 패턴에 배열합니다.
- 패턴에서 피쳐 또는 본체의 간격 및 번호를 지정할 수 있습니다.

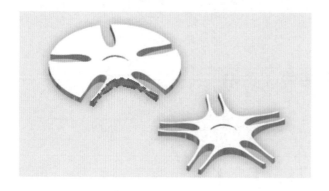

①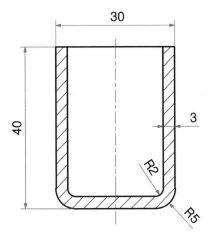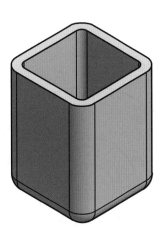

②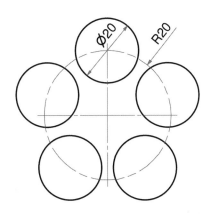

③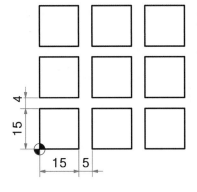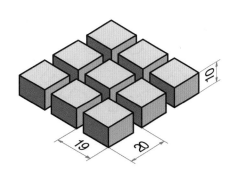

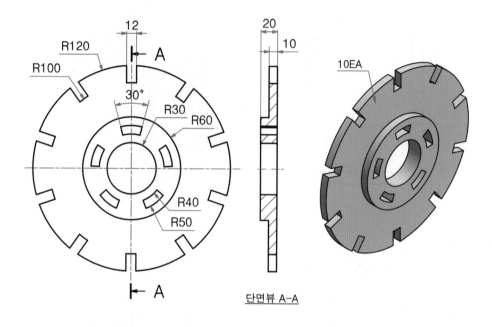

단면뷰 A–A

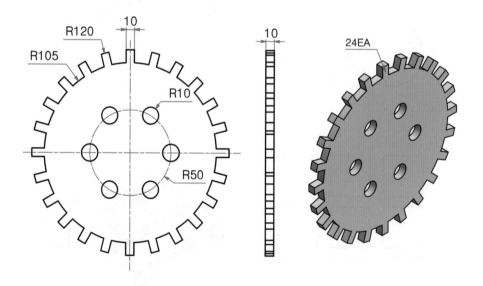

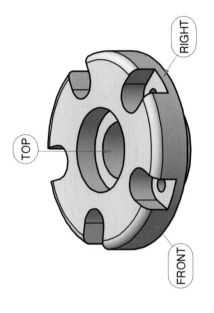

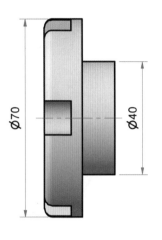

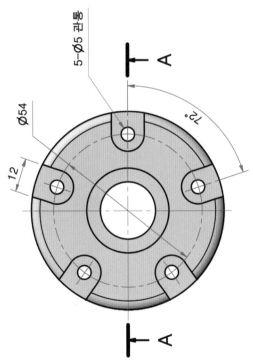

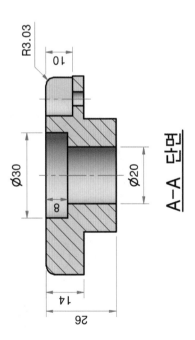

A-A 단면

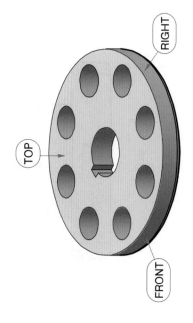

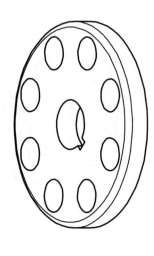

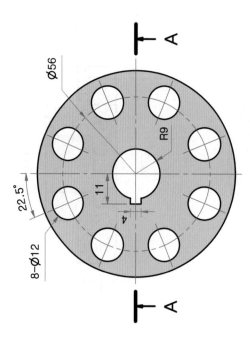

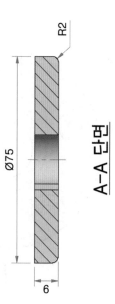

A-A 단면

기초 예제 **18**

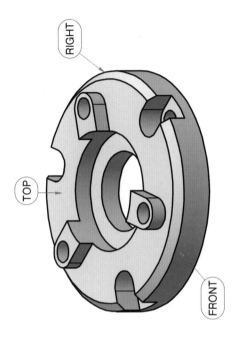

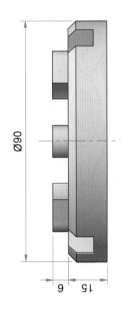

Ø90

6
15

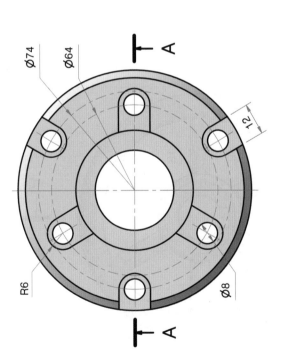

Ø74
Ø64
A
12
R6
Ø8
A

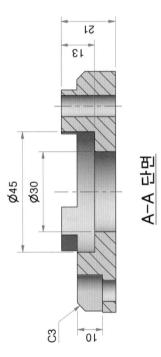

21
13
Ø45
Ø30
C3
10

A-A 단면

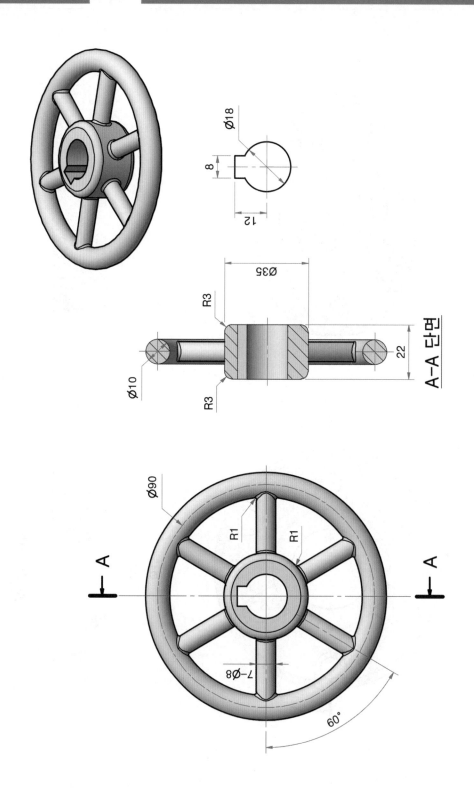

⑥ 회전 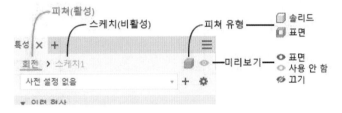(단축키 : R)

① 리본에서 **3D 모형 탭 ▶ 작성 패널 ▶ 회전**을 클릭합니다.

② 축을 기준으로 하나 이상의 스케치된 프로파일을 회전하여 피쳐 또는 본체를 작성합니다.

③ 최대 360도로 프로파일을 회전할 수 있습니다.

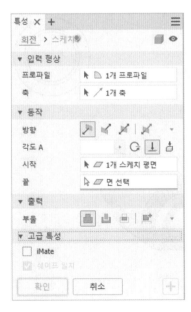

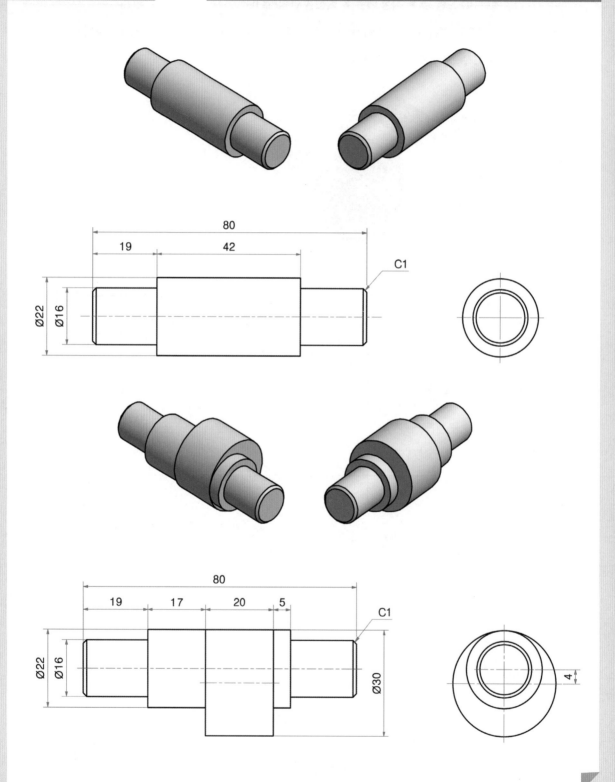

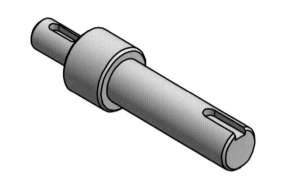

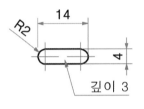

14

R2

4

깊이 3

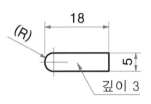

18

(R)

5

깊이 3

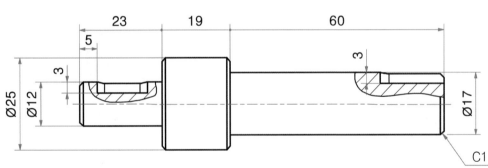

23 19 60

5

3

3

Ø25 Ø12 Ø17

C1

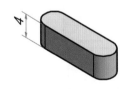

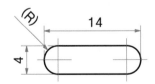

(R) 14

4

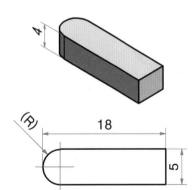

(R) 18

4

5

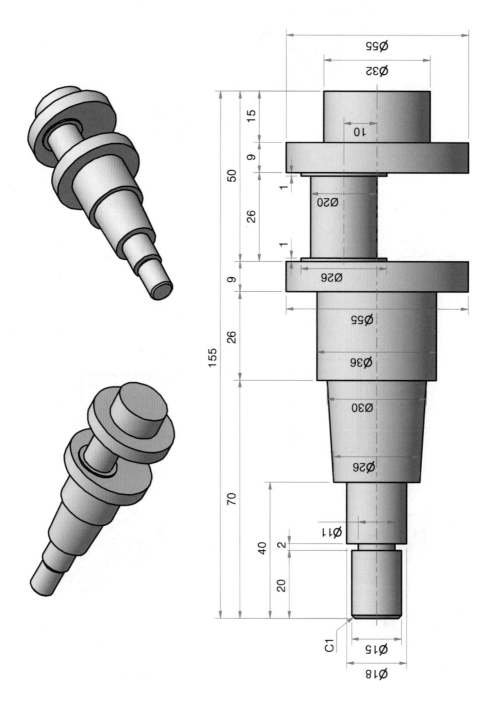

☑ 로프트 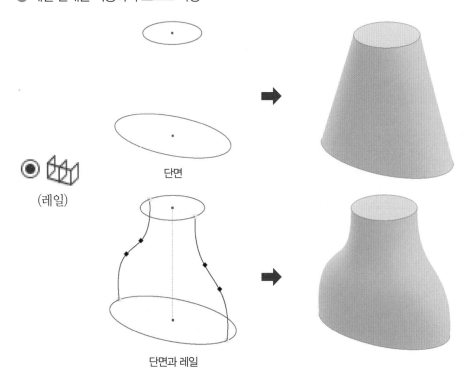, 단면 돌출(단축키 : Ctrl + Shift +L)

❶ 3D 모형 탭 ▶ 작성 패널 ▶ 로프트를 클릭합니다.

- 로프트는 단면이라는 여러 프로파일을 혼합하여 부드러운 셰이프로 변형됩니다.
- 두 개 이상의 스케치 사이에 프로파일을 선택하여 형상을 작성합니다.
- 스케치된 프로파일 외에 로프트 단면으로 포함할 면과 점을 선택할 수 있습니다.

❷ 레일 안내를 사용하여 로프트 작성

(레일)

단면

단면과 레일

❸ 중심선 로프트 작성

- 중심선 ⊙ : 중심선은 단면 사이의 로프트 셰이프를 중심선에 수직으로 유지합니다.

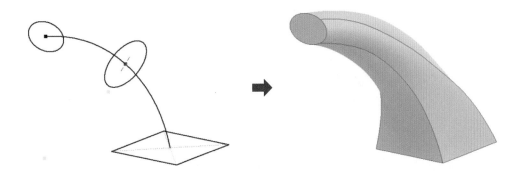

❹ 점으로 로프트 작성

• 점 단면은 로프트의 시작 또는 끝에 있어야 합니다.

• 점이 있는 중심선을 지정하는 경우 중심선은 점 단면을 관통해야 합니다.

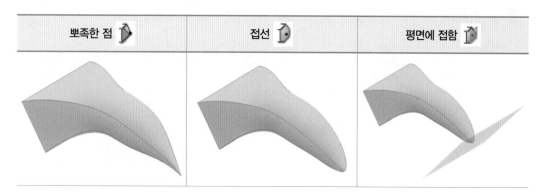

곡선 탭	상태 탭	상태 탭 ⇨ 점 스케치
뽀족한 점	접선	평면에 접함

❺ 면적 로프트 작성

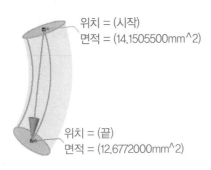

위치 = (시작)
면적 = (14.1505500mm^2)

위치 = (끝)
면적 = (12.6772000mm^2)

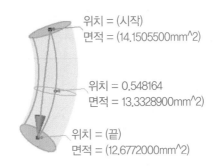

위치 = (시작)
면적 = (14.1505500mm^2)

위치 = 0.548164
면적 = 13.3328900mm^2)

위치 = (끝)
면적 = (12.6772000mm^2)

 예제 01 **아래 도면을 완성해 봅니다.**

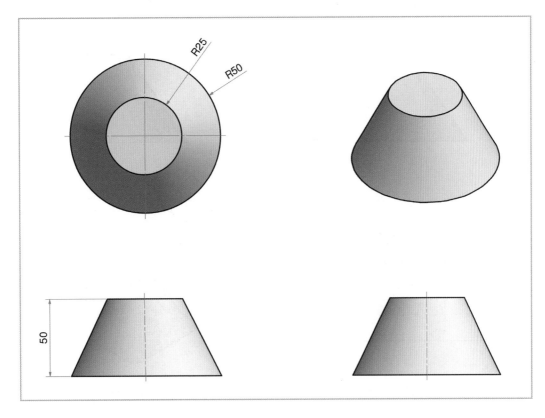

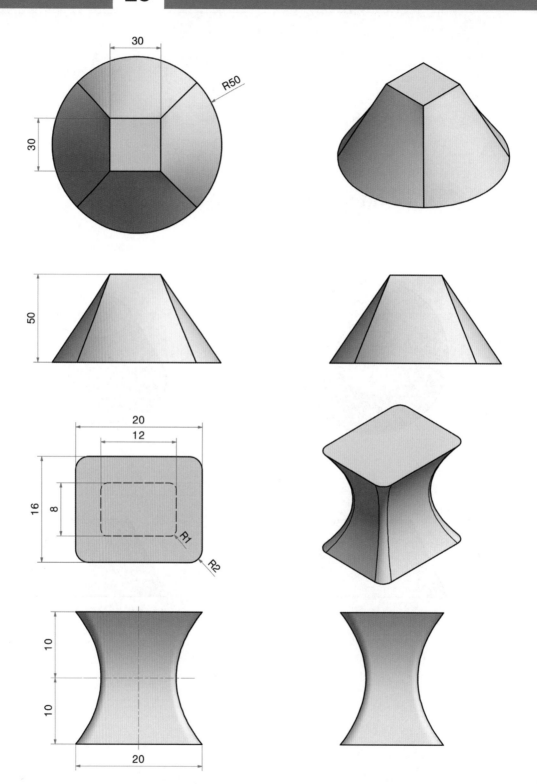

8 리브

예제 01 아래 도면을 완성해 봅니다.

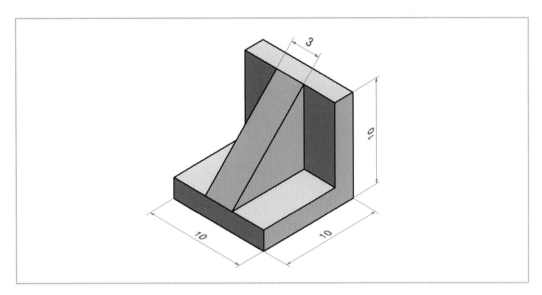

TIP

1. 스케치 평면에 수직 을 이용하는 방법

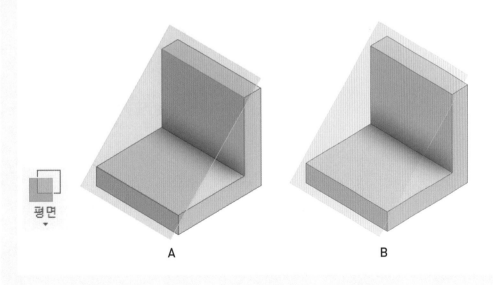

A   B

평면
▼

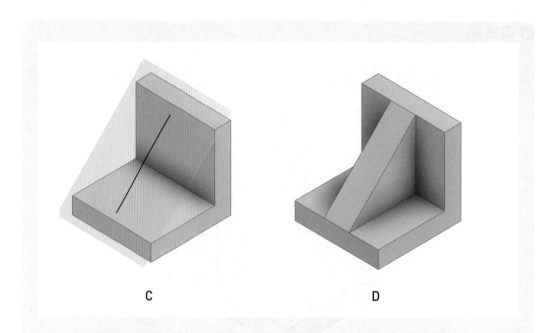

C   D

2. 스케치 평면에 평행 🔲 을 이용하는 방법

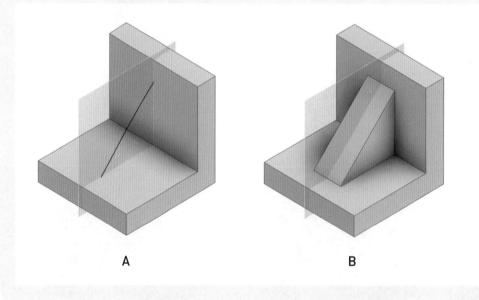

A   B

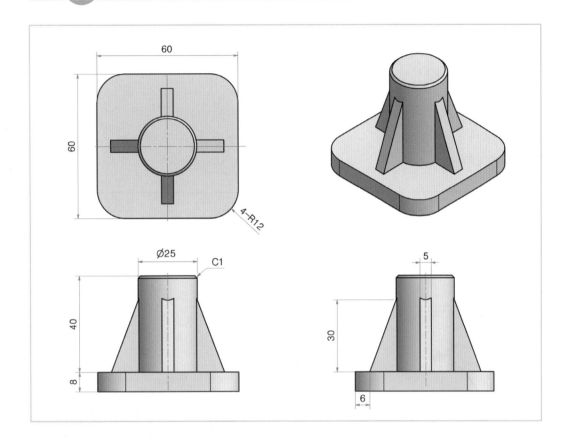

⑨ 스윕

① 3D 모형 탭 ▶ 작성 패널 ▶ 스윕을 클릭합니다.

• 스윕은 경로 및 안내 레일을 따라 그리고 경로 및 안내 곡면을 따라 작성할 수 있습니다.

• 선택한 경로를 따라 하나 이상의 스케치 프로파일 또는 솔리드 도구 본체를 스윕하여 피쳐 또는 본체를 작성합니다.

• 경로는 열린 루프 또는 닫힌 루프일 수 있지만 프로파일 평면을 관통해야 합니다.

❷ 정렬 옵션

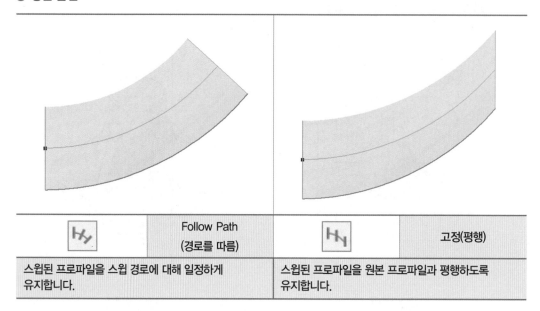

	Follow Path (경로를 따름)		고정(평행)
스윕된 프로파일을 스윕 경로에 대해 일정하게 유지합니다.		스윕된 프로파일을 원본 프로파일과 평행하도록 유지합니다.	

❸ 경로를 따라 도구 본체 스윕

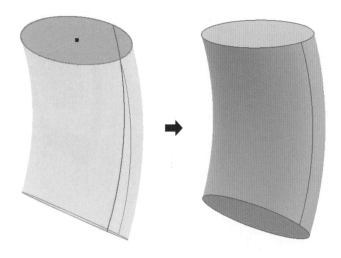

❹ 경로를 따라 프로파일 스윕

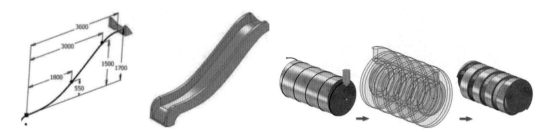

❺ 경로 및 안내 레일을 따라 프로파일 스윕

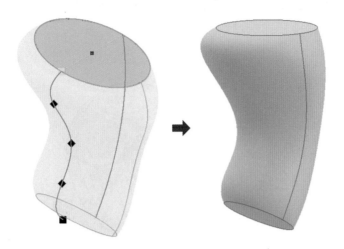

예제
01
아래 도면을 완성해 봅니다.

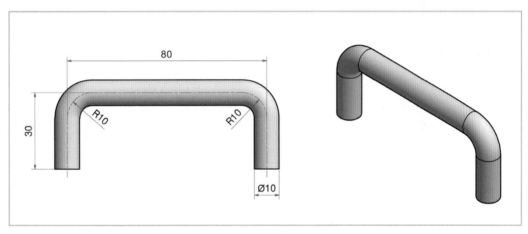

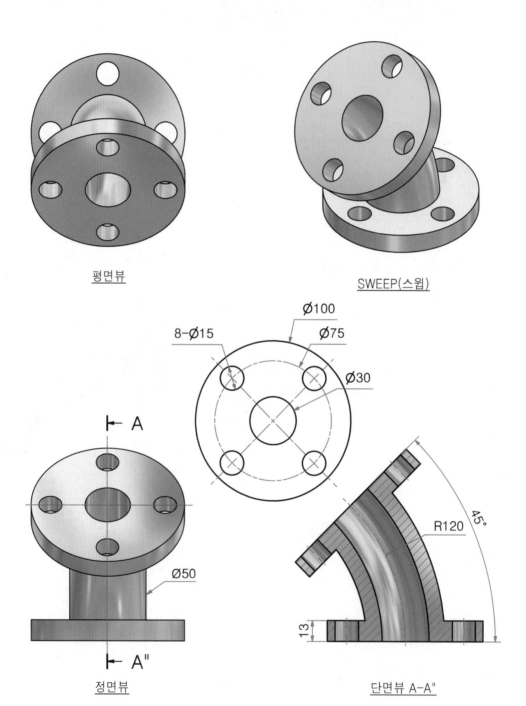

평면뷰

SWEEP(스윕)

Ø100

8-Ø15

Ø75

Ø30

A

Ø30

Ø50

R120

45°

13

A"

정면뷰

단면뷰 A-A"

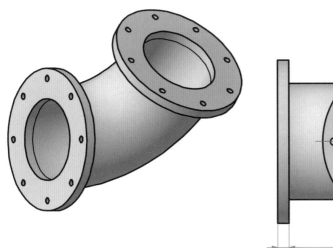

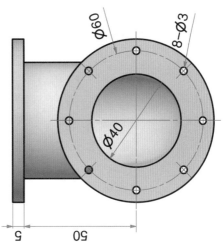

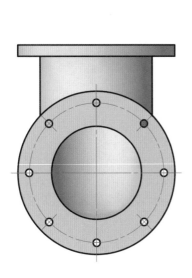

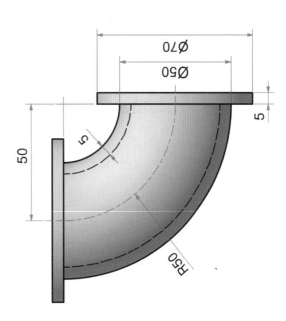

⑩ 스레드

구멍, 샤프트, 스터드 또는 볼트에 스레드를 작성할 수 있고 스레드 위치, 스레드 길이, 간격 띄우기, 방향, 유형, 클래스 및 피치를 지정할 수 있습니다.

❶ 3D 모형 탭 ▶ 수정 패널 ▶ 스레드를 클릭합니다.

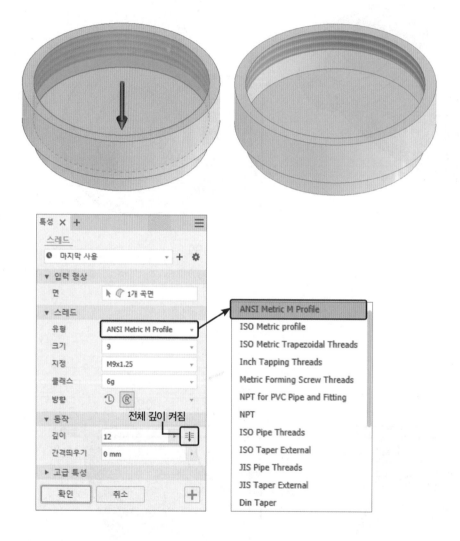

❷ 스레드 설정

• 일반적으로 외부 피쳐를 작성하려면 이 명령을 사용하며, 구멍에 스레드를 작성할 때는 구멍 명령을 사용합니다.

• 유형 : 스프레드시트에 정의된 리스트에서 스레드 유형을 지정합니다. (ISO Metric profile 주로 사용)

• 크기 : 선택한 스레드 유형의 공칭 크기(지름)를 지정합니다.

- 지정 : 피치를 지정합니다.

- 클래스 : 선택한 크기 및 지정의 스레드 클래스를 지정합니다.

- 방향 : 스레드의 방향을 지정합니다.

❸ 동작 설정

- 동작 설정은 선택한 면의 스레드 깊이를 입력합니다. 필요에 따라 간격 띄우기를 지정합니다.

- 깊이 : 선택한 면의 전체 길이를 스레드하여 간격 띄우기, 길이 및 방향을 자동으로 정의합니다.

- 전체 깊이 커짐 : 간격 띄우기를 사용할 수 있습니다.

- 간격 띄우기 : 깊이가 끄기로 설정된 경우 스레드 시작 면으로부터의 거리를 지정합니다.

⑪ 구멍 🔘 (단축키 : H)

❶ 스케치 점 또는 다양한 방법으로 구멍을 작성합니다.

❷ 단순 구멍, 틈새 구멍, 탭 구멍 또는 테이퍼 탭 구멍을 작성하고, 카운터 보어, 카운터 싱크 또는 접촉 공간 구멍을 작성할 수 있습니다.

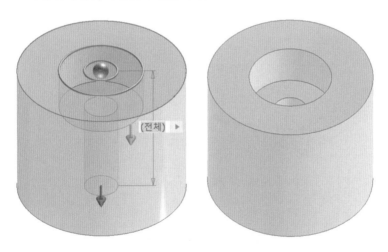

❸ 유형 옵션

	단순 구멍	틈새 구멍	탭 구멍	테이퍼 탭 구멍
구멍				
	없음	카운터 보어	접촉 공간	카운터 싱크
시트				

구멍 기능 사용 시 적용하는 면을 선택하여 원하는 위치를 지정할 수 있습니다. 유용한 기능으로서 아래 그림을 참고하여 구멍의 정확한 위치 적용 방법에 대해 알아둡니다.

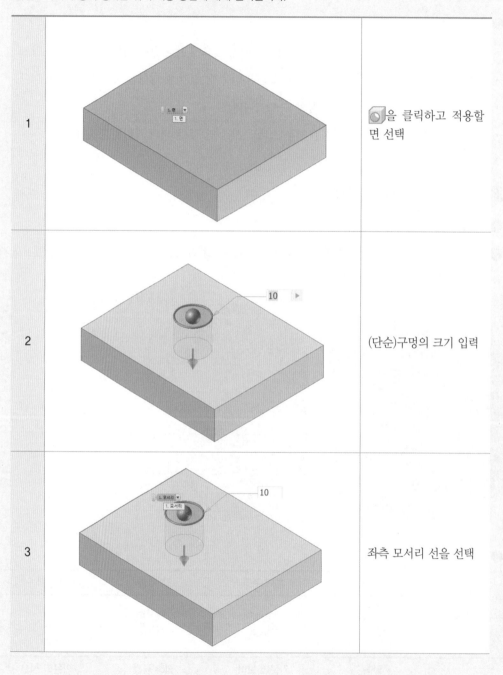

1		을 클릭하고 적용할 면 선택
2		(단순)구멍의 크기 입력
3		좌측 모서리 선을 선택

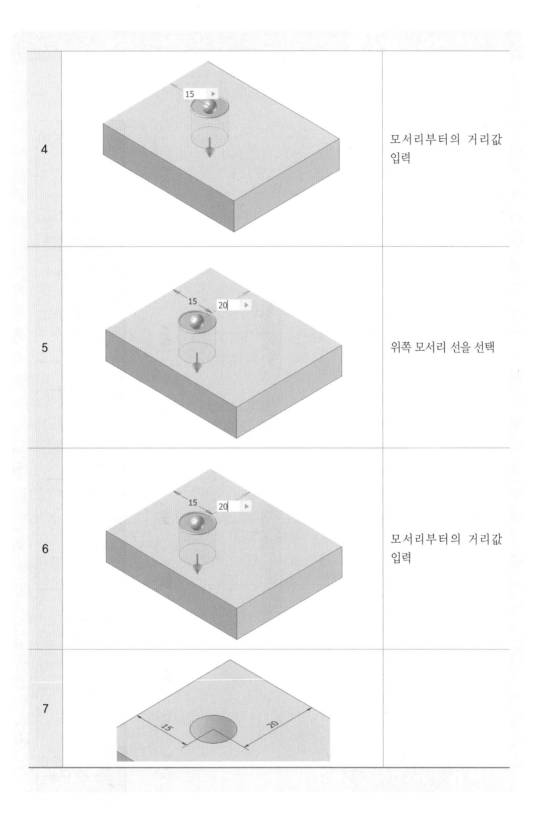

4		모서리부터의 거리값 입력
5		위쪽 모서리 선을 선택
6		모서리부터의 거리값 입력
7		

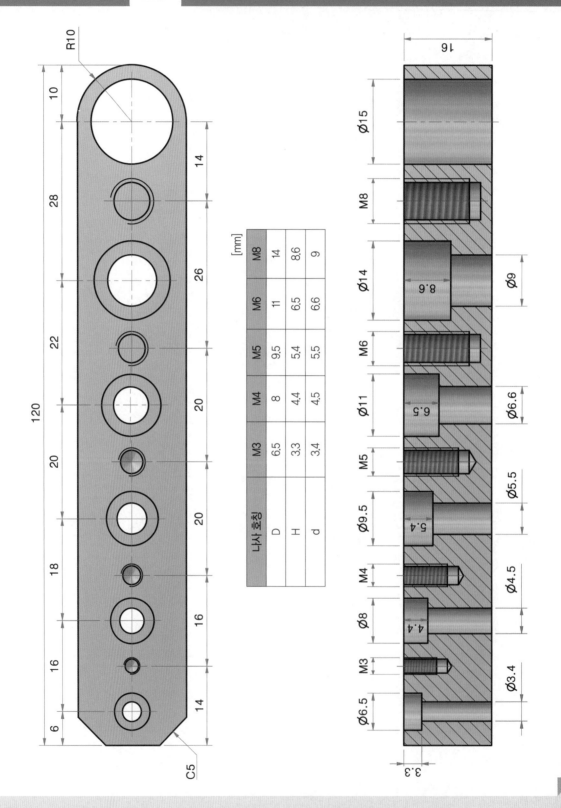

나사 호칭	M3	M4	M5	M6	M8
D	6.5	8	9.5	11	14
H	3.3	4.4	5.4	6.5	8.6
d	3.4	4.5	5.5	6.6	9

[mm]

⑫ 엠보싱

❶ 3D 모형 탭 ▶ 작성 패널 ▶ 엠보싱을 클릭합니다.

• 엠보싱 피쳐는 지정된 깊이와 방향으로 모형 면에 프로파일을 볼록하게 하거나 오목하게 합니다.

• 작업 평면을 만들어 글자 또는 프로파일을 스케치하여 적용합니다.

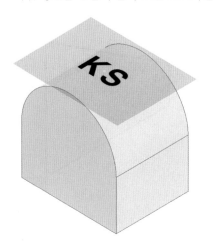

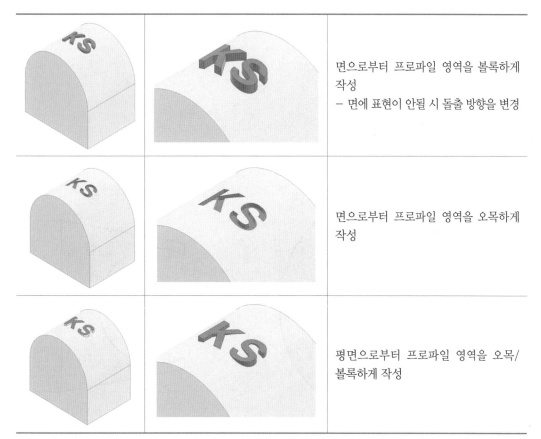

		면으로부터 프로파일 영역을 볼록하게 작성 – 면에 표현이 안될 시 돌출 방향을 변경
		면으로부터 프로파일 영역을 오목하게 작성
		평면으로부터 프로파일 영역을 오목/볼록하게 작성

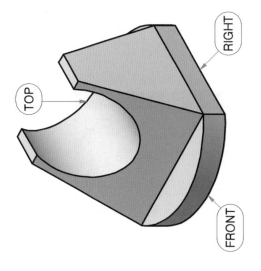

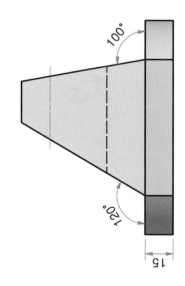

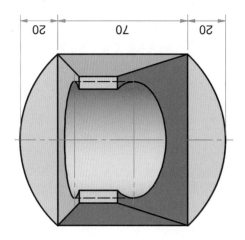

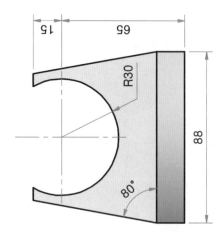

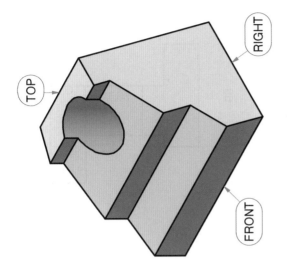

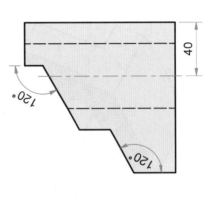

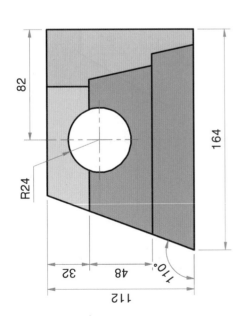

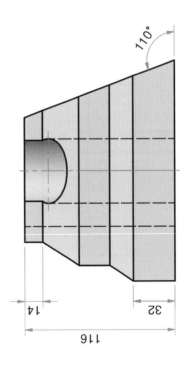

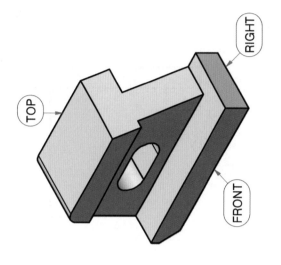

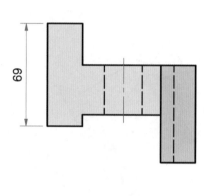

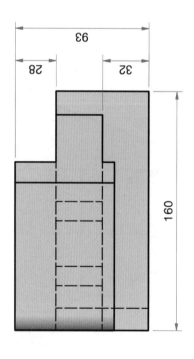

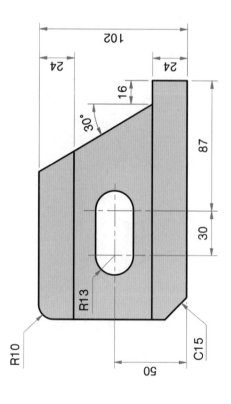

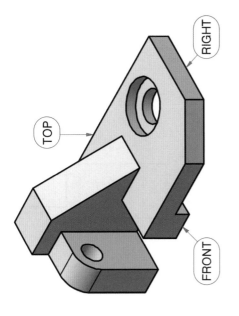

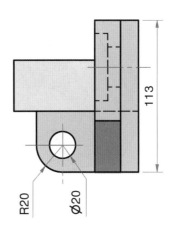

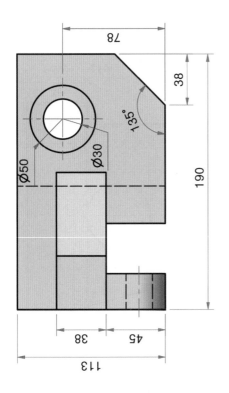

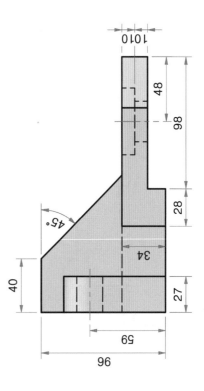

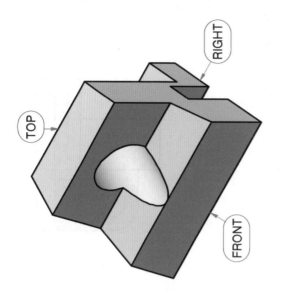

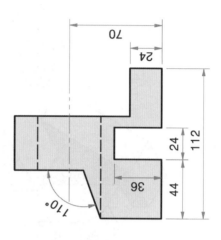

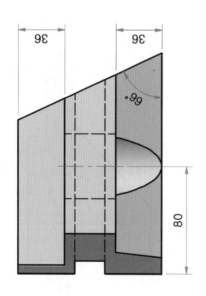

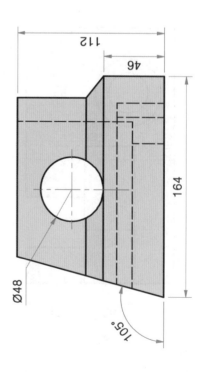

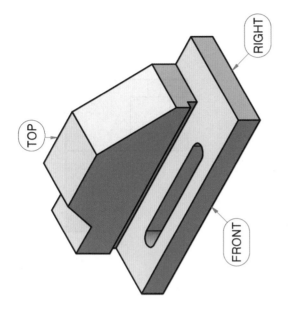

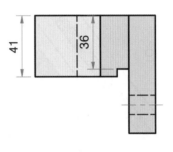

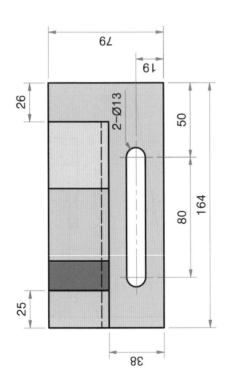

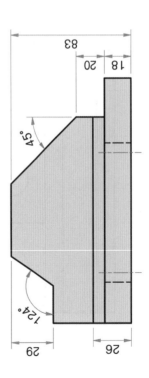

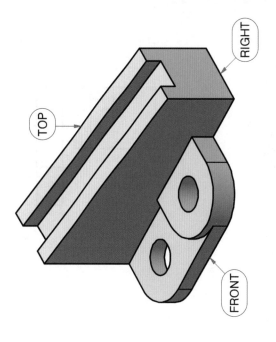

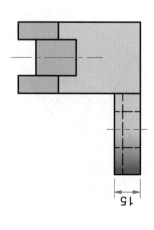

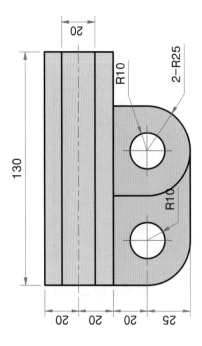

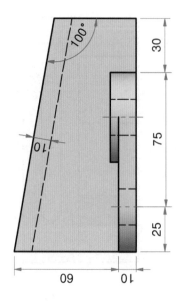

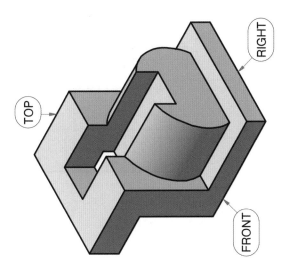

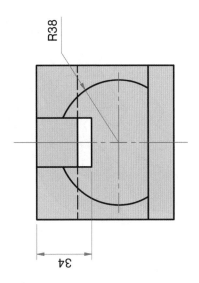

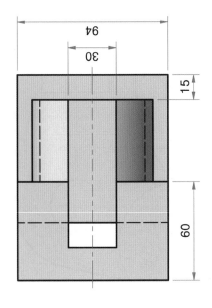

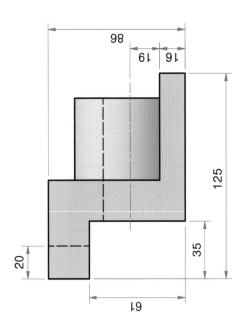

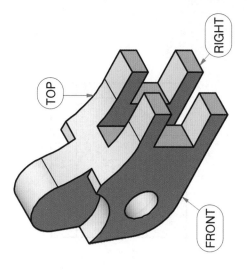

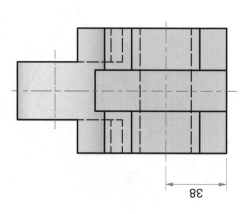

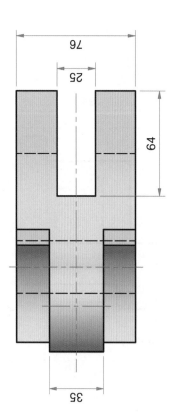

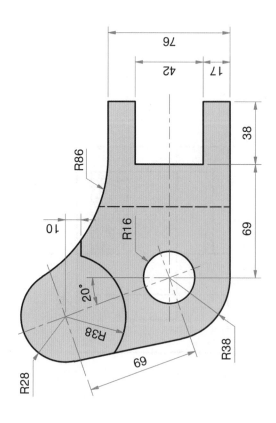

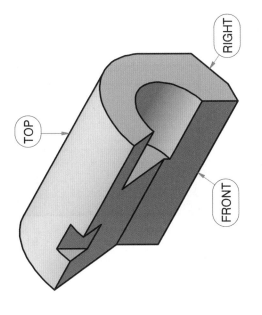

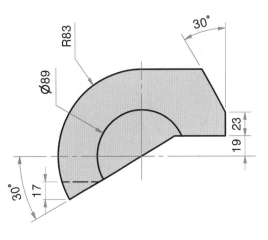

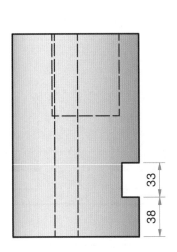

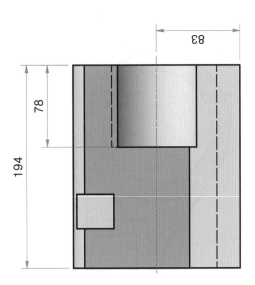

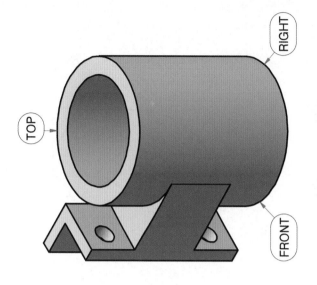

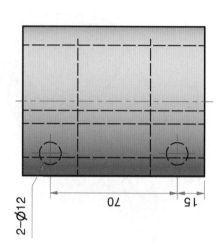

2-Ø12

70

15

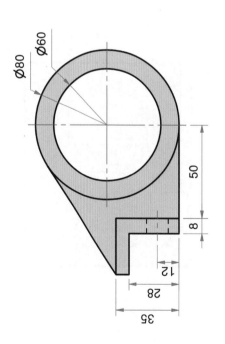

Ø80
Ø60

50

8

12

28

35

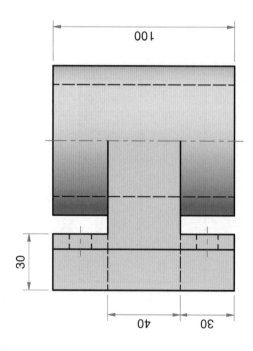

100

30

40

30

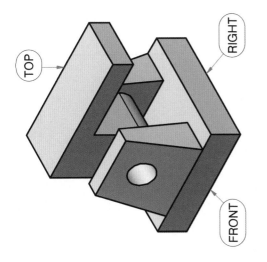

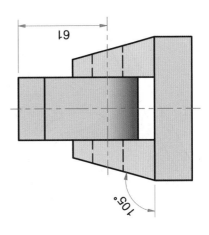

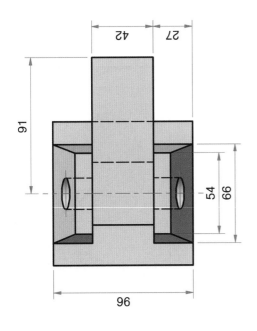

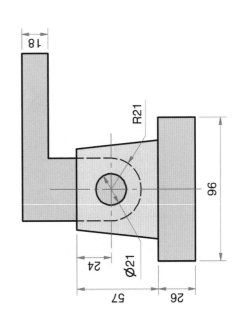

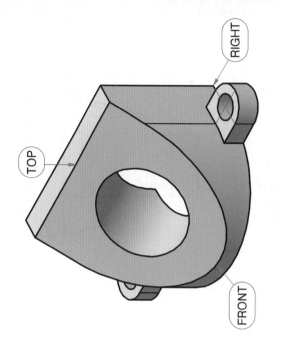

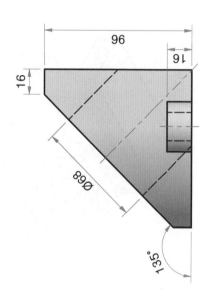

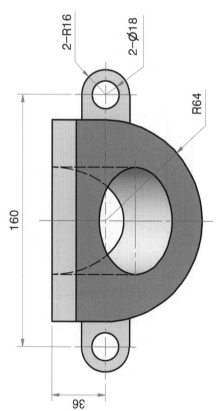

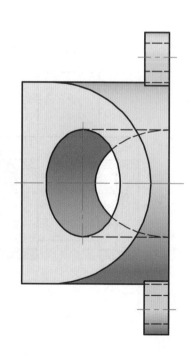

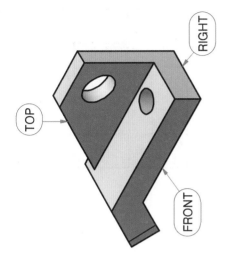

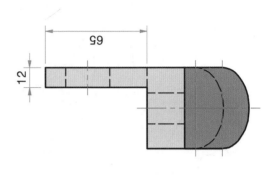

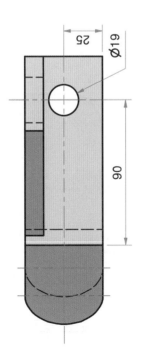

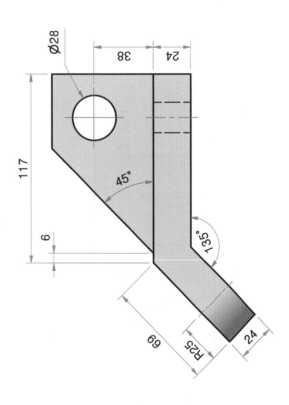

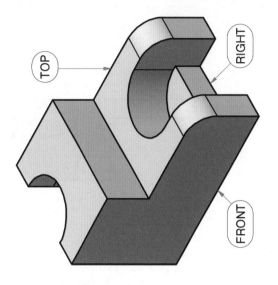

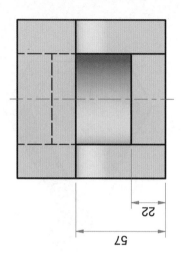

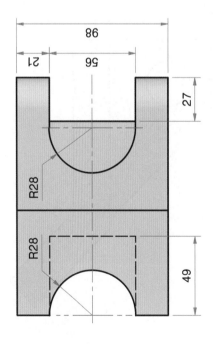

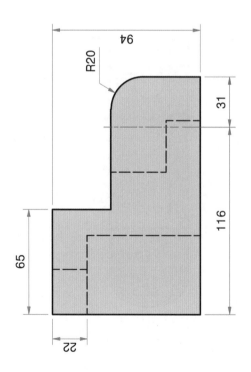

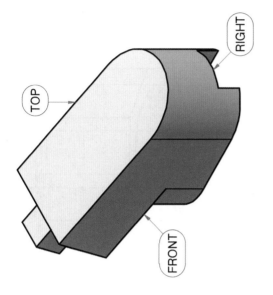

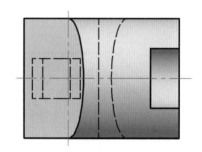

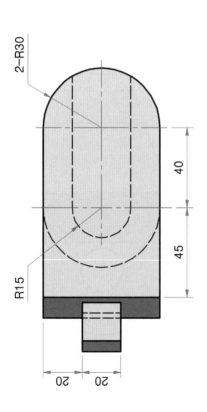

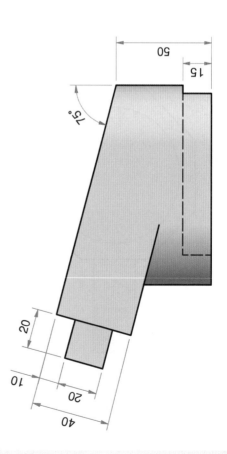

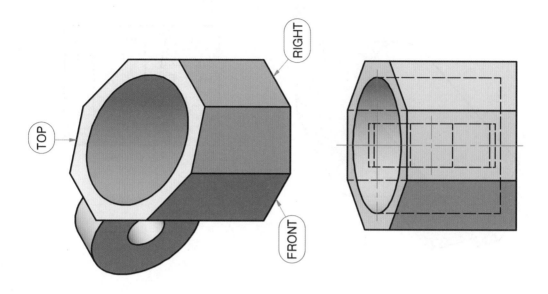

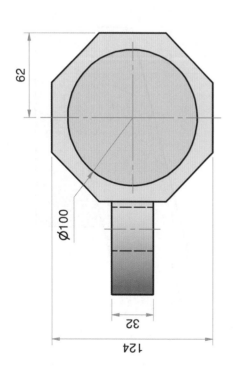

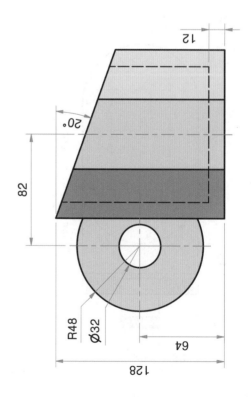

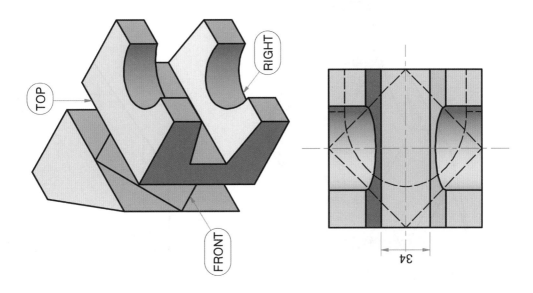

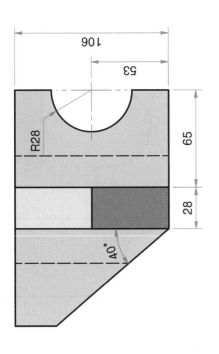

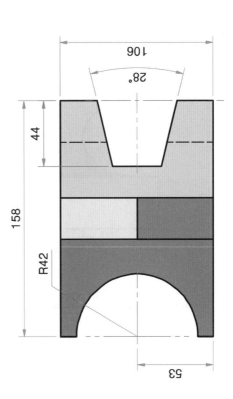

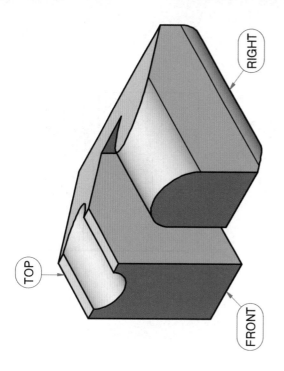

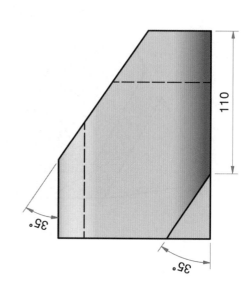

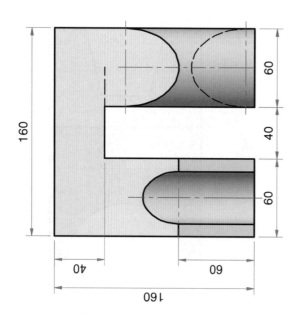

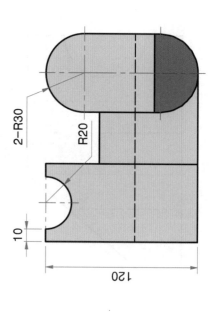

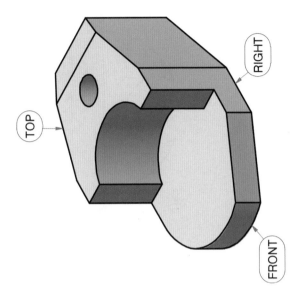

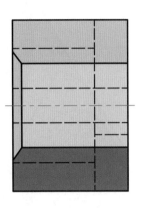

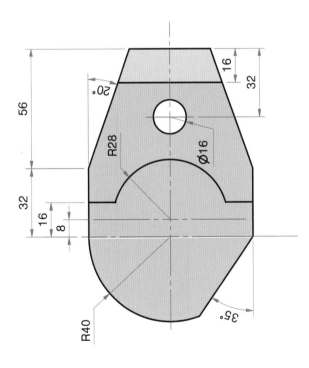

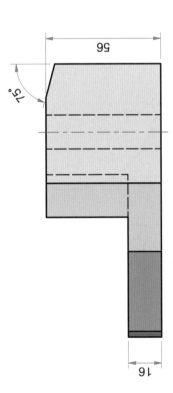

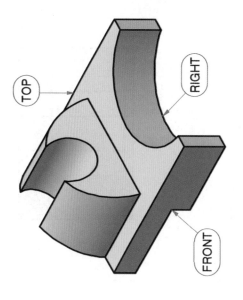

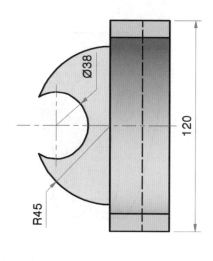

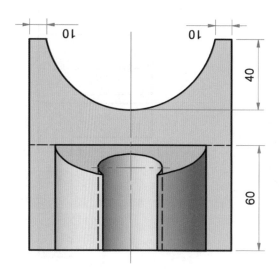

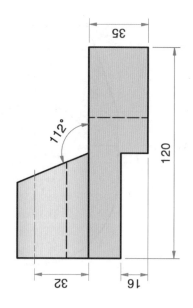

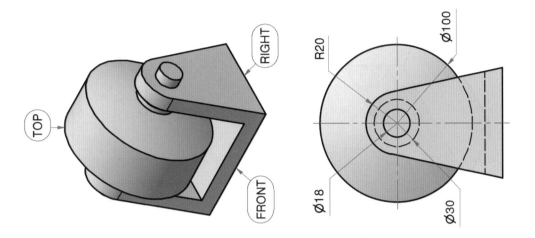

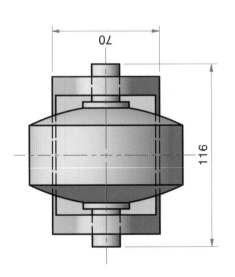

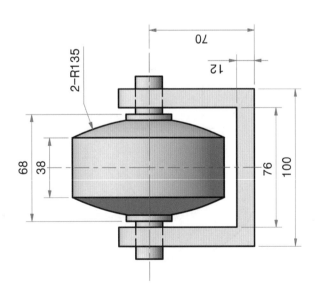

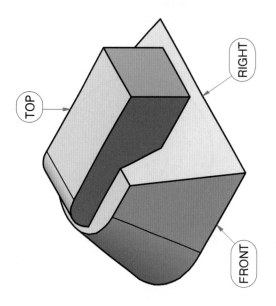

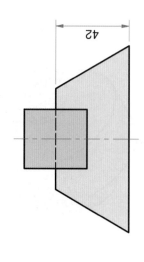

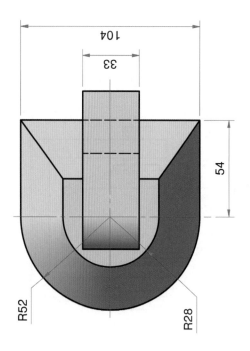

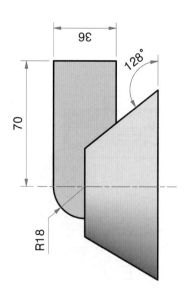

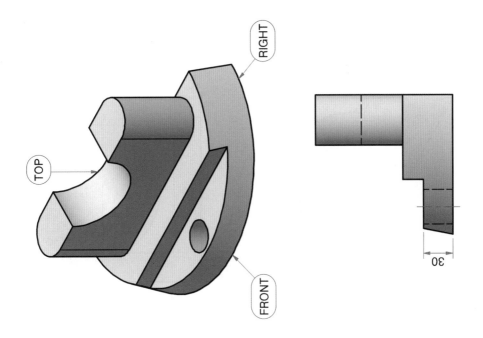

RIGHT

TOP

FRONT

30

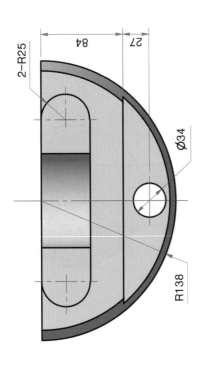

2-R25

84

27

Ø34

R138

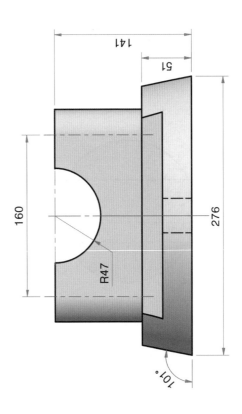

141

51

160

276

R47

101°

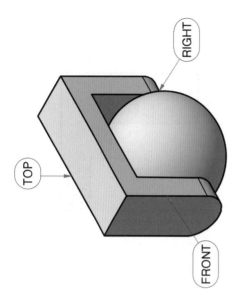

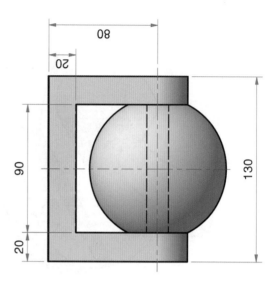

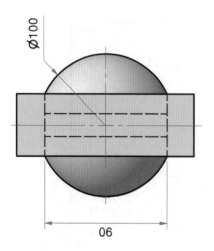

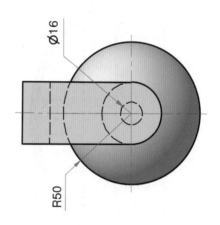

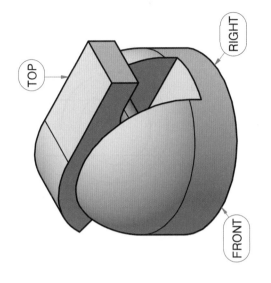

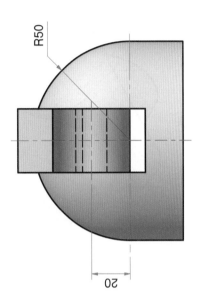

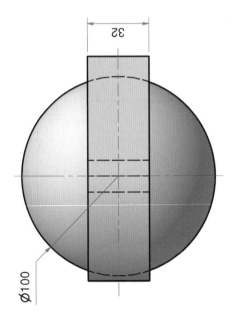

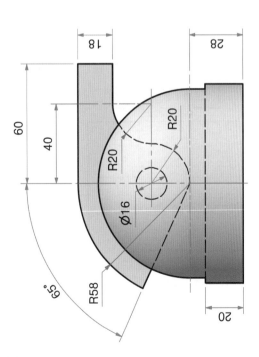

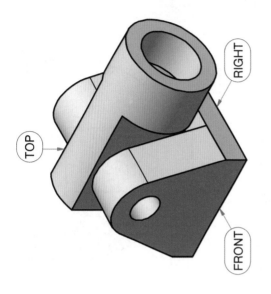

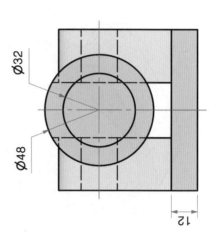

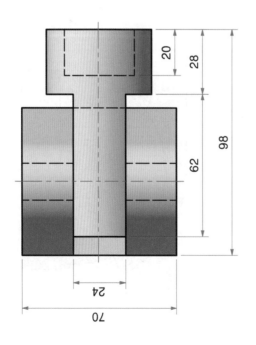

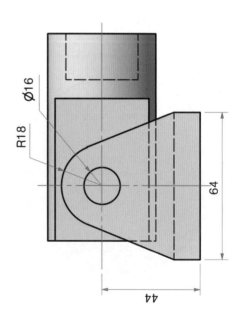

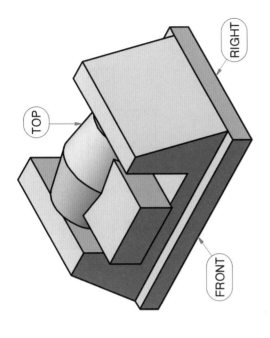

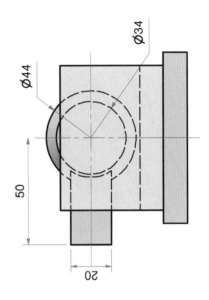

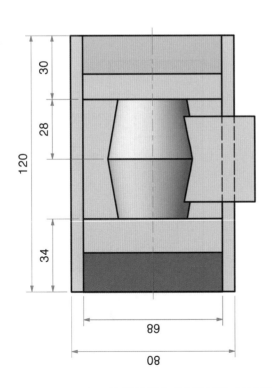

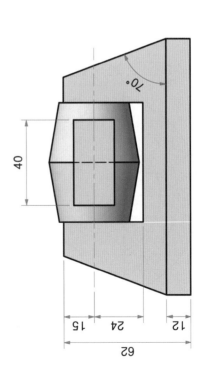

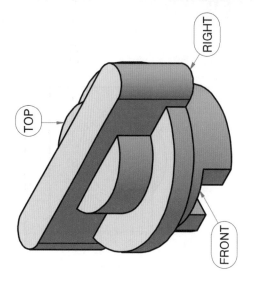

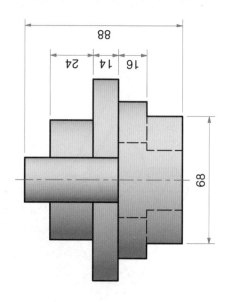

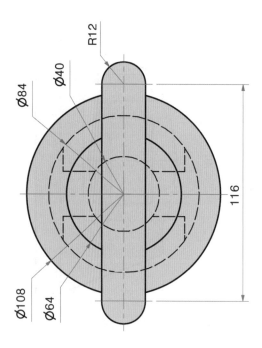

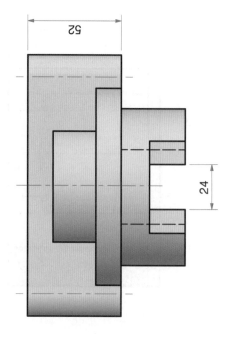

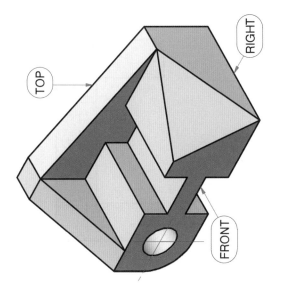

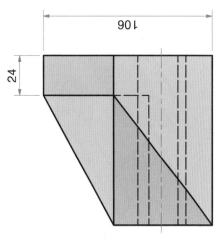

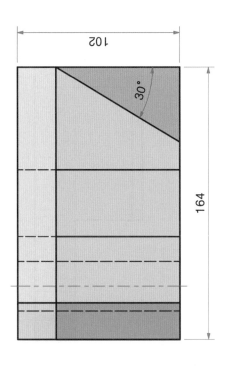

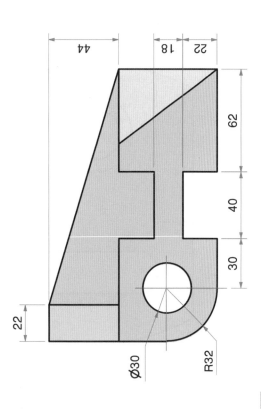

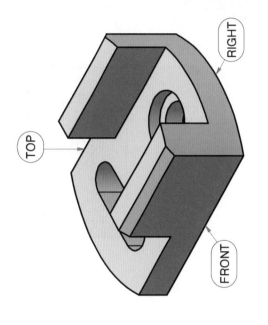

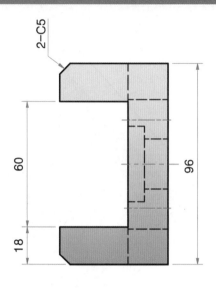

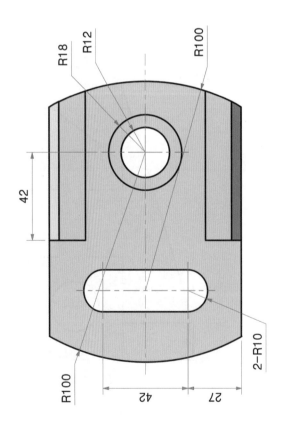

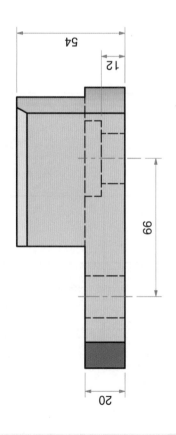

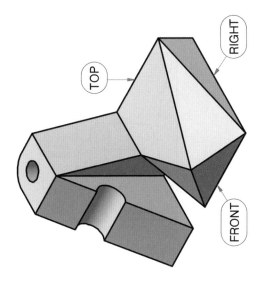

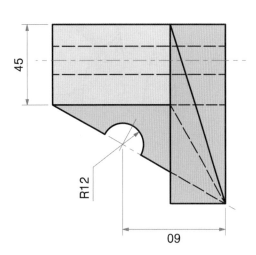

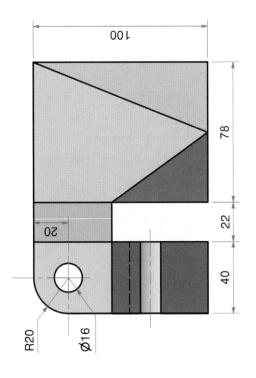

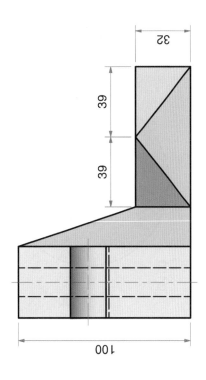

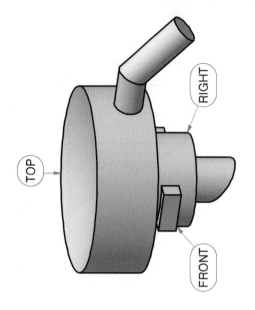

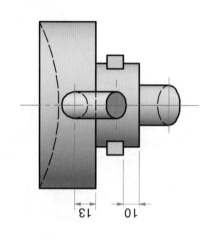

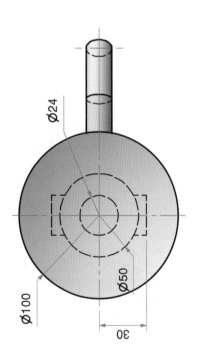

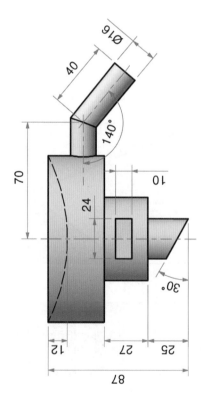

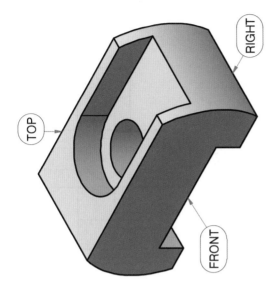

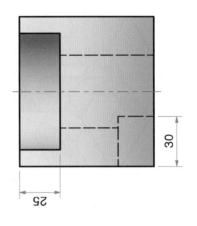

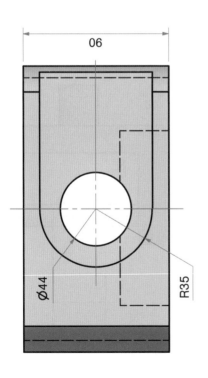

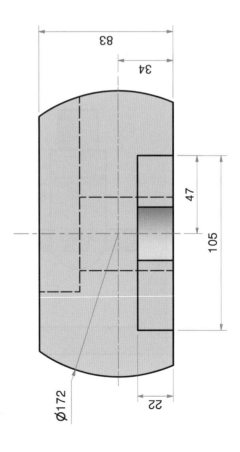

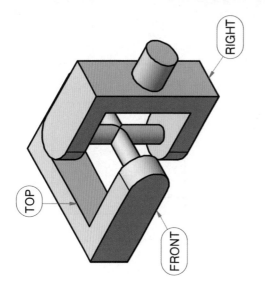

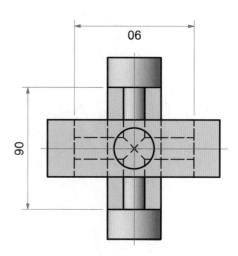

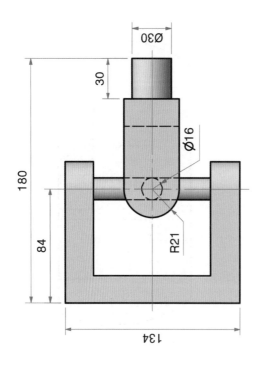

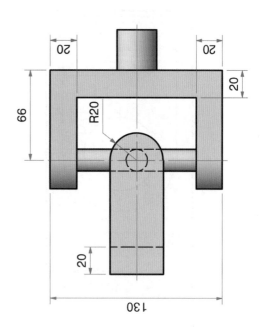

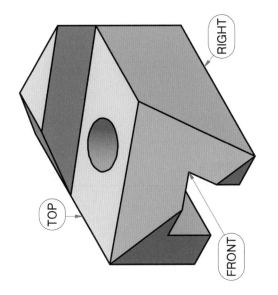

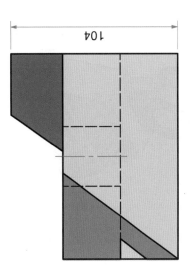

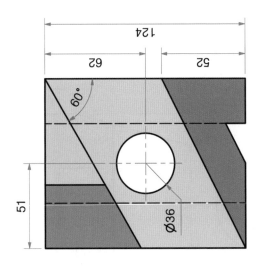

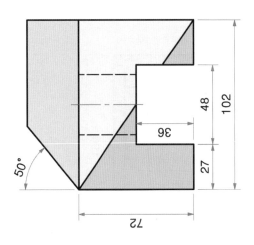

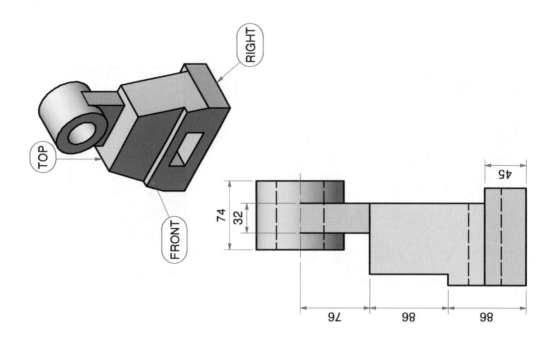

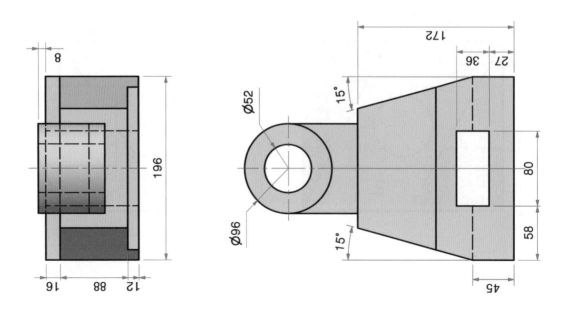

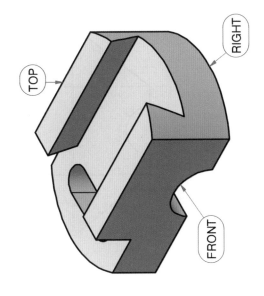

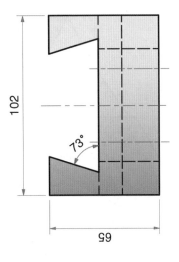

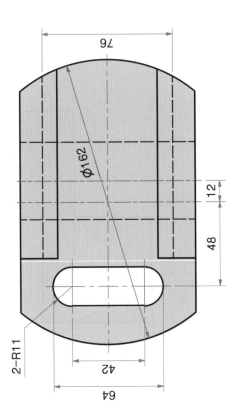

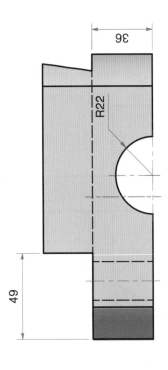

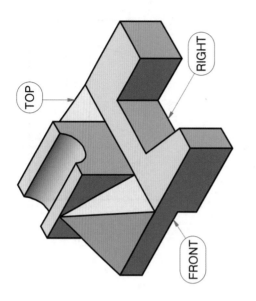

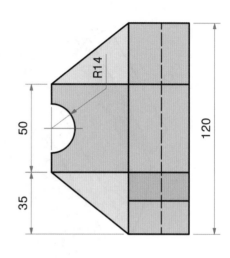

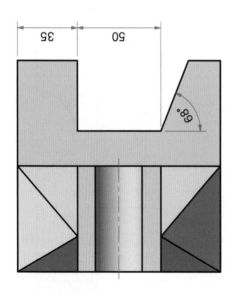

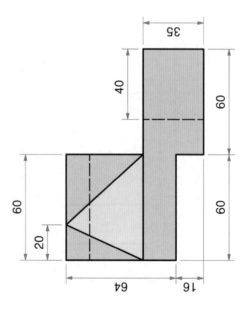

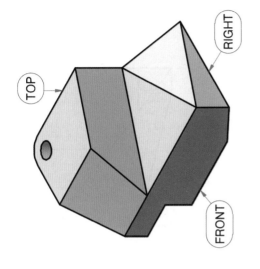

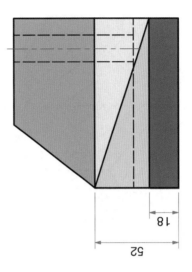

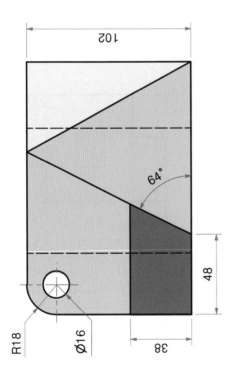

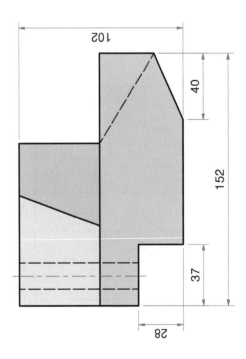

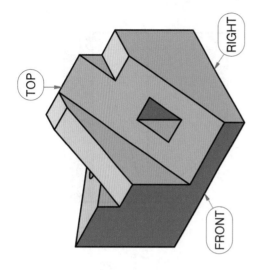

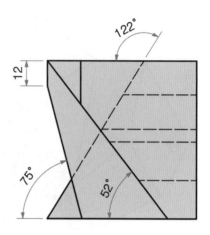

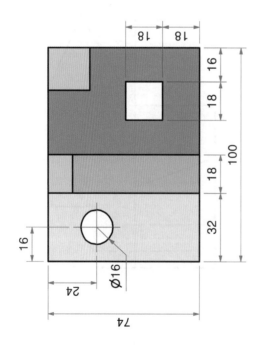

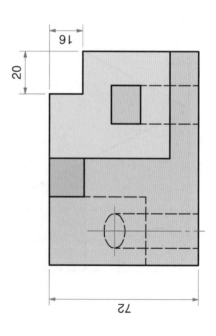

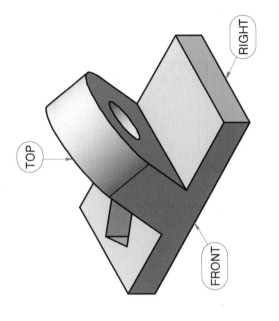
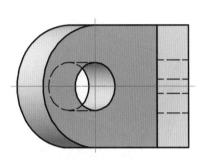

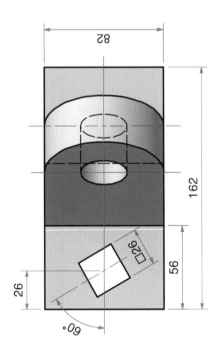
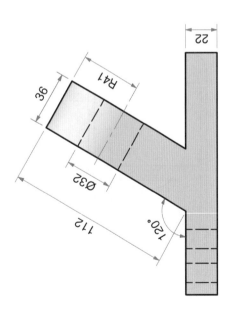

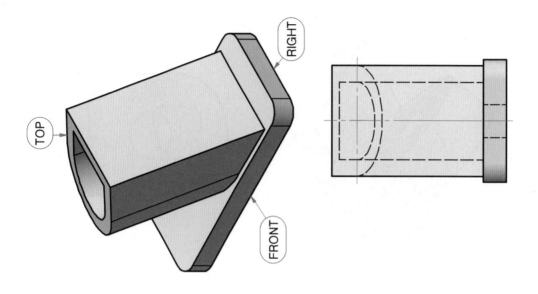

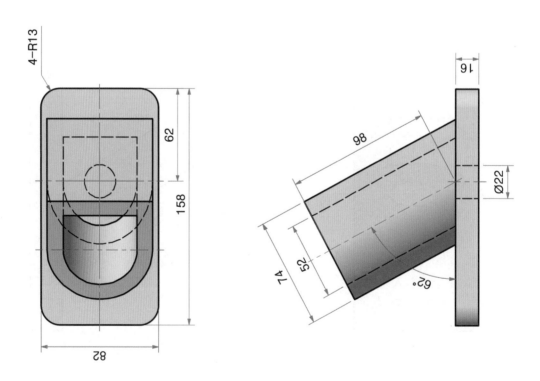

TOP
RIGHT
FRONT

4-R13
62
158
82
16
98
Ø22
74
52
62°

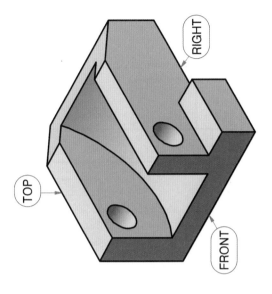

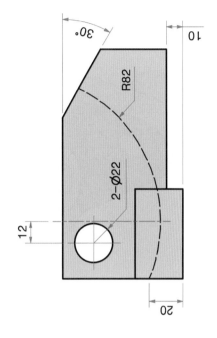

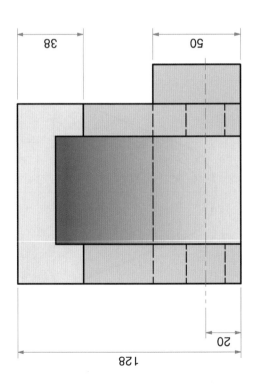

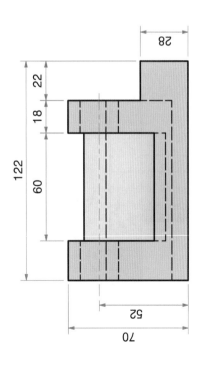

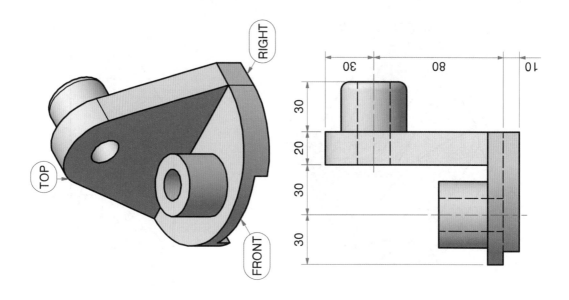

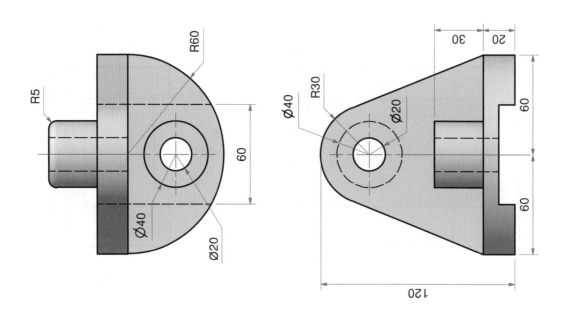

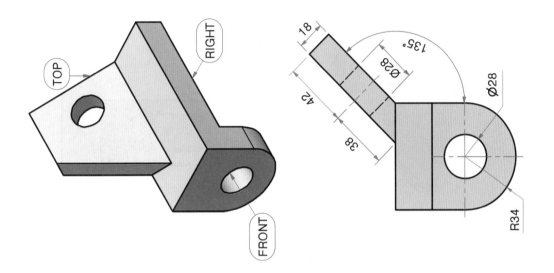

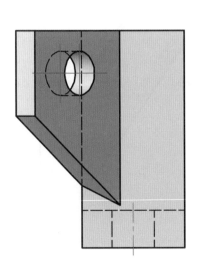

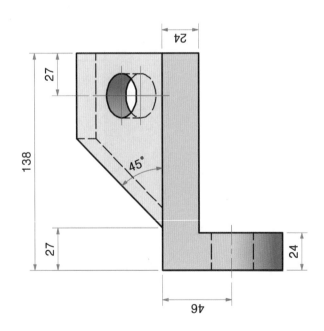

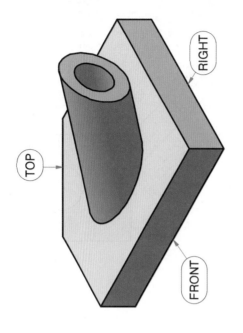

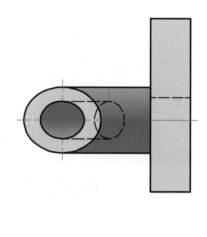

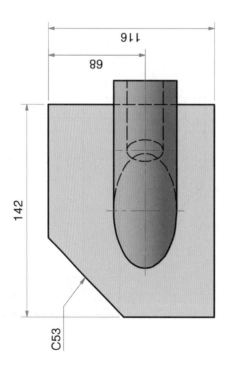

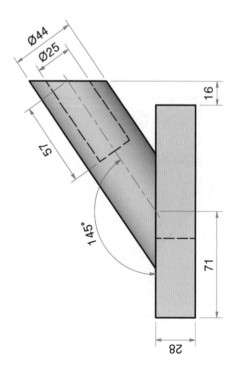

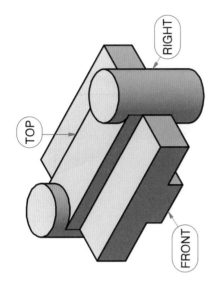

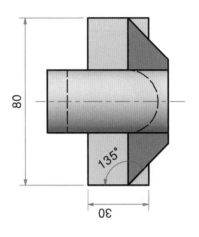

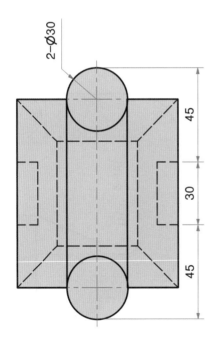

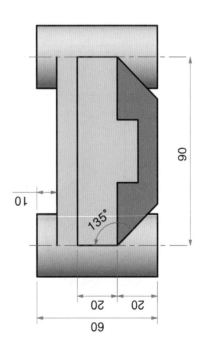

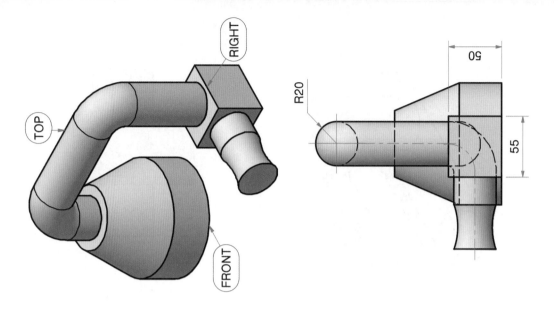

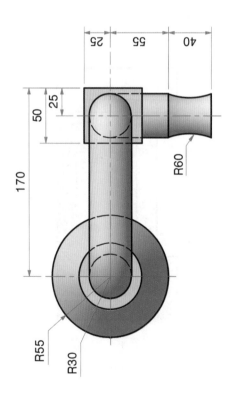

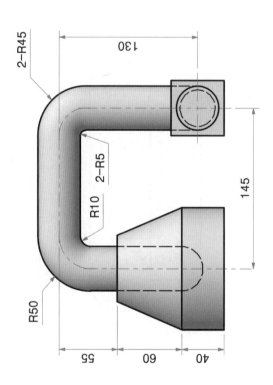

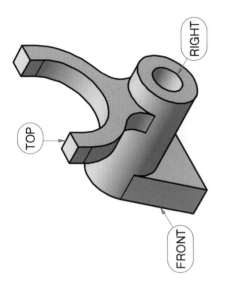

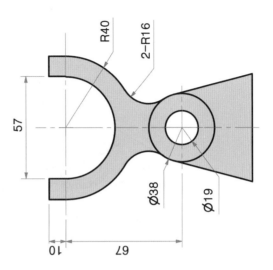

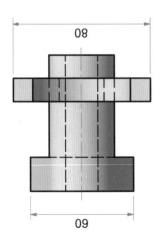

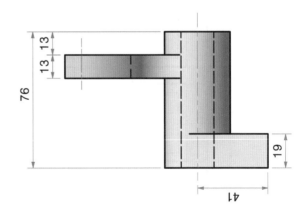

3D프린팅 예제

STL 파일로 변환하여 3D 프린터로 출력할 수 있습니다.

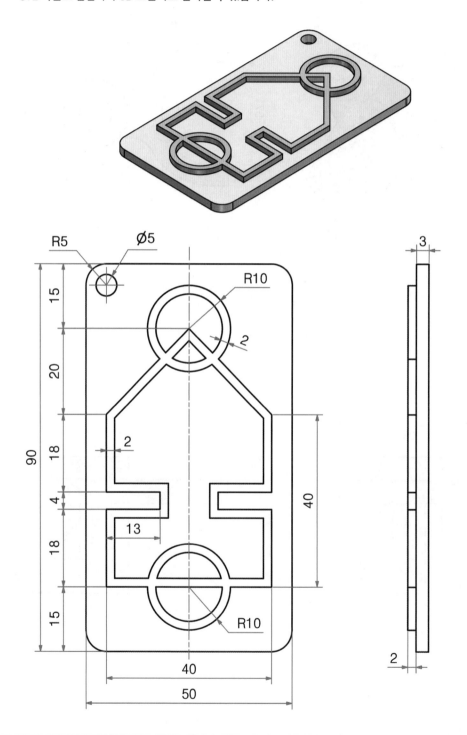

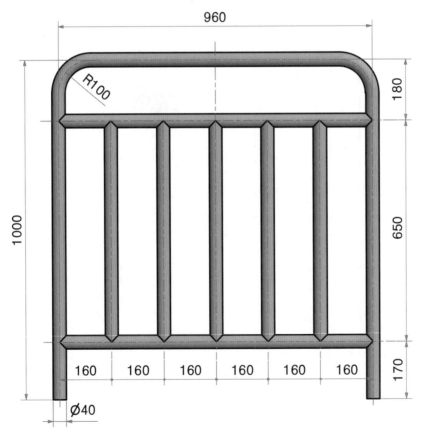

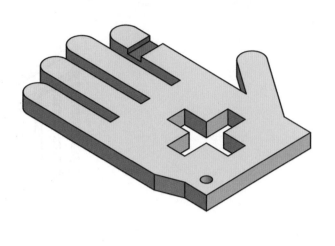

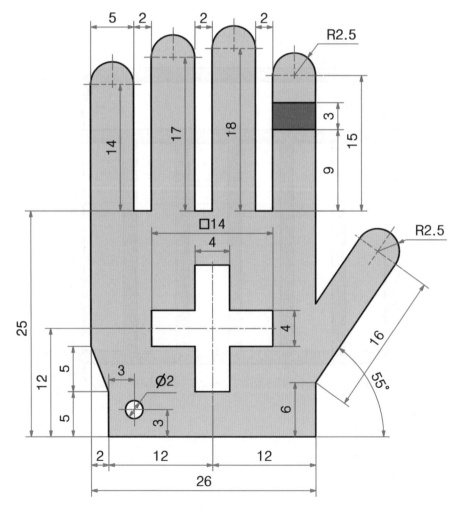

기초 종합예제 **54**

<u>3D프린팅 예제</u>

STL 파일로 변환하여 3D 프린터로 출력할 수 있습니다.

※도시되고 지시 없는 치수는 임의로 작성

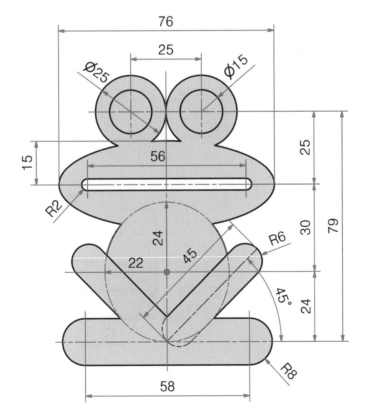

3D프린팅 예제

STL 파일로 변환하여 3D 프린터로 출력할 수 있습니다.

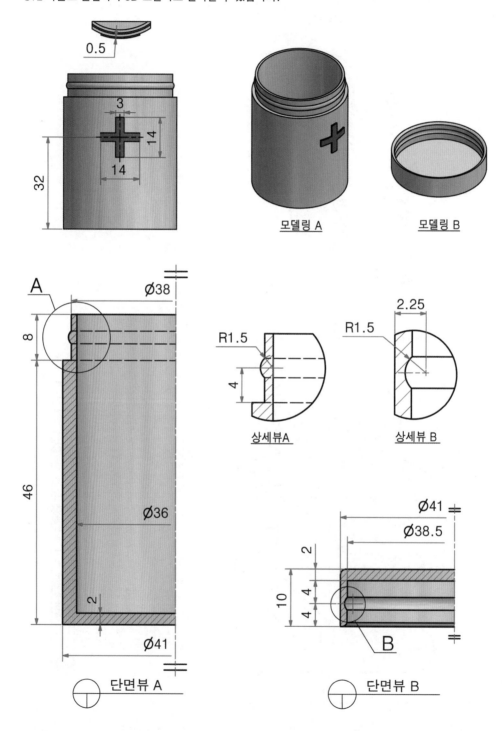

모델링 A

모델링 B

상세뷰A

상세뷰 B

단면뷰 A

단면뷰 B

3D프린팅 예제

STL 파일로 변환하여 3D 프린터로 출력할 수 있습니다.

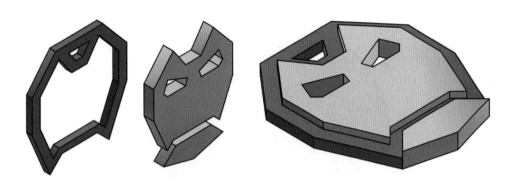

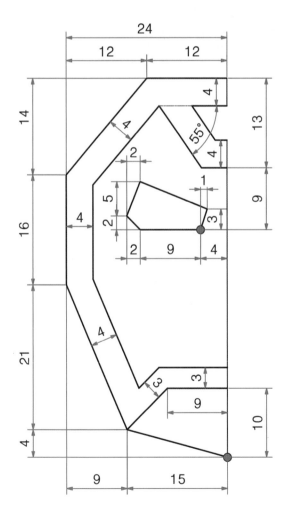

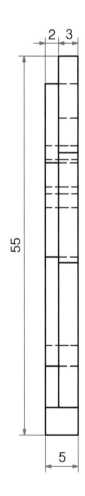

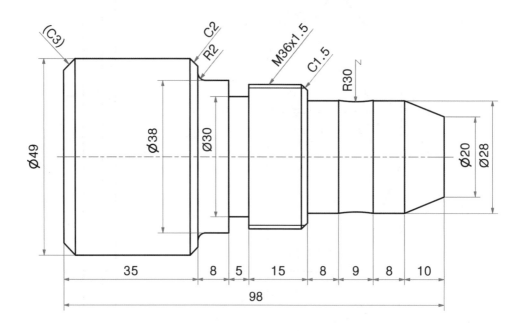

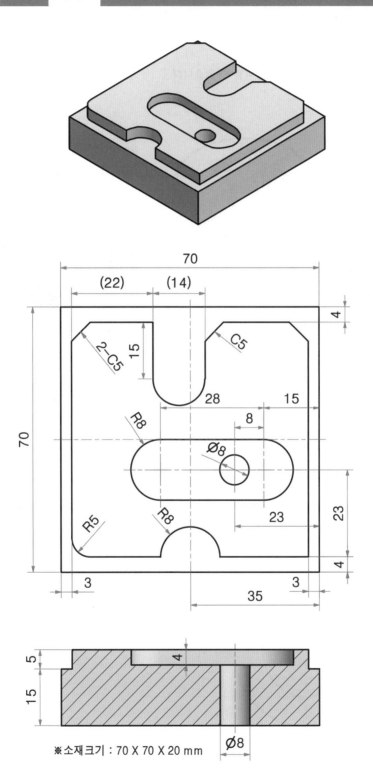

※소재크기 : 70 X 70 X 20 mm

3D프린팅 예제

STL 파일로 변환하여 3D 프린터로 출력할 수 있습니다.

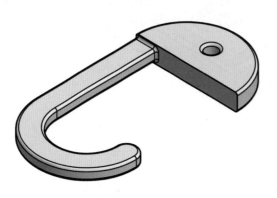

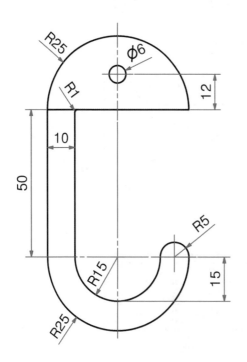

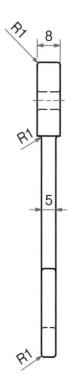

3D프린팅 예제

STL 파일로 변환하여 3D 프린터로 출력할 수 있습니다.

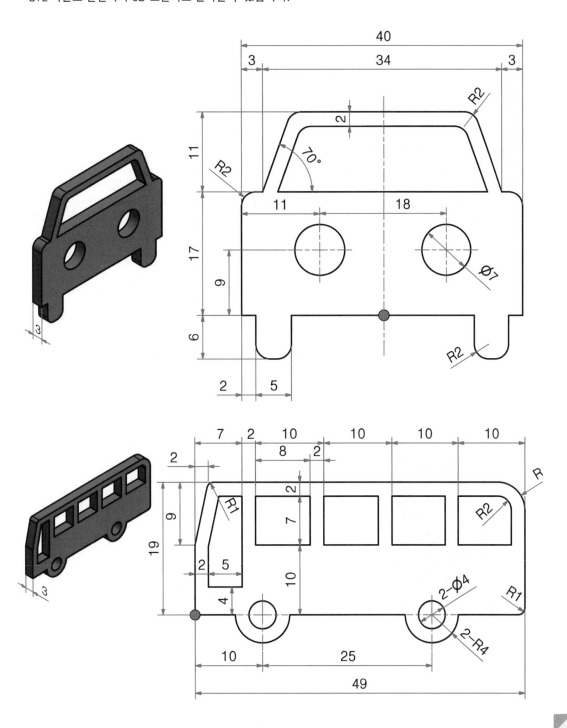

PART **1** 인벤터 기초 디자인

3D프린팅 예제

STL 파일로 변환하여 3D 프린터로 출력할 수 있습니다.

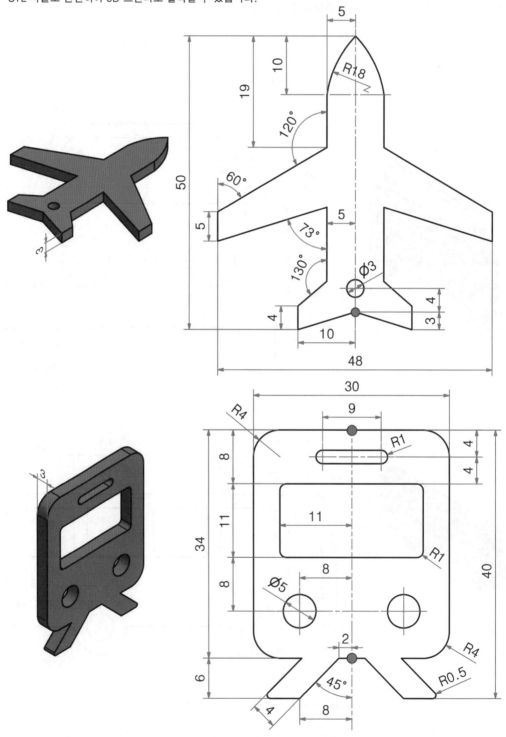

3D프린팅 예제

STL 파일로 변환하여 3D 프린터로 출력할 수 있습니다.

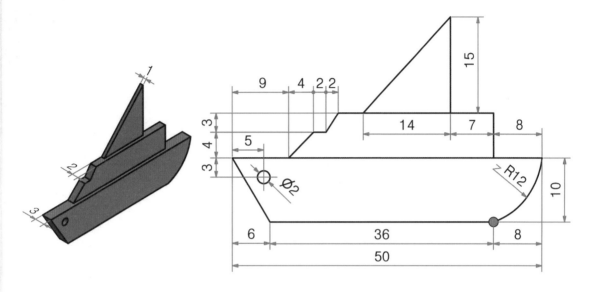

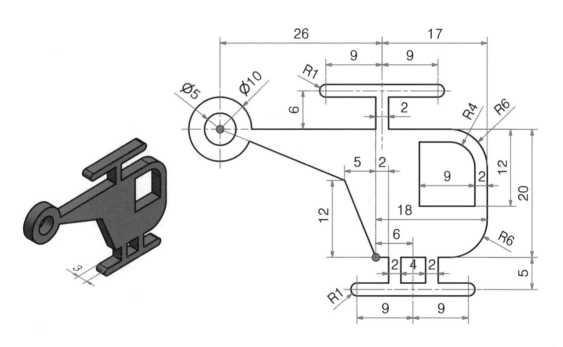

인벤터 실력 쌓기

3D 프로그램 설계 능력을 함양하거나 인벤터를 사용하는 기계 분야 국가
기술자격에 응시하려는 독자들이 실기시험을 준비할 수 있는 예제로 구성하
였습니다. 전산응용기계제도 기능사, 산업기사 실기시험 등에서 출제 빈도
가 높은 과제 도면들의 부품을 직접 모델링하고, KS 규격 적용과 공용 부
품 적용 등 기본적인 지식을 쉽게 이해할 수 있도록 하였습니다. 부품을 조립
하고, 조립품을 만들어 구동에 대한 이해를 높일 수 있습니다. 조립하는 순서
는 저자의 방식이며, 이러한 순서는 개인별 다양한 방식과 상황에 따라 차이
가 있을 수 있습니다. 이 장에서는 인벤터가 활용되는 기계 분야의 중요한 내
용이라 할 수 있습니다. 체계적으로 학습하여 실력을 다질 수 있도록 합니다.

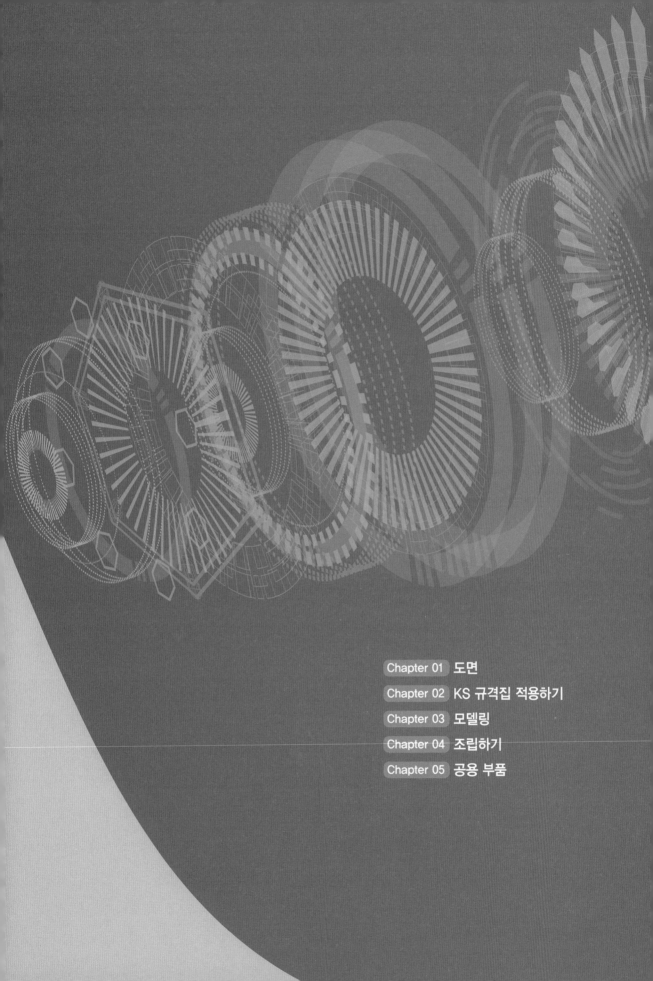

도면

작성한 모델링을 도면화합니다. 도면 작성에 필요한 뷰 생성 기능과 치수 기능을 활용하여 도면을 완성합니다. 도면의 환경 설정과 뷰 배치를 학습합니다.

1 도면 스타일 편집기 설정

[새로 만들기] 아이콘 클릭 ▶ metric ▶ 도면의 ISO.idw 선택 ▶ 작성

1 [관리] 탭 ▶ 스타일 편집기 아이콘

2 스타일 편집기 ▶ 기본 표준(ISO) ▶ 뷰 기본 설정 ▶ 삼각법으로 설정 ▶ 저장

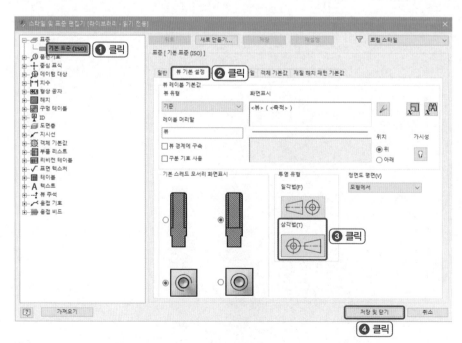

③ 글자(TEXT) 설정

❶ 글자체 변경

- **스타일 편집기 ▶ 텍스트 ▶ 주 텍스트 글꼴 ▶ (지시되거나 지정된) 글꼴 변경 ▶ 저장**
  - 레이블 텍스트도 동일하게 변경. 한글 지원 글꼴(굴림, 돋움, 바탕체) 등으로 변경

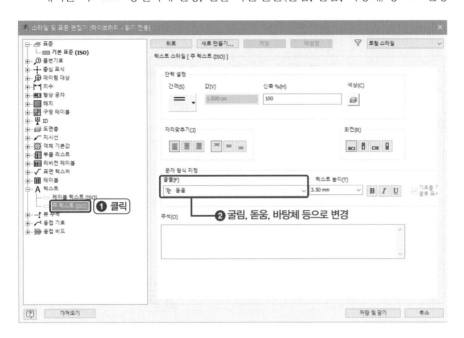

❷ 글자 크기 설정

- **새로 만들기 ▶ 텍스트 이름 2.5와 5로 각각 저장 ▶ 텍스트 높이 2.5와 5로 각각 변경 ▶ 저장**

④ 표면 텍스처 설정

① 표면 텍스처 ▶ 표준 참조(R) ▶ "ISO 1302−1978"로 변경 ▶ 저장

② 표면 텍스처

• 새로 만들기 ▶ 2.5와 5의 이름으로 각각 새로 만들기 ▶ 텍스트 스타일 2.5와 5로 각각 변경 ▶ 저장

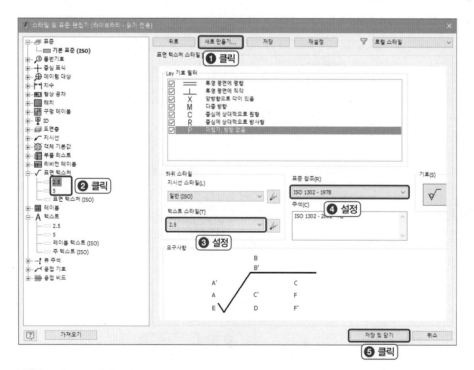

• 거칠기 표시가 서로 다른 크기의 2.5와 5의 이름으로 설정

  – 거칠기 표시를 넣을 때 아래 그림과 같이 원하는 크기를 선택하여 삽입합니다.

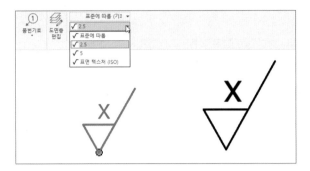

⑤ 치수 설정

치수 ▶ 기본값(ISO) 선택

❶ [단위] 탭

• 십진 표식기 : "마침표" 변경

• 화면 표시 : "후행" 체크 해제

• 각도 화면 표시 : "후행" 체크 해제

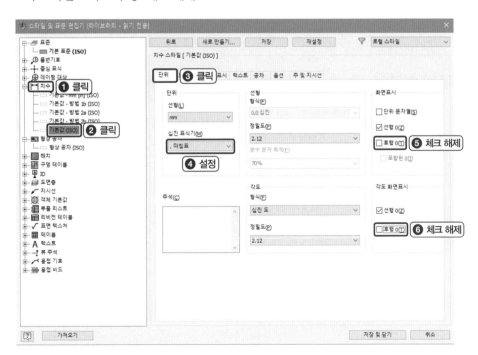

❷ [화면 표시] 탭

• A : 연장 – 2.00mm 변경

• D : 간격 – 8.00mm 변경 설정 후 저장

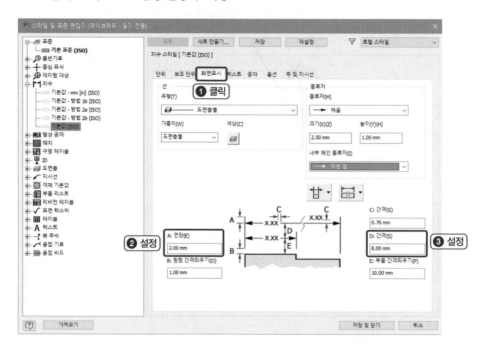

❸ [텍스트] 탭

• 공차 텍스트 스타일의 크기 2로 변경

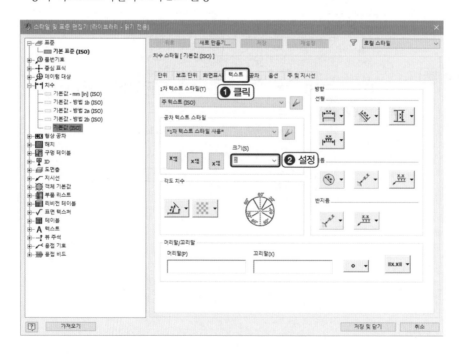

❹ [공차] 탭

- 표시 옵션 2번째 선택

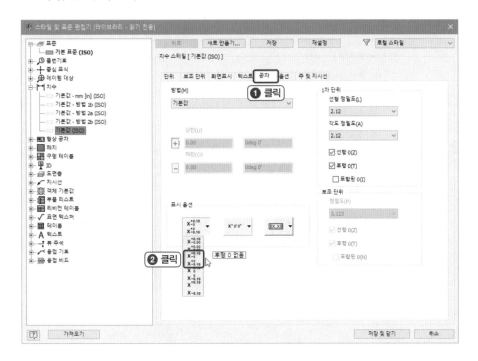

❺ [주 및 지시선] 탭

- 지시선 스타일의 "지시선 텍스트 방향"을 정렬 또는 수평으로 설정

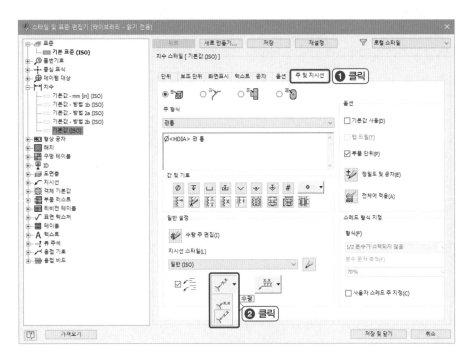

6 형상 공차

• 원형 런아웃(채움) 체크

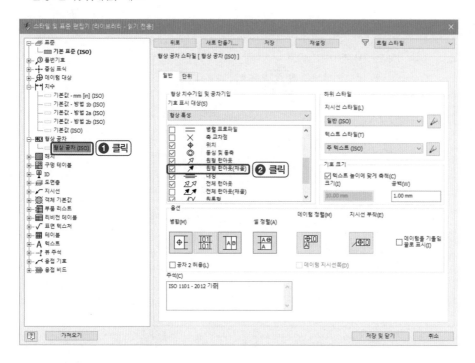

---

2   용지 설정

❶ 검색기의 시트 아래 기본 경계와 ISO 선택 후 마우스 오른쪽 버튼을 클릭하여 삭제합니다.

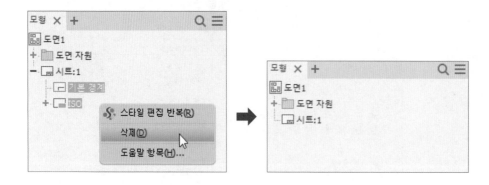

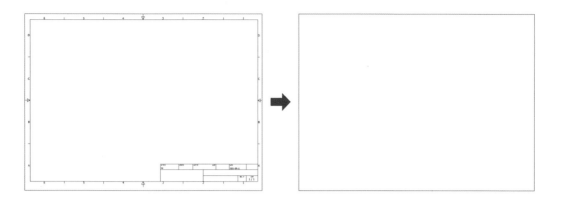

❷ 검색기의 **시트 선택** ▶ **마우스 오른쪽 버튼을 클릭** ▶ **시트 편집 클릭** ▶ **용지 크기**를 설정합니다.

(예시) A4 크기로 설정

3 표제란 그리기

❶ 검색기의 **경계 선택** ▶ **마우스 오른쪽 버튼 클릭** ▶ **새 경계 정의 선택**을 클릭합니다.

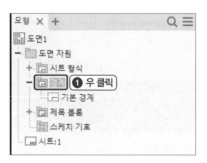 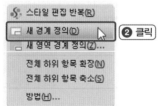

❷ 편집 모드에서 임의의 직사각형을 아래와 같이 그립니다.

❸ 치수 아이콘 (⊢─⊣) 클릭 ▶ 안쪽 여백 10mm의 여백 선을 작성합니다.

• 모서리 점과 수평, 수직 선을 각각 선택하여 치수로 구속해 줍니다.

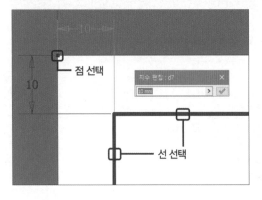

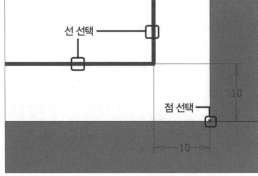

❹ 안쪽 여백 선 구속 완성

※ 치수와 구속이 되어야 용지 크기를 변경해도 구속이 적용되어 여백 10mm의 간격을 유지할 수 있습니다.

❺ **왼쪽 상단 ▶ 80×15의 사각형 작성 ▶ 중간 선 선택 ▶ [주석] 탭 도면층 "외형선"**으로 변경 후 아래와 같이 작성합니다.

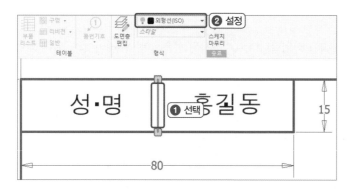

❻ **스케치 마무리 클릭 ▶ 이름 10 입력 ▶ 저장** 순서로 작업합니다.

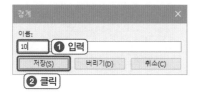

❼ 검색기 경계에 저장된 "10" 선택 ▶ 마우스 왼쪽 버튼 더블 클릭하면 여백 선이 삽입됩니다.

❽ 검색기 제목 블록 선택 ▶ 마우스 오른쪽 버튼 ▶ 새 제목 블록 정의를 선택합니다.

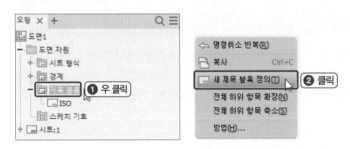

❾ 화면의 임의의 공간 클릭 후 제목 블록을 작업합니다.(✔ 표시된 선은 선택 후 레이어의 "좁은 외형선"으로 변경합니다.)

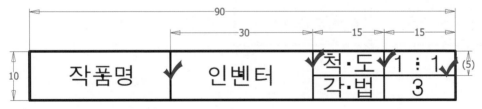

• 글자체 : 돋움　　• 크기 : 3.5　　• 자리 맞춤 : 중간/중심

❿ 스케치 마무리 클릭 ▶ 이름 "1" 입력 ▶ 저장 순서로 작성합니다.

⓫ 검색기 제목 블록에 저장된 "1" 선택 ▶ 마우스 왼쪽 버튼 더블 클릭하면 제목 블록이 삽입됩니다. 다음과 같이 작성해 봅니다.

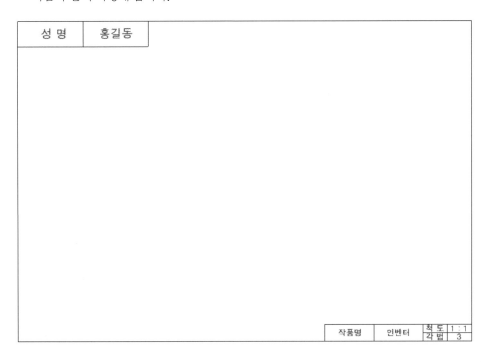

4 뷰 배치

1 뷰 배치 탭 아이콘

icon	명령	기능
	기준	도면 뷰의 가장 처음 작성하는 뷰. 파생되는 다른 뷰들의 기준이 됨
	투영	기준 뷰를 중심으로 수직, 수평 혹은 대각선 방향의 등각투상 형태의 파생뷰를 작성

	보조	기준 뷰의 참조 모서리 혹은 스케치 선에 수직으로 배치되는 투상도를 작성
	단면	절단선으로 기준 뷰를 잘라서 도면의 단면도를 생성
	상세	기준 뷰의 일부분에 영역을 지정하여, 그 부분만 잘라서 표시하는 뷰를 작성
	오버레이	조립품의 위치 항목과 연동되는 뷰 명령 조립품의 여러 가지 위치에 대한 뷰를 작성
	끊기	연속된 모양의 기준 뷰를 수직 혹은 수평 방향으로 연속된 구간을 잘라내 간략하게 뷰로 표시
	브레이크 아웃	기준 뷰의 일부분에 영역을 지정하여, 그 부분만 단면으로 표시하는 뷰로 변경
	슬라이스	두 개의 뷰를 준비해서 첫 번째 뷰에 연속 단면하는 선을 작성한 후 그 잘라낸 모양을 두 번째 뷰에 표시
	오리기	기준 뷰의 일부분의 영역만 제외하고, 나머지 부분을 삭제하는 방법으로 기준 뷰를 변경

2 기준 뷰

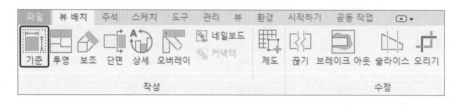

기준 뷰는 도면 뷰의 가장 기준이 되는 뷰를 작성하는 명령입니다. 새 도면에서 첫 번째 뷰를 작성하고, 나머지 뷰는 이 뷰로부터 파생됩니다. 뷰의 축척을 설정할 수 있으며, 종속 직교투영 뷰의 표시 스타일을 설정할 수 있습니다.

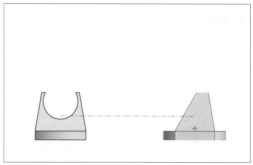

③ 투영 뷰

기준 뷰나 기타 다른 기존 뷰에서 직교 또는 등각투영 뷰를 생성합니다. 도면의 제도 표준에 따라 일각법 또는 삼각법으로 투영된 뷰를 작성할 수 있으며, 투영된 뷰를 작성하기 전에 기준 뷰가 있어야 합니다. 기준 뷰를 투영해 보조 뷰를 작성하는 명령으로, 투영 뷰는 기준 뷰뿐만 아니라 기준 뷰를 기준으로 하여 생성되어진 투영 뷰를 클릭하여도 또 다른 투영 뷰를 만들어 낼 수 있습니다.

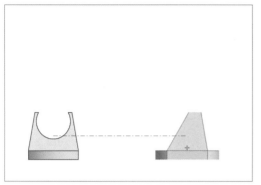
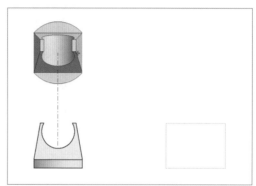

④ 보조 뷰

상위 뷰에서 모서리 또는 스케치 선에 직각이 되는 투영된 뷰를 작성합니다.

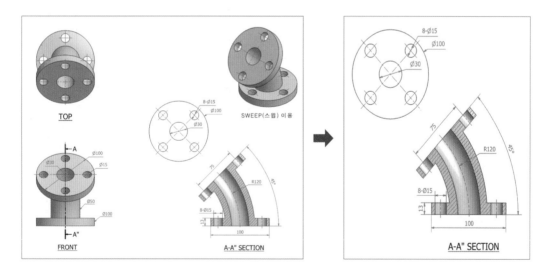

PART **2** 인벤터 실력 쌓기

5 단면뷰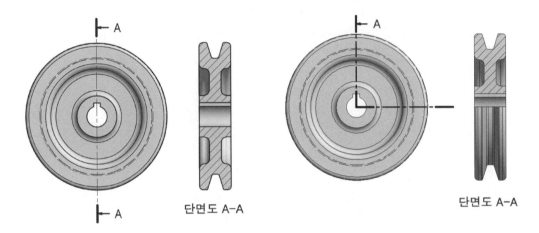

정의된 평면에서 절단된 모형의 상세한 내부 모습을 표시합니다. 단면도를 잘라낼 위치를 정의하는 선을 지정합니다.

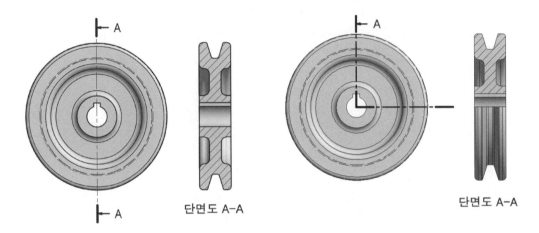

단면도 A-A

단면도 A-A

6 상세뷰

영역을 선택해 상세 뷰를 작성하는 명령으로, 또 다른 도면 뷰의 일부분이나 전체가 확대된 원형 또는 직사각형 모양의 뷰를 작성합니다. 상세 뷰에는 작은 피쳐와 구성요소가 명확하게 표시됩니다.

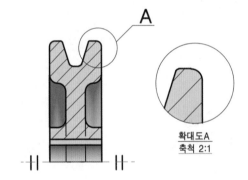

확대도A
축척 2:1

7 오버레이 뷰

여러 개의 위치별 표현에서 단일 뷰를 구성하여 다양한 위치에서 조립품을 표시합니다. 조립품에서 원하는 개수만큼 위치별 표현을 작성하여 도면의 다양한 위치를 표시합니다. 오버레이 뷰는 끊어지지 않는 뷰, 기준 뷰, 투영된 뷰 및 보조 뷰에 사용할 수 있습니다.

8 브레이크 아웃 뷰

정의된 재질 영역을 제거하려면 기존 도면 뷰의 가려진 부품 또는 피쳐를 보이게 합니다. 상위 뷰는 브레이크 아웃 경계를 정의하는 닫힌 루프 프로파일을 포함하는 스케치와 연관되어야 합니다.

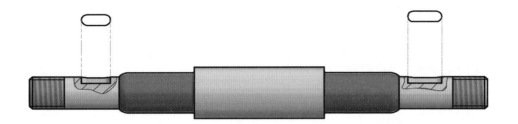

⑨ 오리기 🔲

뷰에서 이미지의 불필요한 부분을 제거합니다. 걸쳐 있는 창이나 스케치와 함께 유지할 뷰의 영역을 선택합니다.

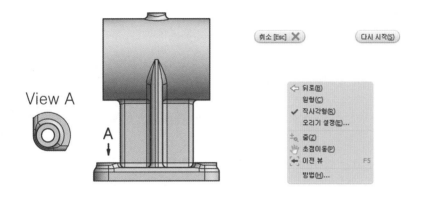

⑩ 뷰 정렬

수평 🔲, 수직 🔲, 위치 내 🔲, 정렬 끊기 🔲

⑪ 2D 스케치 작성 🔲 (단축키 : S)

도면 시트 또는 활성 뷰에서 2D 스케치를 작성합니다. 뷰를 선택하면 해당 스케치가 해당 뷰와 연관되며, 뷰가 선택되어 있지 않으면 스케치는 도면 시트에 연관됩니다.

⑫ 새 시트 🔲

새 페이지를 시트 세트에 추가합니다. 활성 시트의 사본을 만들고 배치된 도면 자원을 포함하며, 검색기에서 끌어서 시트를 재정리할 수 있습니다. 시트를 활성화하려면 시트를 두 번 클릭하거나 마우스 오른쪽 버튼으로 클릭한 다음 활성화를 클릭합니다.

5 주석

■ 주석 탭 아이콘

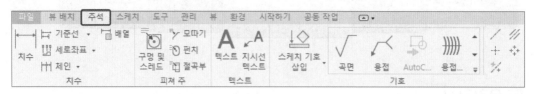

icon	명령	기능
	치수 (D)	도면 뷰에 치수를 작성하는 명령
	기준선	여러 개의 치수를 한번에 작성하는 명령으로 누적 치수를 작성
	세로좌표	원점을 지정해 그 원점을 기준으로 좌표 치수를 표시
	체인	여러 개의 치수를 한번에 작성하는 명령으로 연속 치수를 작성
	배열	여러 개의 치수를 선택해 서로 위치를 정렬
	모형 주석 검색	모델링 매개변수 데이터를 불러와 치수로 표시
	구멍 및 스레드	도면 뷰에 작성된 구멍 피쳐의 속성을 지시선 텍스트로 작성
	모따기	모따기 피쳐로 작성된 치수를 작성
A	텍스트 (T)	도면에 텍스트를 작성
A	지시선 텍스트	도면에 지시선 텍스트를 작성([Ctrl]+[Shift]+T)
	스케치 기호 삽입 / 새기호 정의	사용자, 용접, 모깎기, 형상공차, 데이텀 등 도면에 여러 개의 주석을 배치
	중심선 기호	선, 이등분, 중심 표식, 원형 패턴, 자동화된 중심선 등 여러 가지 종류의 중심선을 작성

	스케치 시작 (S)	도면 뷰에 2D 스케치를 작성
	부품 리스트	도면에 부품 리스트를 작성
	구멍	도면에 구멍 리스트를 작성
	리비전	도면에 리비전 테이블을 작성
	일반	도면에 여러 가지 종류의 테이블을 작성
	품번 기호 (B)	도면에 여러 가지 종류의 부품번호를 작성
	도면층 편집	도면 층 편집 및 스타일 속성을 표시

② 치수 |←→| (단축키 : D)

도면 뷰에 도면 치수를 작성합니다. 직교 뷰 또는 등각투영 뷰에서 일반 치수를 작성할 수 있습니다. 선택한 형상과 마우스 오른쪽 버튼을 클릭하여 사용할 수 있는 옵션에 따라 치수 유형이 달라지며, 치수 스타일에서 치수의 기본 모양을 정의합니다.

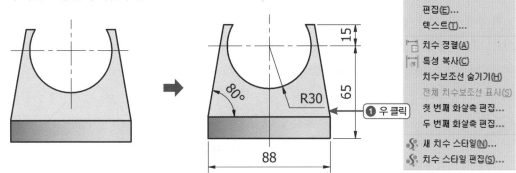

③ 기준선 |←→|

단일 프로세스에서 하나 이상의 개별 기준선 치수를 작성합니다. 기준선 치수는 원점(기준선)과 선택한 모서리 또는 점 간의 직교 거리를 표시하며, 치수를 계산할 원점을 지정하고 치수를 기입할 형상을 선택합니다.

4 체인 |⊢|⊣|

단일 프로세스에서 하나 이상의 개별 체인 치수를 작성합니다. 체인 치수를 배치하면 자동으로 정렬되며, 치수 텍스트가 겹치면 치수 위치 또는 치수 스타일을 수정할 수 있습니다.

5 배열 |⊢⊣|

선형, 각도, 좌표, 실제 등각투영 치수 등 선택한 치수 그룹을 배열합니다. 동시에 하나 이상의 치수를 선택한 다음 하나 이상의 뷰에서 치수를 배열할 수 있으며, 동일한 축을 따라 놓여 있는 치수 또는 다른 축을 따라 놓여 있는 축을 배열할 수 있습니다.

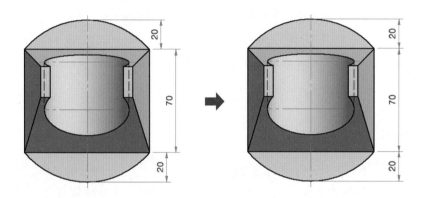

6 모형 주석 검색 |⊢⊣┐

도면 뷰에 사용할 모형 주석을 검색합니다. 스케치에 사용된 치수 및 피쳐 치수 또는 3D 주석을 검색하며, 도면 뷰에 표시할 치수 또는 주석을 선택합니다.

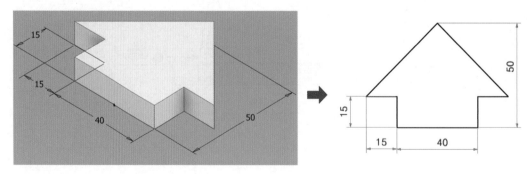

7 구멍 및 스레드 |≡⊙|

지시선이 있는 구멍 또는 스레드 주석을 추가합니다.

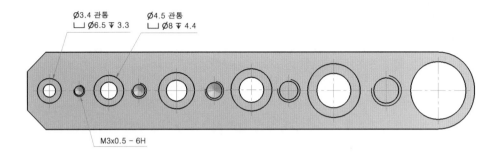

Ø3.4 관통
⎿ Ø6.5 ∓ 3.3

Ø4.5 관통
⎿ Ø8 ∓ 4.4

M3x0.5 - 6H

8 모따기 ⤻

선택한 모형 모서리 또는 스케치된 선에 모따기 주를 배치합니다. 뷰 또는 스케치에서 모따기에 모따기 주를 부착할 수 있습니다.

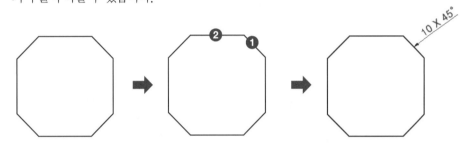

9 텍스트 A (단축키 : T)

도면 내 지정된 점에 일반적인 주를 작성합니다. 텍스트 형식 대화상자에서 텍스트 속성 및 특성을 입력하고 편집할 수 있습니다.

주서
1. 도시되고 지시 없는 모깎기 R3, 모따기 1×45°
2. 엠보싱 문자 : 글꼴(돋움), 정렬(중간/중심),
　　　　　　　크기(7mm), 높이(1mm)

작품명	인벤터	척 도	1:1
		각 법	3

10 지시선 텍스트 ⤹A (단축키 : Ctrl + Shift + T)

지시선이 있는 주를 작성합니다. 지시선의 점을 지정한 후 메모 텍스트를 입력합니다. 텍스트 형식 대화상자에서 텍스트 콘텐츠, 속성 및 특성을 설정하고 편집합니다.

🔢 스케치 기호 삽입 및 새기호 정의

① 스케치 기호 삽입 ↓◇

여러 기호를 선택하고 외부 스케치 기호 라이브러리에 저장할 수 있습니다.

② 새 기호 정의 ↓◇

도면에 사용자 정의 스케치 기호를 작성합니다. 도면 간의 사용자 정의 기호와 기타 도면 자원을 복사하여 도면 템플릿에 유지할 수 있습니다.

🔢 중심선 기호

① 중심선 ╱

선택한 모서리의 중심선을 작성합니다. 선의 중간점이나 호 또는 원의 중심점에 중심선을 배치하며, 피처가 원형 패턴을 구성하는 경우 원형 중심선을 작성합니다.

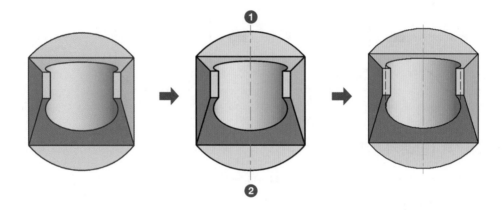

② 중심선 이등분 ╱╱

중심선을 작성하여 두 개의 모서리를 이등분합니다. 두 개의 선, 동심 호에 이등분 중심선을 배치합니다.

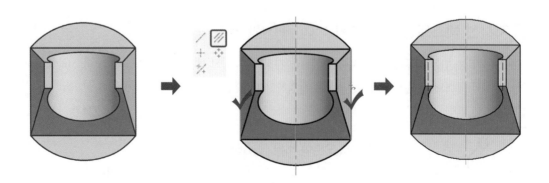

❸ 중심 표식 -+-

선택한 호 및 원에 대해 중심 표식을 작성할 수 있습니다. 중심 표식 스타일은 도면에서 중심 표식 모양을 결정합니다.

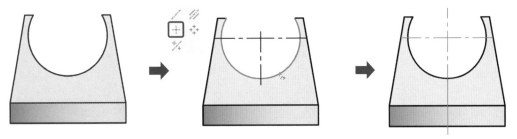

❹ 중심 패턴 +++

피쳐 패턴에 대해 원형 중심선을 작성합니다. 중심 표식 치수보조선 핸들을 끌어 원을 닫습니다.

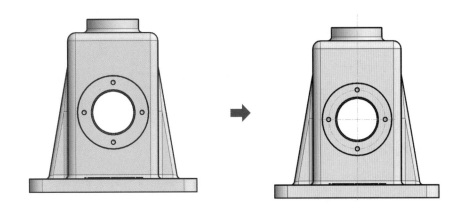

❺ 자동화된 중심선 ⚡

선택한 뷰에 대한 중심선을 지정할 수 있는 자동화된 중심선 대화상자에 액세스할 수 있습니다. 뷰를 선택하여 선택한 뷰에 대한 설정을 구성합니다.

13 부품 리스트 (BOM 작성)

부품 리스트를 작성하여 도면에 배치합니다. 부품 리스트는 BOM에 저장된 데이터를 표시합니다.

부품 리스트		
항목	부품번호	수량
1	본체	1
2	앞 커버	1
3	뒤 커버	1
4	V밸트풀리	1
5	편심축	1

14 구멍

모든 구멍, 선택한 구멍 또는 선택한 구멍 유형에 대한 테이블을 작성합니다.

1 뷰의 모든 구멍에 대해 구멍 테이블 추가

2 뷰의 선택한 구멍에 대해 구멍 테이블 추가

3 구멍 테이블에 선택한 유형의 구멍 추가

15 품번기호(단축키 : B)

도면 뷰에서 구성요소의 품번기호를 작성합니다. 품번기호는 부품 리스트에 나열된 항목을 식별하는 주석 태그입니다. 품번기호 스타일을 변경할 수 있습니다.

1 품번기호 ①: 개별 부품에 품번기호 추가

2 자동 품번기호 ①: 여러 부품에 품번기호 자동으로 추가

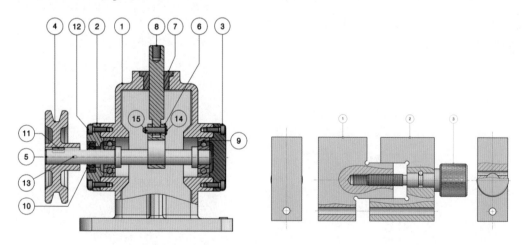

16 도면층 편집

현재 문서에서 도면층을 선택, 수정 또는 작성합니다. 도면층을 표시하거나 숨기고, 색상, 선 종류 및 선 가중치 등의 도면층 특성을 수정할 수 있습니다.

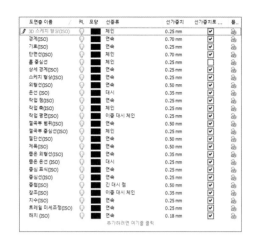

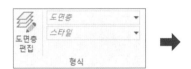

---

6 뷰 배치 따라하기

1 기준 뷰

앞서 작성한 모델링을 불러오기하여 뷰 배치를 작성하도록 합니다.

① 도면 뷰

도면 뷰 창의 파일 열기 버튼을 클릭하여 모델링 파일을 엽니다.

• 스타일

 – 숨은선의 표시 여부 및 음영 표시 여부를 선택한 후 확인

 – 은선 : 뷰의 은선을 표시한다.

 – 은선 제거 : 뷰의 은선을 제거

 – 음영 처리 : 뷰의 음영 처리

- 축척

  - 뷰의 축척을 변경한다. 목록에서 고르거나 직접 입력할 수 있습니다.

  - 예시 축척 1:2

- 뷰 방향 바꾸기

  - 뷰 큐브를 이용하여 방향을 설정할 수 있습니다.

  - **뷰를 선택 ▶ 마우스 왼쪽 버튼 더클 클릭 ▶ 뷰의 오른쪽 위에 있는 뷰 큐브를 회전**

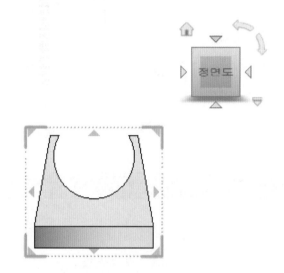

- 뷰 회전하기

  - **뷰를 선택 ▶ 마우스 우측 버튼 클릭 ▶ 회전 명령을 클릭**

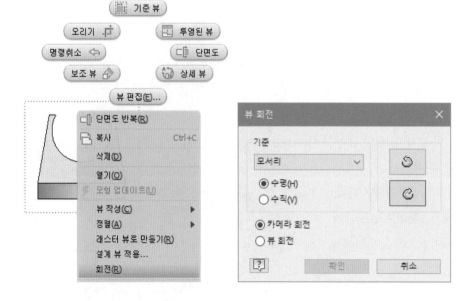

- a. 모서리–수평 옵션 : 클릭한 모서리가 수평 방향으로 회전
- b. 모서리–수직 옵션 : 클릭한 모서리가 수직 방향으로 회전
- c. 절대 각도 ▶ 뷰가 가지는 절대 각도 값으로 회전
- d. 상대각도 ▶ 현재 상태에서 증분 각도로 회전

• 뷰 이동하기

뷰에 사각 점선 부분에 마우스를 올려 놓고 마우스 왼쪽 버튼을 누른 상태로 끌어서 아래 그림과 같이 화면의 좌측 하단으로 이동합니다.

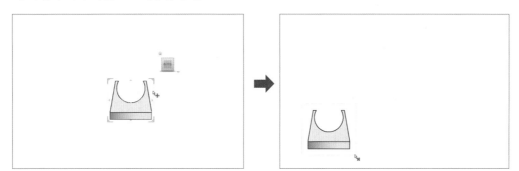

② 투영 뷰 작성하기

투영 아이콘 클릭하여 우측면 뷰, 정면 뷰, 등각투상 뷰를 생성합니다.

❶ 기존 뷰를 작성한 상태에서 우측 뷰가 삽입될 적당한 위치에 마우스 왼쪽 버튼을 클릭합니다.

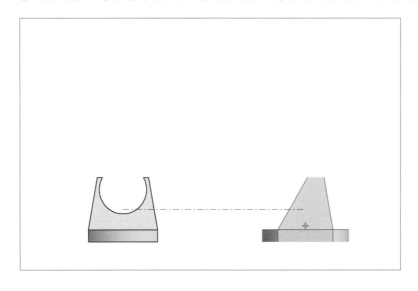

❷ 계속해서 평면 뷰가 삽입될 적당한 위치에 마우스 왼쪽 버튼을 클릭합니다.

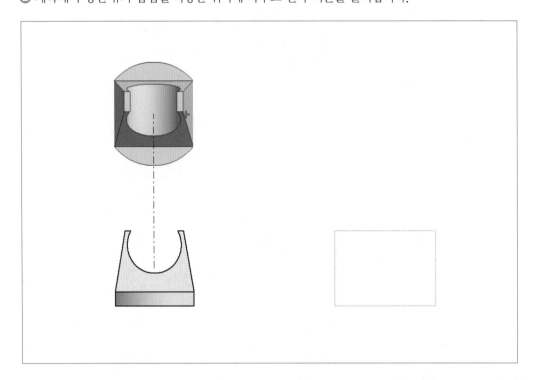

❸ 등각투상 뷰를 배치할 위치에 마우스 왼쪽 버튼을 클릭합니다.

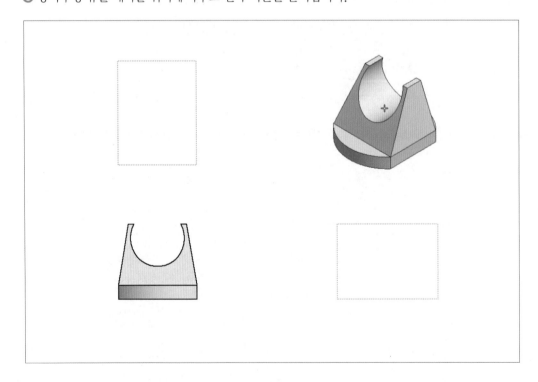

❹ 마우스 오른쪽 버튼을 클릭하면 나타나는 작성 버튼을 선택합니다.

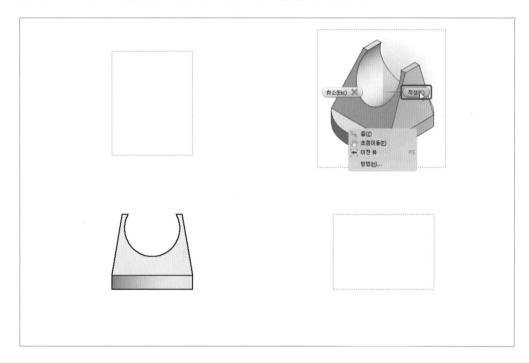

❺ 투영 뷰가 모두 완성되었습니다.

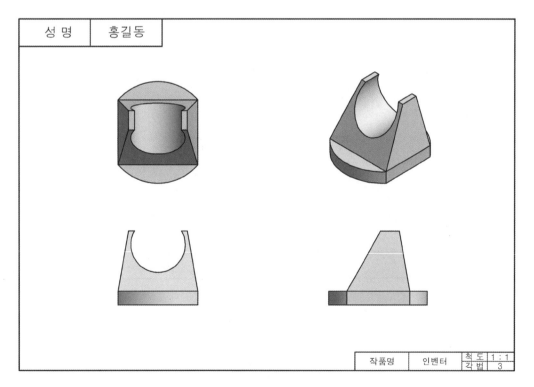

❸ 중심선 표시하기

도면에 중심선을 표시합니다. 주석 탭의 중심선을 도면에 표현하도록 합니다.

❶ 중심선 이등분 아이콘 클릭 ▶ 왼쪽 수직선 선택 ▶ 오른쪽 수직선 선택 ▶ 마우스 오른쪽 버튼 클릭 ▶ 확인 순서로 작성합니다.

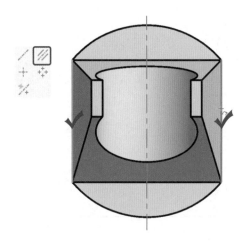

❷ 중심 표식 클릭 ▶ 원 선택 ▶ 마우스 오른쪽 버튼 클릭 ▶ 확인 순서로 작성합니다.

수직의 중심선은 그림과 같이 늘려줍니다.

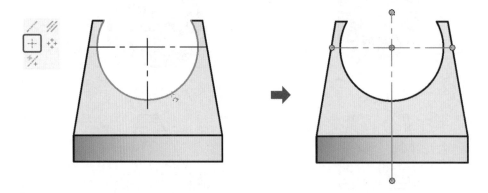

4 치수 넣기

치수 아이콘 (├──┤)을 클릭하여 아래와 같이 치수를 기입합니다.

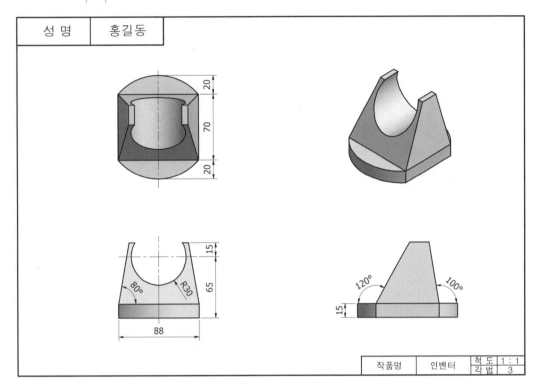

반지름의 텍스트를 수평으로 기입하고자 할 때 스타일 편집기에서 설정을 변경합니다.

R30 치수 선택 ▶ 마우스 오른쪽 버튼 클릭 ▶ 새 치수 스타일 ▶ 스타일 편집기 ▶ 텍스트 ▶ 반지름 수평 아이콘 순서로 변경합니다.

• 새 치수 스타일 - 현재 선택한 치수만 변경된 설정이 적용됩니다.
• 치수 스타일 편집 - 모든 치수에 변경한 스타일로 적용됩니다.

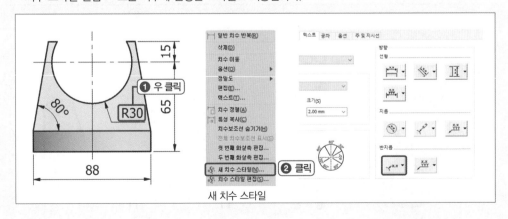

[전단면도] 온단면도

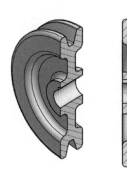

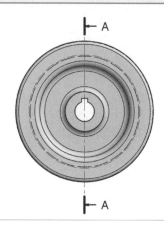

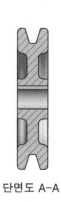

단면도 A-A

[반단면도] 한쪽단면도, 1/4단면도

단면도 A-A

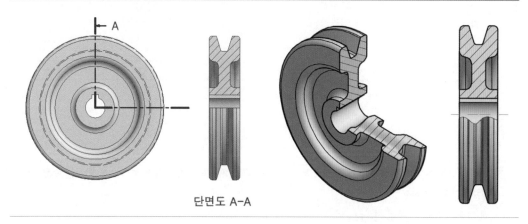

[부분단면도]

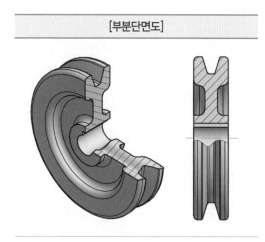

[부분확대도]

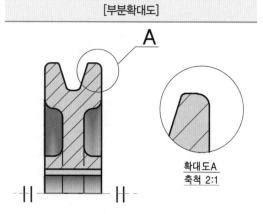

확대도A
축척 2:1

[부분투상도]

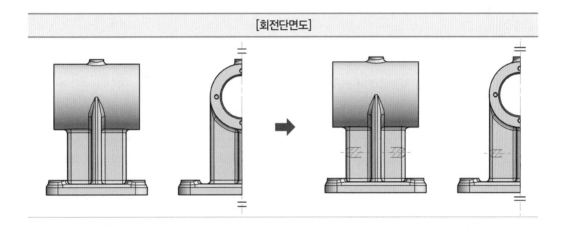

View A

A

PART 2
인벤터 실력 쌓기

KS 규격집 적용하기

인벤터는 기계 분야의 모델링에 최적화되어 있는 프로그램입니다. 모델링 작성과 도면 작성 시
KS 규격을 적용하여야 합니다. 부품별 KS 규격 적용 방법에 대해 학습합니다.

1 IT 등급별 공차 적용

• IT 공차 18 등급

• IT 01~ IT 4 : 주로 게이지(Gauge)류

• IT 5~ IT 10 : 주로 끼워맞춤(Fitting)을 적용하는 부분

• IT 11~ IT 16 : 끼워맞춤(Fitting)이 필요 없는 부분

규격집	3. IT 공차

3. IT 공차(단위 : μm)

치수 초과	등급 이하	IT 4 4급	IT 5 5급	IT 6 6급	IT 7 7급
–	3	3	4	6	10
3	6	4	5	8	12
6	10	4	6	9	15
10	18	5	8	11	18
18	30	6	9	13	21
30	50	7	11	16	25
50	80	8	13	19	30
80	120	10	15	22	35
120	180	12	18	25	40
180	250	14	20	29	46
250	315	16	23	32	52
315	400	18	25	36	57
400	500	20	27	40	63

IT 등급	적용 용도
IT 01	고급 정밀 표준 게이지(Gauge)류
IT 0	고급 정밀 표준 게이지류, 고급 단도기
IT 1	표준 게이지류, 단도기
IT 2	고급 게이지, 플러그 게이지
IT 3	양질의 게이지, 스냅 게이지
IT 4	게이지, 일반 래핑, 슈퍼피니싱 가공
IT 5	볼베어링, 머신래핑, 정밀 보링, 정밀 연삭, 호닝가공
IT 6	연삭, 보링, 핸드리밍
IT 7	정밀 선삭, 브로칭, 호닝 및 연삭의 일반 작업
IT 8	센터 작업에 의한 선삭, 보링, 일반 기계 리밍, 터렛 및 자동선반 가공 제품
IT 9	터렛 및 자동선반에 의한 일반 가공품, 보통 보링작업, 수직선반, 정밀 밀링작업
IT 10	일반 밀링작업, 세이빙, 슬로팅, 플레이너가공, 드릴링, 압연 및 압출 제품
IT 11	황삭 기계가공, 정밀인발, 파이프, 펀칭, 프레스, 구멍가공
IT 12	일반 파이프 및 봉 프레스 제품
IT 13	프레스 제품, 압연 제품
IT 14	금형, 다이캐스팅, 고무형 프레스, 쉘몰딩 주조품
IT 15	형단조, 쉘몰딩 주조, 시멘트 주조
IT 16	일반 주물과 불꽃(Gas) 절단품

2 V-벨트 풀리

• 형식 확인, P.C.D 거리 측정 후 규격집 검색 [KS 규격집 40. V-벨트 풀리]

※ 정해진 거칠기 사용 ⓑ 형식– M형, A형, B형

규격집	40 V-벨트 풀리

40. V-벨트 풀리

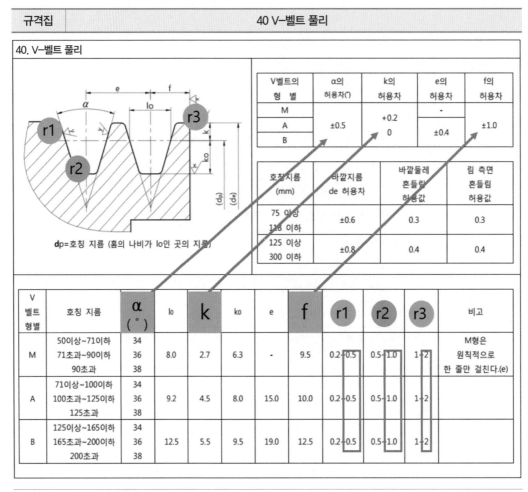

dp=호칭 지름 (홈의 나비가 lo인 곳의 지름)

V벨트의 형 별	α의 허용차(°)	k의 허용차	e의 허용차	f의 허용차
M		+0.2 0	-	
A	±0.5	+0.2 0	±0.4	±1.0
B				

호칭지름 (mm)	바깥지름 de 허용차	바깥둘레 흔들림 허용값	림 측면 흔들림 허용값
75 이상 118 이하	±0.6	0.3	0.3
125 이상 300 이하	±0.8	0.4	0.4

V벨트형별	호칭 지름	α (°)	lo	k	ko	e	f	r1	r2	r3	비고
M	50이상~71이하	34	8.0	2.7	6.3	-	9.5	0.2~0.5	0.5~1.0	1~2	M형은 원칙적으로 한 줄만 걸친다.(e)
	71초과~90이하	36									
	90초과	38									
A	71이상~100이하	34	9.2	4.5	8.0	15.0	10.0	0.2~0.5	0.5~1.0	1~2	
	100초과~125이하	36									
	125초과	38									
B	125이상~165이하	34	12.5	5.5	9.5	19.0	12.5	0.2~0.5	0.5~1.0	1~2	
	165초과~200이하	36									
	200초과	38									

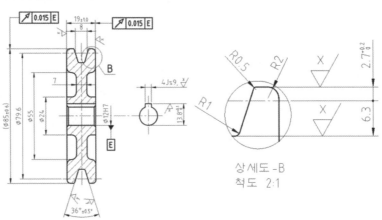

상세도 -B
척도 2:1

3 키 홈

- 키 홈 [KS 규격집 21. 평행 키(키 홈)] ※ 규격집에 표시되어진 거칠기 사용

  - 적용 축 지름 확인

  - t2 (하우징 높이) 값

  - b2 (키 홈의 폭) 값 (보통형 b2 허용차 JS9 적용)

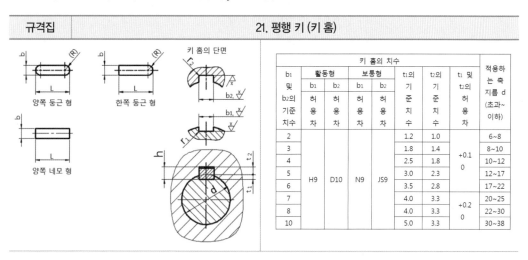

규격집	21. 평행 키 (키 홈)

키 홈의 치수

b1 및 b2의 기준 치수	활동형 b1 허용차	활동형 b2 허용차	보통형 b1 허용차	보통형 b2 허용차	t1의 기준 치수	t2의 기준 치수	t1 및 t2의 허용차	적용하는 축 지름 d (초과~이하)
2	H9	D10	N9	JS9	1.2	1.0	+0.1 0	6~8
3					1.8	1.4		8~10
4					2.5	1.8		10~12
5					3.0	2.3		12~17
6					3.5	2.8		17~22
7					4.0	3.3	+0.2 0	20~25
8					4.0	3.3		22~30
10					5.0	3.3		30~38

키 홈의 경우 KS 규격집 [21. 평행 키(키 홈)]의 내용 중 축의 깊이는 t1 부분이고, V-벨트 풀리 등 결합되는 부품 구멍의 키 홈의 높이는 t2이다.

아래 그림을 참고합니다.

❶ 적용 축지름 확인(안지름이 12mm인 경우 10 초과~12 이하 부분을 확인)

❷ 축 작도 시 키의 평면에 '보통형 b1' N9를 기입하고 축의 깊이값에 t2 허용차 +0.1/0을 기입한다. V-벨트 풀리 등 하우징 부분에 표시된 키 홈 높이에 JS(대문자)9를 기입합니다.

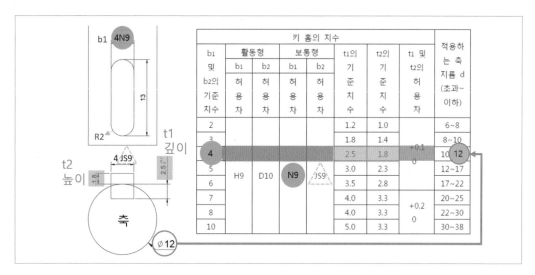

4 스퍼기어

• 스퍼기어 작성 시 모듈값(M)과 잇수값(Z)을 확인하여 작성합니다.
  – 모듈(M)×잇수(Z)=피치원지름(P.C.D) 값

스퍼기어 기본 명칭	
P.C.D	• 기어와 이거가 맞물릴 때 가장 힘을 많이 받는 부분 • 기어에서 가장 기준이 되는 직경값
M(모듈)	• P.C.D에서 기어 잇수(Z)를 나눈 수치 • 기어 치형의 크기를 정하는 수치
Z(잇수)	• 기어 이 개수 • P.C.D를 M(모듈)으로 나눈 개수
압력각(a)	• 기어가 기어를 밀 때, P.C.D 위치에서 접선을 이루는 각도 • 표준 인벌류트 치형의 압력각은 20°이다.
이끝 원	• 기어의 이끝을 연결한 원 • 기어의 외경을 뜻함
이뿌리 원	• 기어의 이뿌리(지처, 齒底)를 연결한 원
이 높이	• 기어의 전체 이 높이 값, 모듈(M)에 2.25를 곱한 값 • 이끝 원에서 이뿌리 원까지의 유효거리

스퍼기어 계산 공식	
P.C.D	M(모듈)×Z(잇수)
M(모듈)	P.C.D/Z(잇수)
Z(잇수)	P.C.D/M(모듈)
이끝 원 지름	P.C.D+(M×2)
이뿌리 원 지름	이끝원 지름-(전체 이 높이×2)
전체 이 높이	M(모듈)×2.25

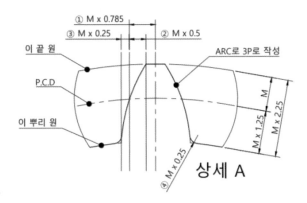

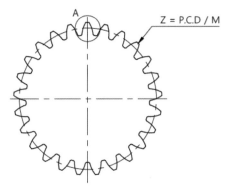

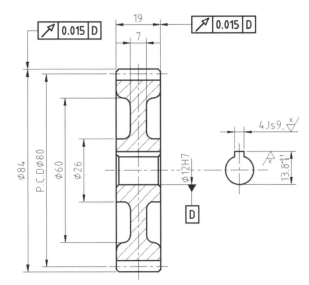

스퍼기어 요목표		
구분	품번	3
기어 치형		표준
구분	모듈	2
	치형	보통이
	압력각	20°
전체 이 높이		4.5
피치원 지름		P.C.D Ø80
잇수		40
다듬질 방법		호브 절삭
정밀도		KS B ISO 1328-1, 4급

5 축

❶ 축을 제도하기 위해 조립된 부품과 결합 부위 규격집 적용 유·무 등 면밀히 확인하여 작성해야 합니다.

❷ 축은 자로 측정해야 될 부분과 자로 임의 측정해선 안되는 부분을 구별할 수 있어야 합니다.

❸ 축과 조립된 부위에 부품을 확인하여 공용 부품 등 KS 규격에 의해 치수가 정해지는 부위는 반드시 규격집을 확인합니다.

❹ 축 작성 시 확인할 부분은 아래와 같습니다.

　• 베어링 결합 여부 [KS 규격집 23. 깊은 홈 볼 베어링]

　• 축의 베어링 결합 부위 모깎기 [KS 규격집 31. 베어링 구석 홈 부 둥글기]

- 키 홈 적용 [KS 규격집 21. 평행 키(키 홈)]

- 오일실 부착 관계 [KS 규격집 38. 오일 실 부착 관계]

- 릴리프 홈 [KS 규격집 17. 나사의 틈새]

- 베어링 끼워맞춤 공차 [KS 규격집 32. 베어링 끼워 맞춤]

- 센터 구멍 표시 [KS 규격집 47. 센터 구멍 / 48. 센터 구멍의 간략 도시 방법]

위 내용의 KS 규격집을 확인하여 축을 작성해 봅니다.

1 베어링 결합 여부

예 6000 : 6(깊은 볼 베어링 형식을 의미)

　　　　0(하중을 의미 0,1−특경하중 / 2−경하중 / 3−보통하중 / 4−중하중)

　　　　00(베어링 안지름을 의미 00−10mm, 01−12mm, 02−15mm, 03−17mm, 04×(5)−20mm)

규격집	23. 깊은 홈 볼 베어링

호칭 번호 (62계열)	치수				호칭 번호 (60계열)	치수			
	d	D	B	r		d	D	B	r
6200	10	30	9	0.6	6000	10	26	8	0.3
6201	12	32	10	0.6	6001	12	28		
6202	15	35	11	0.6	6002	15	32	9	
6203	17	40	12	0.6	6003	17	35	10	
6204	20	47	14	1	6004	20	42	12	0.6
6205	25	52	15	1	6005	25	47		
6206	30	62	16	1	6006	30	55	13	
6207	35	72	17	1.1	6007	35	62	14	1
6208	40	80	18	1.1	6008	40	68	15	

② 축의 베어링 결합 부위 모깎기

베어링(r)= 축 또는 하우징(R) 동일한 값으로 모깎기

규격집	31. 베어링 구석 홈 부 둥글기

r 또는 r1 (min)	R(max)	하우징 또는 축	
		레이디얼 베어링 경우의 어깨 높이 h	
		일반	특수
0.1	0.1	0.4	
0.15	0.15	0.6	
0.2	0.2	0.8	
0.3	0.3	1.25	1
0.6	0.6	2.25	2
1.0	1.0	2.75	2.5

PART 2 인벤터 실력 쌓기

③ 키 홈 적용

– 적용 축 지름

– t1 (축의 깊이) 값

– b1(키 홈의 폭) 값 (보통형 b1 허용차 N9, JS9 적용)

규격집	21. 평행 키(키 홈)

b_1 및 b_2의 기준 치수	활동형		보통형		t_1의 기준 치수	t_2의 기준 치수	t_1 및 t_2의 허용차	적용하는 축 지름 d (초과~ 이하)
	b_1 허용차	b_2 허용차	b_1 허용차	b_2 허용차				
2	H9	D10	N9	JS9	1.2	1.0	+0.1 0	6~8
3					1.8	1.4		8~10
4					2.5	1.8		10~12
5					3.0	2.3		12~17
6					3.5	2.8		17~22
7					4.0	3.3	+0.2 0	20~25
8					4.0	3.3		22~30
10					5.0	3.3		30~38

4 오일실 부착 관계

• 오일 실 부분–h8(축) / 키 홈–h6 / 본체 구멍–H7

규격집	규격집 38. 오일 실 부착 관계

$\alpha = 15° \sim 30°$
$| = 0.1B \sim 0.15B$

(구석의 둥글기)
r ≥ 0.5mm

둥글기를 붙인다

오일 실 부착 관계 참고 (작성 예)		
B	B₁	하우징 크기
6 이하	B+0.2	B=5, B₁=5.2
6 초과 10 이하	B+0.3	B=8, B₁=8.3
10 초과 14 이하	B+0.4	□
14 초과 18 이하	B+0.5	□

※ 규격은 KS B 0406에 없다.

※ 바깥지름에 대응하는 하우징의 구멍 지름의 허용차는 원칙적으로 KS B 0401의 H8로 한다.

※ 축의 호칭 지름은 오일실에 적합한 지름과 같고, 그 허용차는 원칙적으로 KS B 0401 h8로 한다.

5 릴리프 홈

• 와셔가 있을 경우 하지 않는다.

규격집	17. 나사의 틈새

30°(최소)

나사의 피치	dg		g₁	g₂	rg
	기준 치수	허용차	최소	최대	약
0.5	d − 0.8	호칭지름이 3mm 이하는 h12, 호칭지름이 3mm 초과는 h13 적용	0.8	1.5	0.2
0.7	d − 1.1		1.1	2.1	0.4
0.8	d − 1.3		1.3	2.4	0.4
1	d − 1.6		1.6	3	0.6
1.25	d − 2		2	3.75	0.6
1.5	d − 2.3		2.5	4.5	0.8
1.75	d − 2.6		3	5.25	1
2	d − 3		3.4	6	1

6 베어링 끼워맞춤 공차

- 축 부분–내륜회전 하중(보통하중) 적용(18 이하–js5 18 초과–k5)

- 하우징 부분– 외륜 정지 하중–H7 / 외륜 회전 하중–N7

규격집	32. 베어링 끼워 맞춤

32. 베어링 끼워 맞춤

내륜회전 하중 또는 방향 부정 하중(보통 하중)			
볼 베어링	원통, 테이퍼 롤러 베어링	자동조심 롤러 베어링	허용차 등급
축 지름			
18 이하	-	-	js5
18 초과 100 이하	40 이하	40 이하	k5
100 초과 200 이하	40 초과 100 이하	40 초과 65 이하	m5

내륜정지 하중			
볼 베어링	원통, 테이퍼 롤러 베어링	자동조심 롤러 베어링	허용차 등급
축 지름			
내륜이 축 위를 쉽게 움직일 필요가 있다.	전체 축 지름		g6
내륜이 축 위를 쉽게 움직일 필요가 없다.	전체 축 지름		h6

하우징 구멍 공차		
외륜 정지 하중	모든 종류의 하중	H7
외륜 회전 하중	보통하중 또는 중하중	N7

7 센터 구멍 표시

- KS A ISO 6411-1 양단, A2/4.25

규격집	47. 센터 구멍 / 48. 센터 구멍의 간략 도시 방법

호칭 지름 d	D	D1	L (최대)	참 고			
				L1	L2	t	a
(0.5)	1.06	1.6	1	0.48	0.64	0.5	0.16
(0.63)	1.32	2	1.2	0.6	0.8	0.6	0.2
(0.8)	1.7	2.5	1.5	0.78	1.01	0.7	0.23
1	2.12	3.15	1.9	0.97	1.27	0.9	0.3
(1.25)	2.65	4	2.2	1.21	1.6	1.1	0.39
1.6	3.35	5	2.8	1.52	1.99	1.4	0.47
2	4.25	6.3	3.3	1.95	2.54	1.8	0.59

PART 2 인벤터 실력 쌓기

48. 센터 구멍의 간략 도시 방법

*센터 구멍의 간략 표시 방법은 KS A ISO 6411에 따른다.

센터 구멍의 필요 여부	도시 기호	센터 구멍 규격 번호 및 호칭 방법을 지정하지 않는 경우	센터 구멍의 규격 번호 및 호칭 방법을 지정하는 경우
			도시 방법
필요한 경우	<		 규격번호, 호칭방법 규격번호, 호칭방법

---

6 | 기계 재료

- GC250 (주철 : 본체, 커버, V 벨트 등) ※ 250−인장강도를 의미.

- SC480 (주강품 : 스퍼기어, 스프로킷 등)

- SCM430 (가공품 : 축, 치공구 등) ※ 4−CR(크롬) 함유량, 30−탄소함유량

- SM45C (바이스, 클램프, 치공구 등)−기계구조용 탄소강재

규격집		규격집 50. 기계재료 기호(작성 예)	
명 칭	기 호	명 칭	기 호
회 주철품*	GC100, GC150, GC200, GC250	구상흑연 주철품*	GCD 350-22, GCD 400-18, GCD 450-10, GCD 500-7
탄소강 주강품*	SC360, SC410, SC450, SC480	탄소강 단강품	SF390A, SF440A, SF490A
인청동 주물*	CAC502A, CAC502B	청동 주물*	CAC402
침탄용 기계구조용 탄소강재	SM9CK, SM15CK, SM20CK	알루미늄 합금주물	AC4C, AC5A
탄소공구강 강재	STC85, STC90, STC105, STC120	기계구조용 탄소강재	SM25C, SM30C, SM35C, SM40C, SM45C
합금공구강 강재	STS3, STD4	화이트메탈	WM3, WM4
크로뮴 몰리브데넘 강	SCM415, SCM430, SCM435	니켈 크로뮴 몰리브데넘 강	SNCM415, SNCM431
니켈 크로뮴 강	SNC415, SNC631	크로뮴 강	SCr415, SCr420, SCr430, SCr435
스프링강재	SPS6, SPS10	스프링용 냉간압연강대	S55C-CSP
피아노선	PW1	일반 구조용 압연강재	SS330, SS440, SS490
알루미늄 합금주물	ALDC6, ALDC7	용접 구조용 주강품*	SCW410, SCW450
인청동 봉	C5102B	인청동 선	C5102W

• 주서 작성 시 일반공차의 가), 나), 다)와 표면 거칠기는 작성 도면에 있는 부분만 작성합니다.

규격집	46. 주서(작성 예)

46. 주서(작성 예)

주서
1. 일반공차-가) 가공부: KS B ISO 2768-m
　　　　　　나) 주조부: KS B 0250-CT11
　　　　　　다) 주강부: KS B 0419-B급
2. 도시되고 지시없는 모떼기 1x45° , 필렛 R3
3. 일반 모떼기 0.2x45°
4. $\forall$ 부위 외면 명청색, 명적색 도장 후 가공
5. 기어 치부 열처리 $H_RC50\pm2$
6. 표면 거칠기 $\overset{}{\forall} = \overset{}{\forall}$
　　　　　　$\overset{w}{\forall} = \overset{12.5}{\forall}$, N10
　　　　　　$\overset{x}{\forall} = \overset{3.2}{\forall}$, N8
　　　　　　$\overset{y}{\forall} = \overset{0.6}{\forall}$, N6

PART 2 인벤터 실력 쌓기

Chapter

3

모델링

기계 요소에 따른 본체, 공용 부품, 기타 조립품 등 다양한 모델링 작성에 대해 알아봅니다. 모델링 작성에 필요한 도면 분석과 KS 규격 적용 방법 등 기본적인 이론 지식과 함께 학습합니다.

작업 흐름도

문제 도면 분석

| 모델링
2D 스케치, 3D 형상 작성 | ↔ | 조립하기
모델링 및 공용 부품 사용 | ← | 공용 부품
볼트, 베어링, 오일실 등 |

| 부품 도면 | | 조립 도면 |

KS 규격 적용하기

| Step-01 문제 도면 분석 | Step-02 부품 모델링 ※ Standard(mm).ipt |

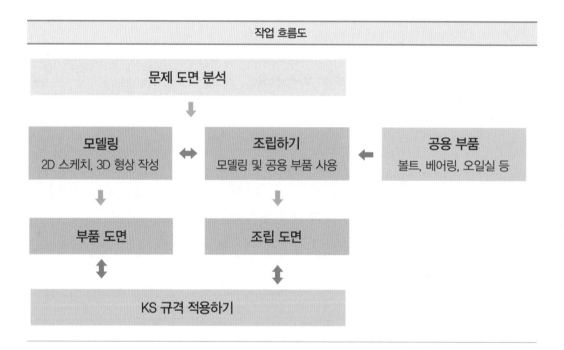
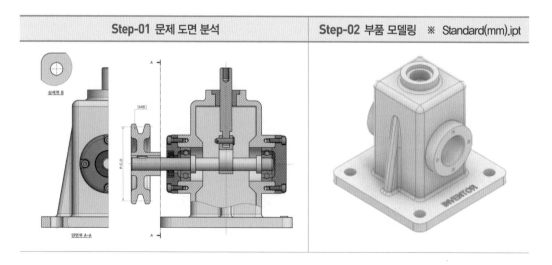

주서
1.도시되고 지시없는 모깍기 R3, 모따기 1x45°
2.엠보싱 문자: 글꼴(돋움), 정렬(중간/중심)
　　　　　　　크기(7mm), 높이(1mm)

상세뷰 B

상세뷰C

본 체

단면뷰 A-A

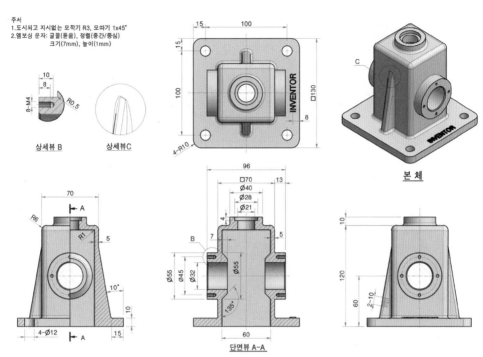

Step-04 조립하기 ※ Standard(mm).iam	**Step-05 공용 부품** ※ Standard(mm).iam

※ 조립공간(*.iam)에서 배치 아래의 화살표(▼)를 눌러 "컨텐츠 센터에서 배치"를 클릭

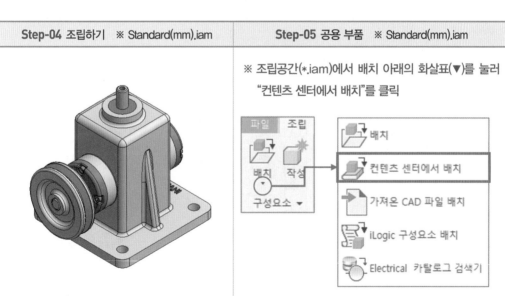

Step-06 조립 도면

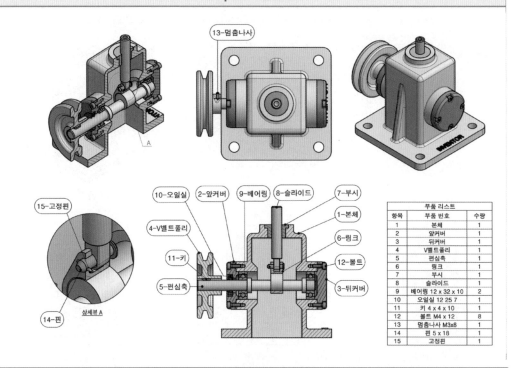

부품 리스트		
항목	부품 번호	수량
1	본체	1
2	앞커버	1
3	뒤커버	1
4	V벨트풀리	1
5	편심축	1
6	링크	1
7	부시	1
8	슬라이드	1
9	베어링 12 x 32 x 10	2
10	오일실 12 25 7	1
11	키 4 x 4 x 10	1
12	볼트 M4 x 12	8
13	멈춤나사 M3x8	1
14	핀 5 x 18	1
15	고정핀	1

Step-07 KS 규격 적용하기

주서

1. 도시되고 지시 없는 모떼기는 1×45°, 모깎기는 R3

2. 일반 모떼기는 0.2×45°

※ 기하공차 및 거칠기

IT공차 치수		IT
초과	이하	5급
–	3	4
3	6	5
6	10	6
10	18	8
18	30	9
30	50	11
50	80	13
80	120	15
120	180	18
180	250	20

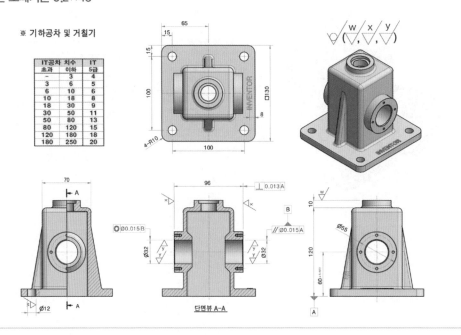

Step-08 프레젠테이션 (※ PART 03 참고)

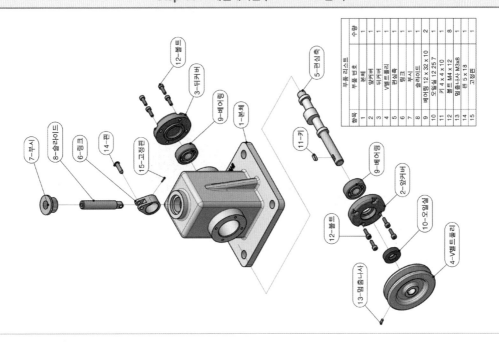

품번	품명	수량
1	본체	1
2	커버	1
3	커버	1
4	V벨트풀리	1
5	편심축	1
6	드럼	1
7	부시	1
8	슬라이드	2
9	베어링 12 x 32 x 10	1
10	오일실 12 25 7	1
11	키 4 x 4 x 10	8
12	볼트 M4 x 12	1
13	멈춤나사 M3x6	1
14	핀 5 x 18	1
15	고정판	1

TIP

① 스퍼기어 부품 도면을 참고하여 다음과 같이 조립해 봅니다.

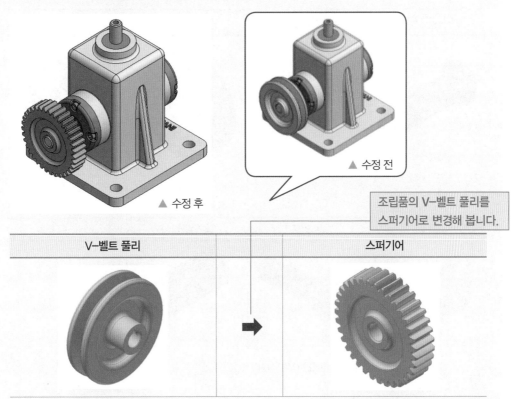

▲ 수정 후

▲ 수정 전

조립품의 V-벨트 풀리를 스퍼기어로 변경해 봅니다.

V-벨트 풀리	스퍼기어

② 부품의 ①~⑩번은 직접 모델링하고 나머지 부품은 공용 부품으로 Standard(mm).iam의 "컨텐츠센터"에서 불러오기하여 조립하면 작업이 쉽고 시간이 단축됩니다. 실무에서는 공용 부품을 KS 규격집에서 상세치수를 찾아 모델링해야 될 경우도 있으니 참고하도록 합니다.

① 본체	② 앞 커버	③ 뒤 커버	④ V-벨트 풀리
⑤ 축	⑥ 링크	⑦ 부시	⑧ 슬라이드
⑨ 연결핀 5×18	⑩ 고정핀 1.2×8	베어링 6201	오일실
ISO 2341 B	KS B 1320 C	KS B 2023 (12×32×10)	KS B 2804 D(12×25×7)
⑬ 키	⑭ 볼트	⑮ 멈춤나사	
JIS B 1301 (4×4×10)	KS B 1003 (M4×12)	KS B 1028-원추점 (M3×8)	

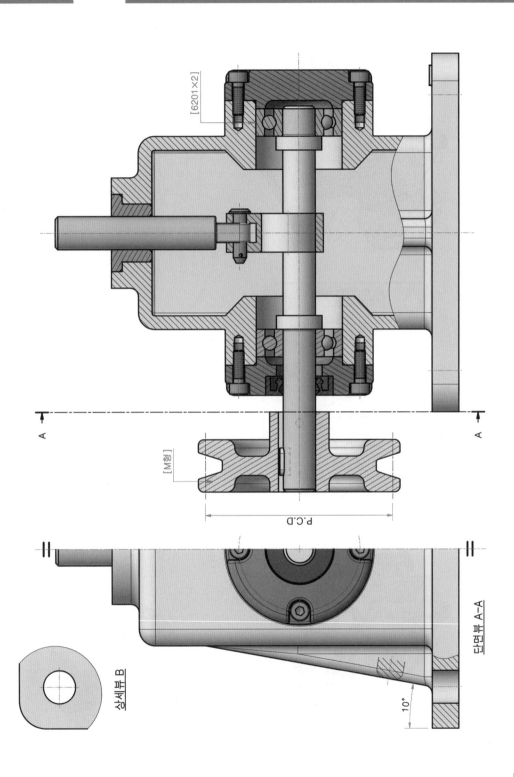

[6201×2]

A

A

[M형]

P.C.D

단면부 A-A

10°

상세부 B

항목	부품 번호	수량
1	본체	1
2	앞커버	1
3	뒤커버	1
4	V벨트풀리	1
5	편심축	1
6	링크	1
7	부시	1
8	슬라이드	1
9	베어링 12 x 32 x 10	2
10	오일실 12 25 7	1
11	키 4 x 4 x 10	1
12	볼트 M4 x 12	8
13	멈춤나사 M3x8	1
14	핀 5 x 18	1
15	고정판	1

부품 리스트

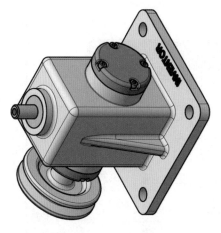

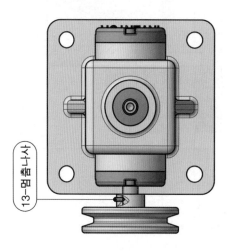

13-멈춤나사

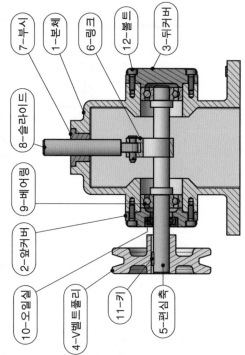

7-부시
1-본체
6-링크
12-볼트
3-뒤커버
8-슬라이드
9-베어링
2-앞커버
10-오일실
4-V벨트풀리
11-키
5-편심축

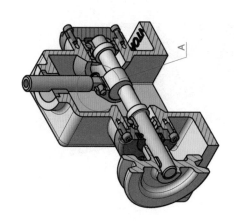

A

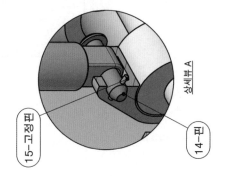

상세부 A

15-고정판
14-핀

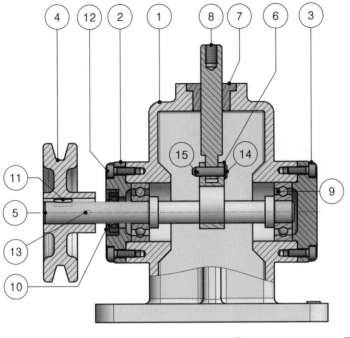

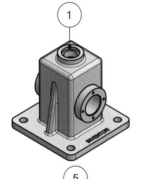

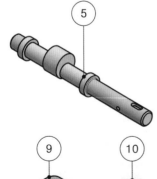

부품 리스트		
항목	부품 번호	수량
1	본체	1
2	앞커버	1
3	뒤커버	1
4	V벨트풀리	1
5	편심 축	1
6	링크	1
7	부시	1
8	슬라이드	1
9	베어링 12 x 32 x 10	2
10	오일실 12 25 7	1
11	키 4 x 4 x 10	1
12	볼트 M4 x 12	8
13	멈춤나사 M3x8	1
14	핀 5 x 18	1
15	고정핀	1

PART **2** 인벤터 실력 쌓기

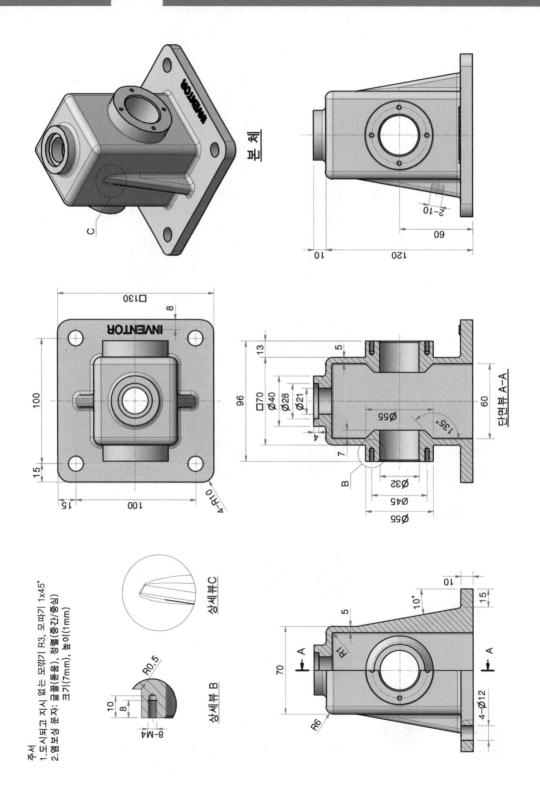

본 체

주서
1. 도시되고 지시 없는 모깎기 R3, 모따기 1x45°
2. 열보성 문자: 굴꼴(돋음), 정렬(중간/중심)
   크기(7mm), 높이(1mm)

PART **2** 인벤터 실력 쌓기

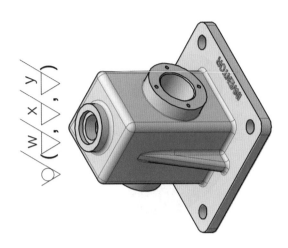

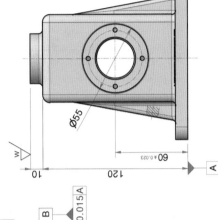

Ø55

60 ±0.023

10 120

A

W

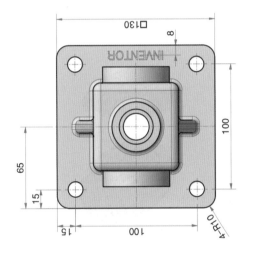

□130

8

100

65

15

15 100 4-R10

0.013 A

B ◢Ø0.015 A

// Ø32

96

단면부 A-A

x y

◎ Ø0.015 B Ø32

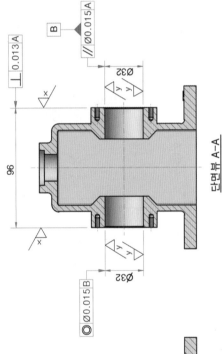

A A

70

Ø12

W

※ 끼워맞춤공차 및 거칠기

IT공차 치수		IT
초과	이하	5급
―	3	4
3	6	5
6	10	6
10	18	8
18	30	9
30	50	11
50	80	13
80	120	15
120	180	18
180	250	20

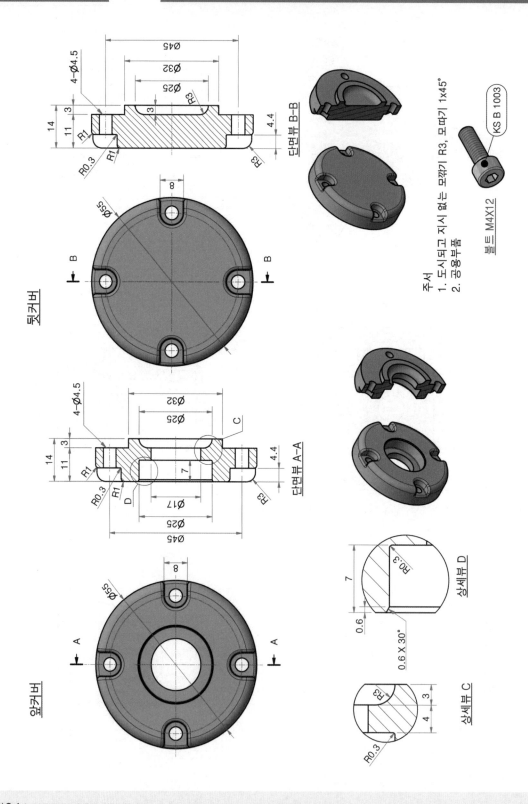

단면뷰 B-B

뒷커버

단면뷰 A-A

앞커버

상세뷰 D

상세뷰 C

주서
1. 도시되고 지시 없는 모깎기 R3, 모따기 1x45°
2. 공용부품

볼트 M4X12

KS B 1003

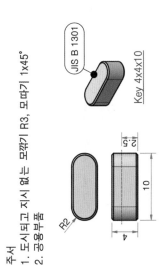

주서
1. 도시되고 지시 없는 모깎기 R3, 모따기 1x45°
2. 공용부품

Key 4x10
JIS B 1301

TIP) 축 작성 시 KS 규격집 적용
1. 베어링이 체결되는 부위는 규격품으로 자로 측정하지 않고, 축 지름을 KS 규격집에서 찾음
2. 축 지름과 커버의 오일실 폭을 측정하여 KS 규격집의 오일실 부착관계를 참고
3. 키 홈 등 KS 규격집 참고
4. 오일실(KS B 2804)과 깊은 홈 볼 베어링(KS B 2023)은 공용부품 사용

편심축 모델링

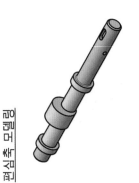

깊은 홈 볼 베어링 : 6201
오일실 12x25x7
깊은 홈 볼 베어링 : 6201

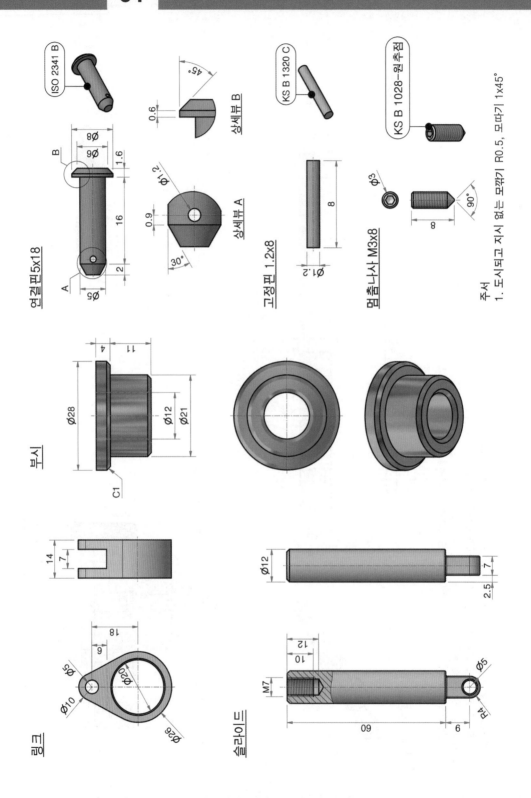

연결판5x18

ISO 2341 B

상세뷰 B

상세뷰 A

고정판 1.2x8

KS B 1320 C

멈춤나사 M3x8

KS B 1028—원추점

주서
1. 도시되고 지시 없는 모깎기 R0.5, 모따기 1x45°

부시

링크

슬라이드

스퍼기어 요목표

기어 치형		표준
공구	모듈	2
	치형	보통이
공구	압력각	20°
전체 이 높이		4.5
피치원 지름		Ø70
잇수		35
다듬질 방법		호브절삭
정밀도		KS B ISO 1328-1,4급

스퍼기어 [M:2 Z:35]

1.57(2*0.785)

R0.5

1(2/2)

0.5(2/4)

주서
1. 도시되고 지시 없는 모따기 R3, 모 따기 1x45°

4 JS9, $^{+0}_{-0}$

$13.8^{+0.1}_{-0}$

Ø12

Ø22
Ø12
B

2.5
4
M3
17
9
4
Ø22
Ø50
P.C.D Ø70
Ø74
12

⌀ 0.013 B

IT공차 치수

초과	이하	IT 5급
-	3	4
3	6	5
6	10	6
10	18	8
18	30	9
30	50	11
50	80	13
80	120	15
120	180	18
180	250	20

V-벨트 풀리 [M형]

4 JS9

$13.8^{+0.1}_{-0}$

Ø12

상세부 A

$2.7^{+0.2}_{-0}$
6.3
R2
R0.5
R1

C0.5
Ø22
Ø12
A

34° ±0.5°
8
4
M3
10
6
6
19±1
Ø48
P.C.D Ø70
Ø75.4

⌀ 0.013 A

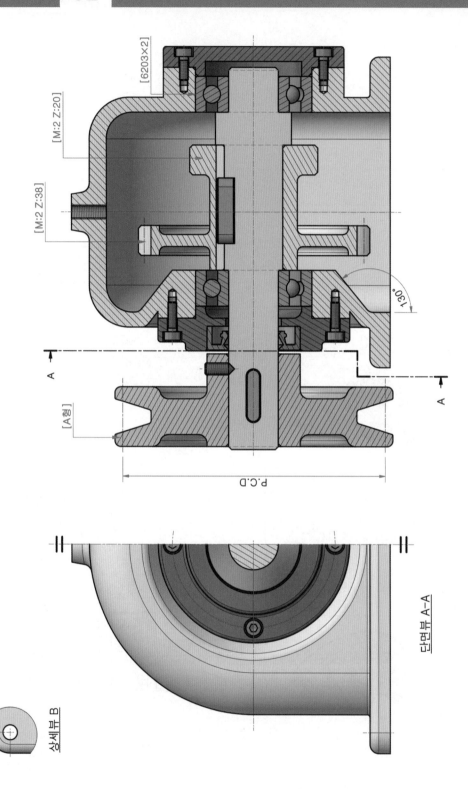

[6203×2]

[M:2 Z:20]

[M:2 Z:38]

130°

A

A

[A형]

P.C.D

단면부 A-A

상세부 B

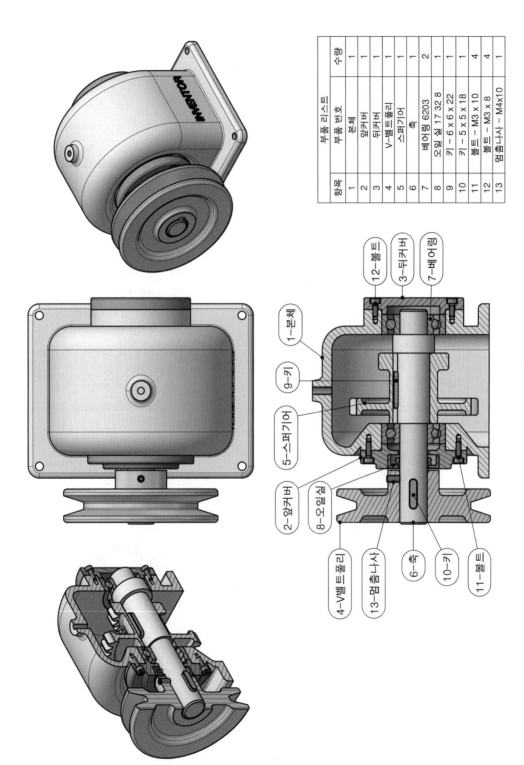

항목	부품 번호	수량
1	본체	1
2	앞커버	1
3	뒤커버	1
4	V-벨트풀리	1
5	스퍼기어	1
6	축	1
7	베어링 6203	2
8	오일 실 17 32 8	1
9	키 – 6 x 6 x 22	1
10	키 – 5 x 5 x 18	1
11	볼트 – M3 x 10	4
12	볼트 – M3 x 8	4
13	멈춤나사 – M4x10	1

부품 리스트

12-볼트
3-뒤커버
7-베어링
1-본체
9-키
5-스퍼기어
2-앞커버
8-오일실
4-V벨트풀리
13-멈춤나사
6-축
10-키
11-볼트

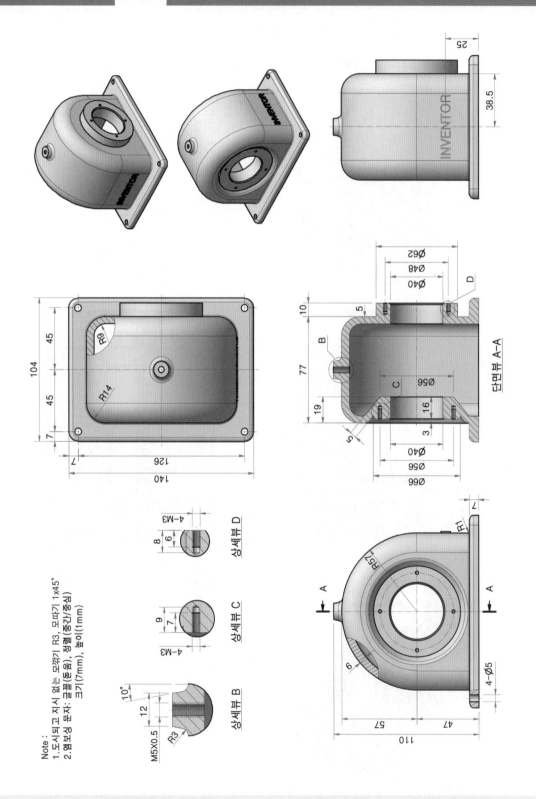

Note :
1. 도시되고 지시 없는 모깎기 R3, 모따기 1x45°
2. 엠보싱 문자: 굴꼴(돋음), 정렬(중간/중심)
   크기(7mm), 높이(1mm)

상세부 B

상세부 C

상세부 D

단면뷰 A-A

V-벨트 풀리 [A형]

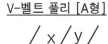

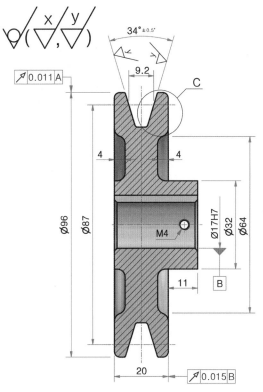

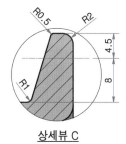

상세뷰 C

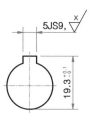

주서
1. 도시되고 지시없는 모깎기 R3, 모따기 1x45°
2. 공용부품

멈춤나사 M4x10

(KS B 1028 원추점)

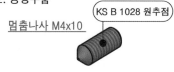

스퍼기어 [M:2 Z:38, Z:20]

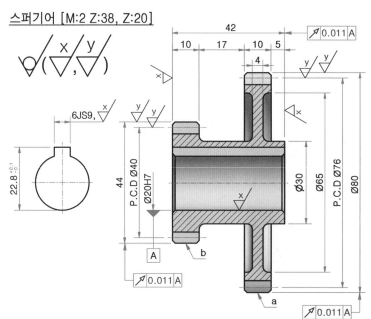

스퍼기어 요목표		
	a	b
기어 치형	표준	
공구	모듈	2	
	치형	보통이	
	압력각	20°	
전체 이 높이	4.5	
피치원 지름	Ø76	Ø40
잇수	38	20
다듬질 방법	호브절삭	
정밀도	KS B ISO 1328-1,4급	

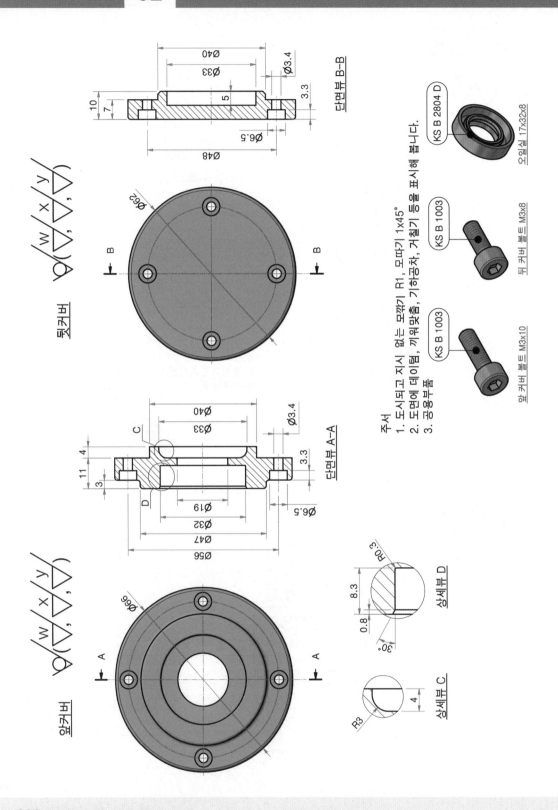

단면부 B-B

뒷커버

단면부 A-A

앞커버

상세부 D

상세부 C

주서
1. 도시되고 지시 없는 모깎기 R1, 모따기 1x45°
2. 도면에 데이텀, 기하맞춤, 기하공차, 거칠기 등을 표시해 봅니다.
3. 공용부품

오일실 17x32x8 (KS B 2804 D)

뒤 커버 볼트 M3x8 (KS B 1003)

앞 커버 볼트 M3x10 (KS B 1003)

주서

1. 도시되고 지시 없는 모깎기 R3, 모따기 1x45°
2. 도면에 데이텀, 끼워맞춤, 기하공차, 거칠기 등을 표시해 봅니다.
3. 공용부품

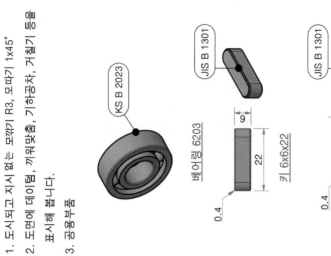

KS B 2023

JIS B 1301

베어링 6203

키 6x6x22

9

22

0.4

JIS B 1301

키 5x5x18

5

18

0.4

축 모델링

X/y △(△)

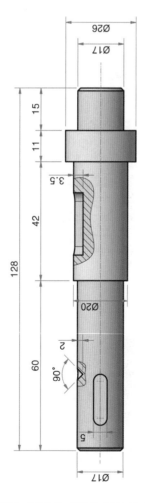

Ø26
Ø17
15
11
3.5
42
128
Ø20
2
90°
60
5
Ø17

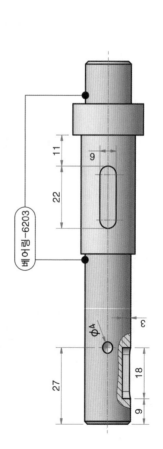

11
6
22
베어링-6203
ØA
3
27
18
9

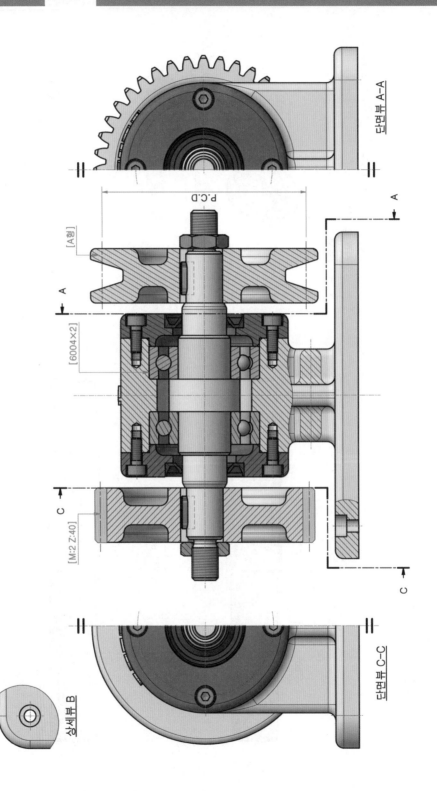

단면도 A-A

P.C.D

[A청]

A

A

[6004×2]

C

C

[M:2 Z:40]

단면도 C-C

상세부 B

항목	부품 번호	수량
1	본체	1
2	커버	2
6	V-벨트풀리	1
8	스퍼기어	1
4	축	1
3	베어링 6004	2
5	오일실 17 30 5	2
7	키 5 x 5 x 12	2
10	볼트 M4	8
9	너트 M10x1	2

부품 리스트

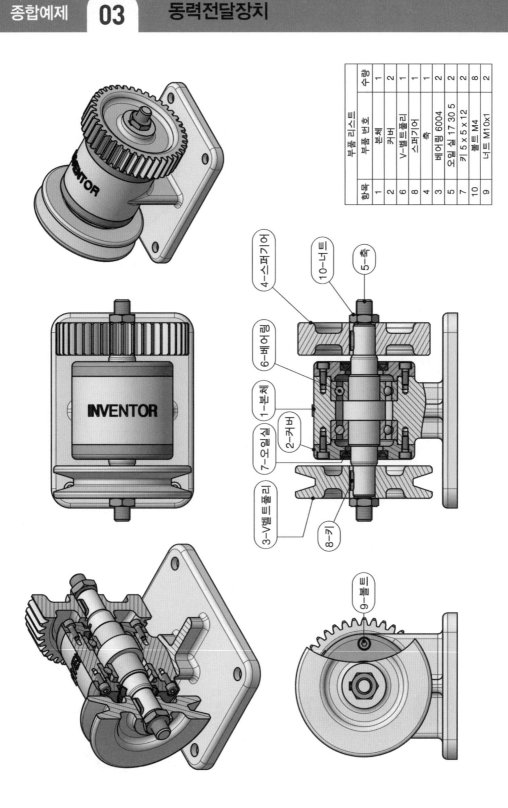

4-스퍼기어
10-너트
5-축
6-베어링
1-본체
2-커버
7-오일실
3-V벨트풀리
8-키
9-벨트풀리

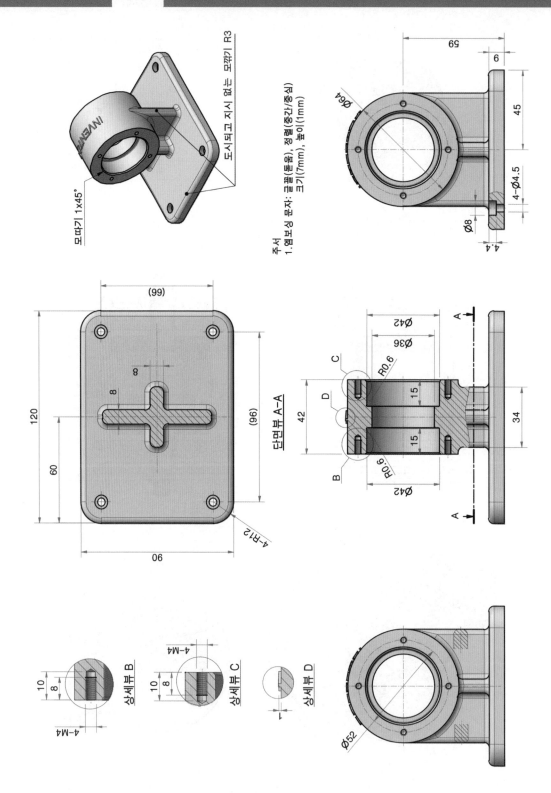

단면부 A-A

상세부 B

상세부 C

상세부 D

모따기 1×45°

도시되고 지시 없는 모깎기 R3

주서
1. 일반보성 문자: 글꼴(둥음), 정렬(중간/중심)
   크기(7mm), 높이(1mm)

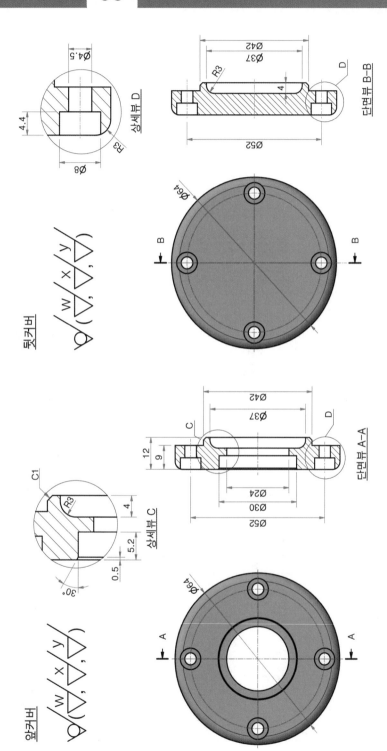

상세부 D

단면부 B-B

뒷커버

JIS B 2402

오일실17x30x5

KS B 1003

볼트 M3x10

단면부 A-A

상세부 C

앞커버

주서
1. 도시되고 지시 없는 모깎기 R3, 모따기 1x45°
2. 도면에 데이텀, 끼워맞춤, 기하공차, 거칠기 등을 표시해 봅니다.
3. 공용부품

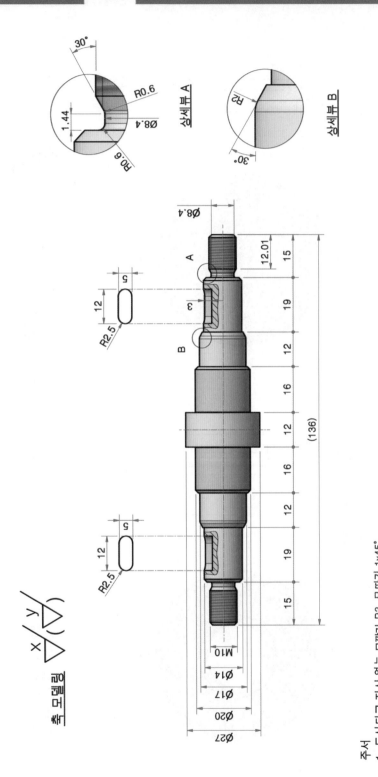

상세부 A

30°

R0.6

1.44

ø8.4

R0.6

상세부 B

R2

30°

축 머티리얼

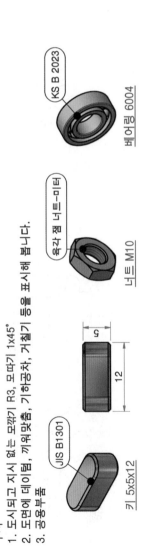

베어링 6004
KS B 2023

너트 M10
육각 정 너트-미터

키 5x5x12
JIS B1301

공용부품

주서
1. 도시되고 지시 없는 모깎기 R3, 모따기 1x45°
2. 도면에 데이텀, 끼워맞춤, 기하공차, 거칠기 등을 표시해 봅니다.
3. 공용부품

PART **2** 인벤터 실력 쌓기

스퍼기어 요목표

기어 치형		표준
공구	치형	보통이
	모듈	2
	압력각	20°
전체 이 높이		4.5
피치원 지름		Ø80
잇수		40
다듬질 방법		호브절삭
정밀도		KS B ISO 1328-1,4급

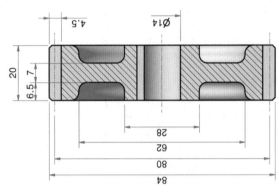

스퍼기어 [M:2 Z:40]

주서
1. 도시되고 지시없는 모깎기 R3, 모따기 1x45°
2. 도면에 데이팅, 끼워맞춤, 기하공차, 거칠기 등을 표시해 봅니다.

상세부 A

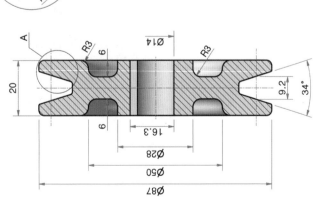

V-벨트 풀리 [A형]

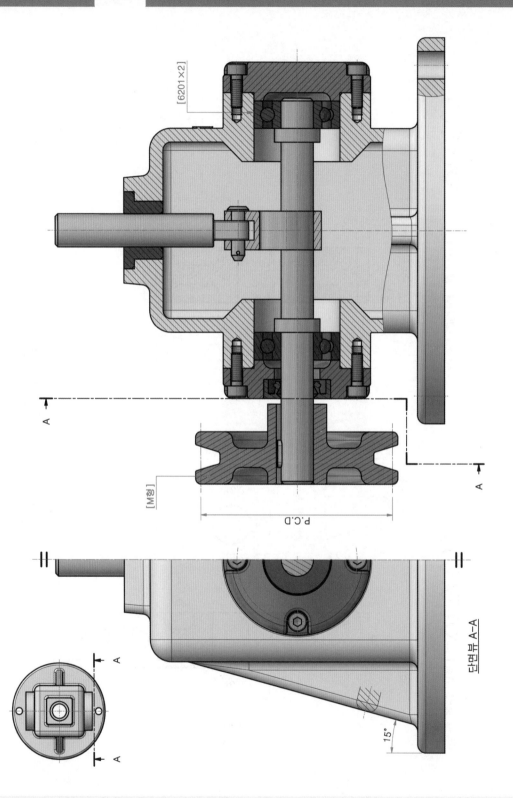

[6201×2]

A

[M형]

P.C.D

단면도 A-A

A

A

A

15°

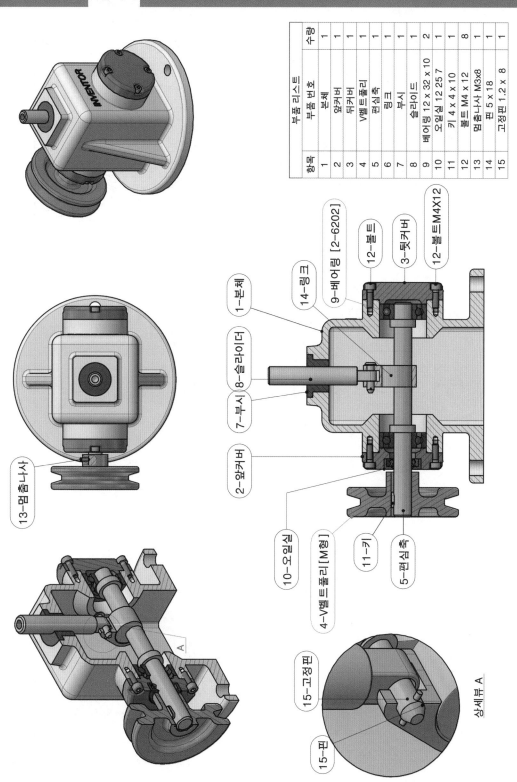

항목	품목 번호	부품 명칭	수량
1	본체		1
2	베어링커버		1
3	뒷커버		1
4	V벨트풀리		1
5	편심축		1
6	링크		1
7	부시		1
8	슬라이드		1
9	베어링 12 x 32 x 10		2
10	오일실 12 25 7		1
11	키 4 x 4 x 10		1
12	볼트 M4 x 12		8
13	멈춤나사 M3x8		1
14	핀 5 x 18		1
15	고정판 1.2 x 8		1

1-본체

14-링크

9-베어링 [2-6202]

12-볼트

3-뒷커버

12-볼트M4X12

8-슬라이드

7-부시

2-베어링커버

10-오일실

4-V벨트풀리[M형]

11-키

5-편심축

13-멈춤나사

15-고정판

15-핀

상세 뷰 A

A

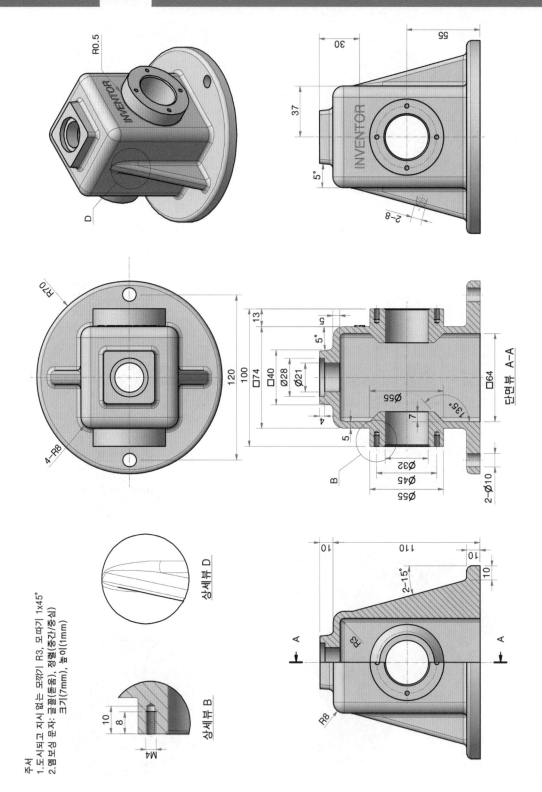

주서
1. 도시되고 지시 없는 모깎기 R3, 모따기 1×45°
2. 엠보싱 문자: 글꼴(돋음), 정렬(중간/중심)
　크기(7mm), 높이(1mm)

상세부 D

상세부 B

단면부 A-A

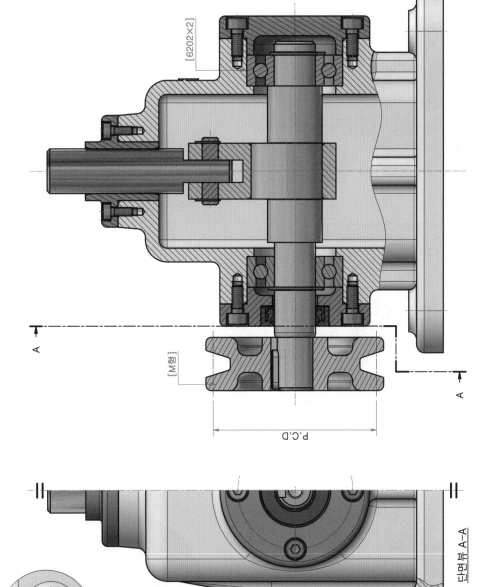

[6202×2]

A

[M형]

P.C.D

A

단면도 A-A

상세부 B

10°

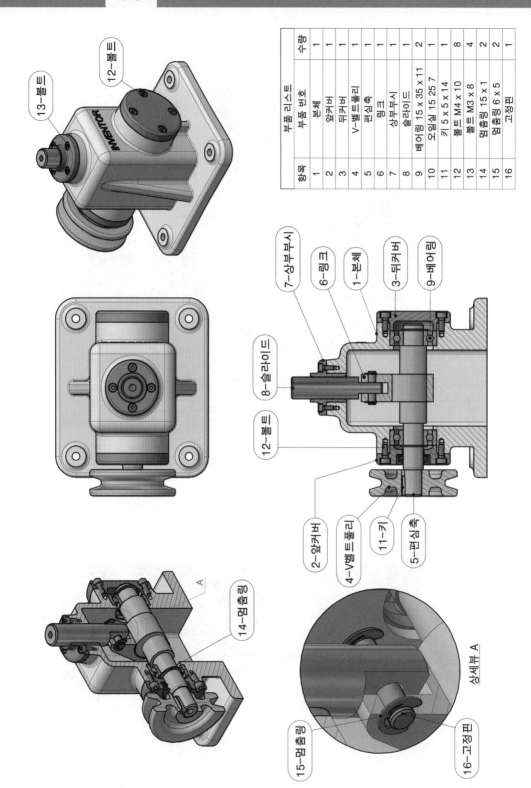

항목	부품 리스트 부품 번호	수량
1	본체	1
2	앞커버	1
3	뒤커버	1
4	V-벨트풀리	1
5	편심축	1
6	링크	1
7	상부부시	1
8	슬라이드	1
9	베어링 15 x 35 x 11	2
10	오일실 15 25 7	1
11	키 5 x 5 x 14	1
12	볼트 M4 x 10	8
13	볼트 M3 x 8	4
14	멈춤링 15 x 1	2
15	멈춤링 6 x 5	2
16	고정핀	1

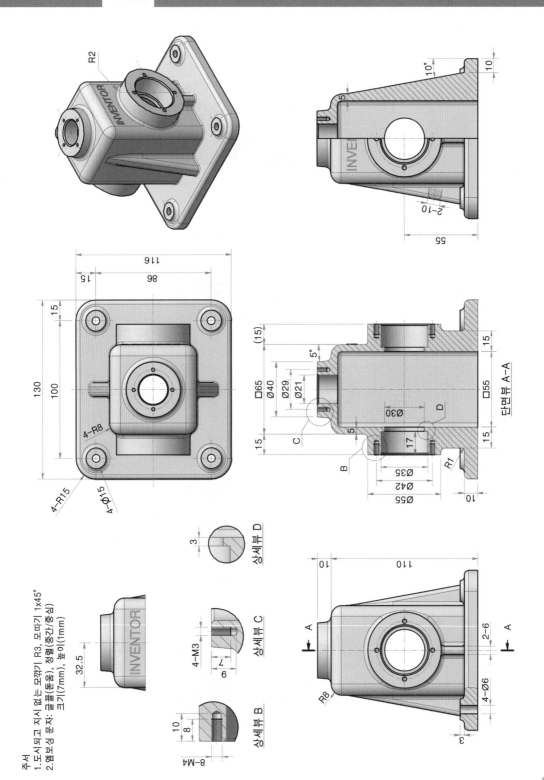

주서
1. 도시되고 지시 없는 모깎기 R3, 모따기 1x45°
2. 엠보싱 문자: 굴림(돋음), 정렬(중간/중심)
   크기(7mm), 높이(1mm)

32.5

8-M4
10
8

상세뷰 B

4-M3
7
9

상세뷰 C

3

상세뷰 D

110
10
A
2-6
4-Ø6
R8
3
A

단면뷰 A-A

(15)
5°
□65 Ø40 Ø29 Ø21
Ø30
15
C
5
B
D
17
Ø35 Ø42
Ø55
R1
10
15
□55
15

R2

INVENTOR

10°
10
5
2-10
55

116
86
15
15
130 100
4-R8
4-R15
4-Ø15

INVENTOR

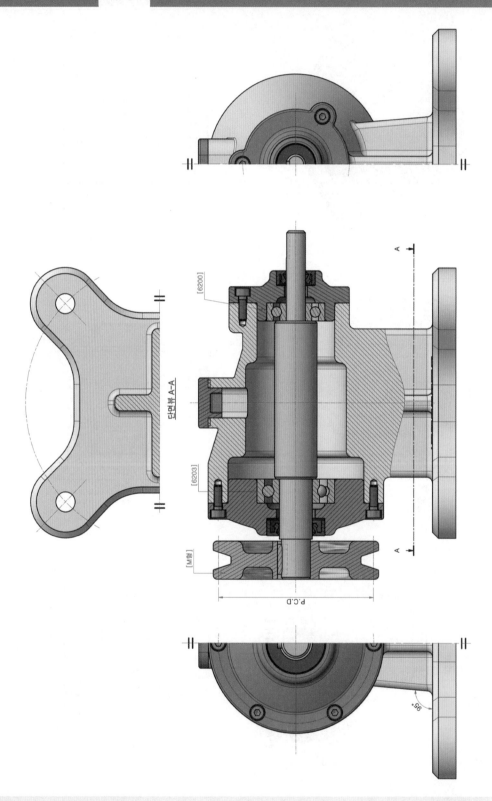

단면부 A-A

[6200]

[6203]

[M형]

P.C.D

A

A

95°

종합예제 **06** 동력전달장치

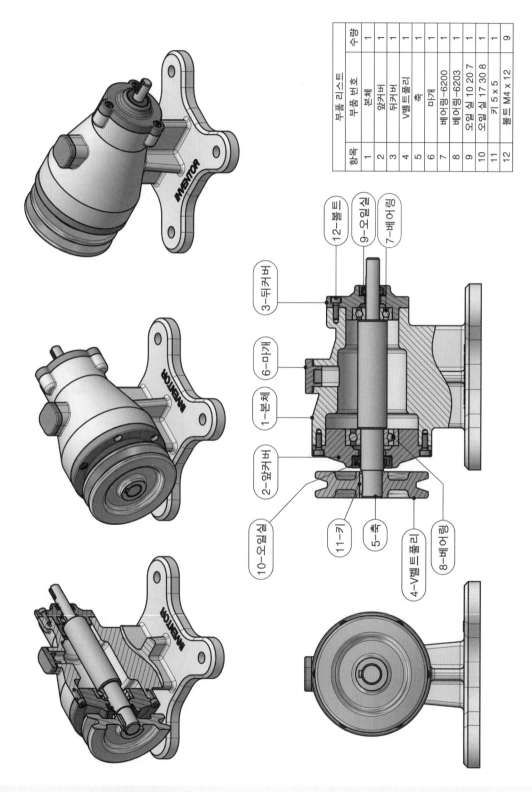

항목	부품 번호	수량
	부품 리스트	
1	본체	1
2	앞커버	1
3	뒤커버	1
4	V벨트풀리	1
5	축	1
6	마개	1
7	베어링-6200	1
8	베어링-6203	1
9	오일실 10 20 7	1
10	오일실 17 30 8	1
11	키 5 x 5	1
12	볼트 M4 x 12	9

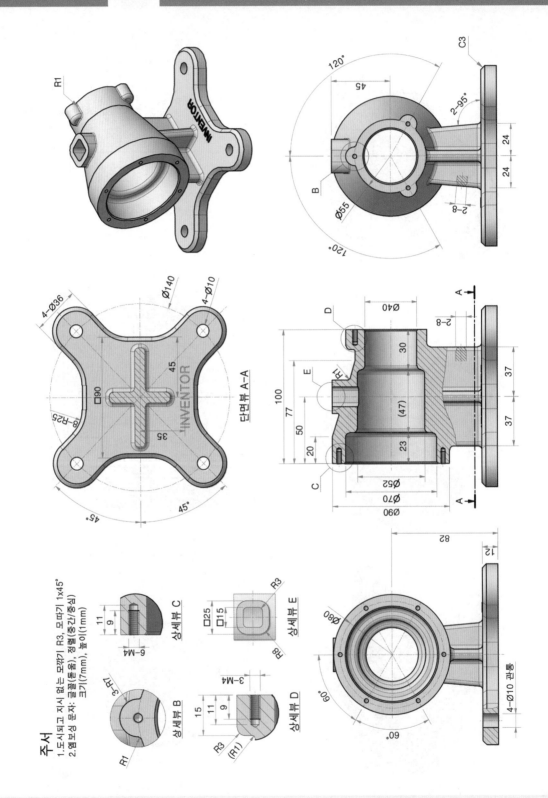

단면부 A-A

상세부 C

상세부 B

상세부 E

상세부 D

주서
1. 도시되고 지시 없는 모깎기 R3, 모따기 1×45°
2. 열처리 문자: 굴곡(돋움), 정렬(중간/중심)
   크기(7mm), 높이(1mm)

주서
1. 도시되고 지시없는 라운드 R3, 모따기 1x45°

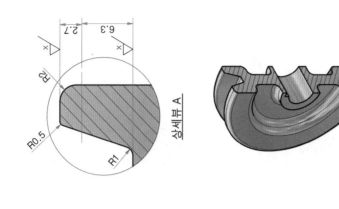

상세부 A

R2
R0.5
R1
2.7
6.3

V-벨트 풀리 [M형]

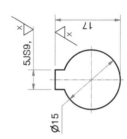

5JS9
17
Ø15

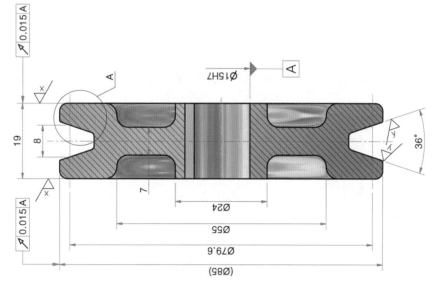

0.015 A

A
Ø15H7
A
0.015 A

19
8
36°
7
Ø24
Ø55
Ø79.6
(Ø85)

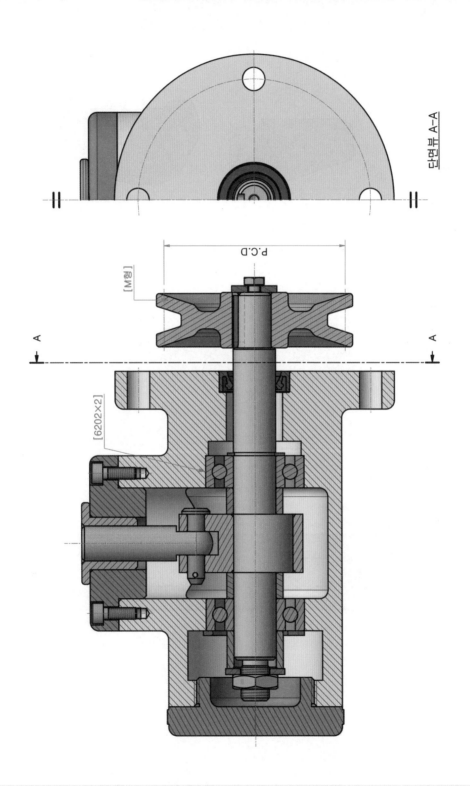

단면부 A-A

P.C.D

[M형]

[6202×2]

A

A

항목	부품 번호	부품명	수량
1		본체	1
2		탑 커버	1
3		V-벨트풀리	1
4		편심축	1
5		링크	1
6		탑 부시	1
7		부시2	1
8		부시1	2
9		슬라이더	1
10		베어링 15 x 35 x 11	2
11		오일실 15 25 7	1
12		키 4 x 4 x 18	1
13		볼트 M4 x 10	1
14		볼트 M4 x 12	4
15		멈춤링 35x1.6	1
16		멈춤링 15 x 1	1
17		와셔 4x16	1
18		와셔 10x21	1
19		너트 M10	1
20		클래스터 핀 6 x 24	1
21		사이드 커버	1
22		고정판	1

부품 리스트

13-볼트
17-와셔
상세부 D

16-멈춤링
상세부 C

15-멈춤링
18-와셔
상세부 B

22-고정판
20-클래스터핀
상세부 A

11-오일실
12-키
4-편심축
3-V벨트풀리
1-본체
6-탑부시
9-슬라이더
8-부시1
5-링크
14-볼트
2-탑커버
21-사이드커버
19-너트
7-부시2
10-베어링
C
B
D
A

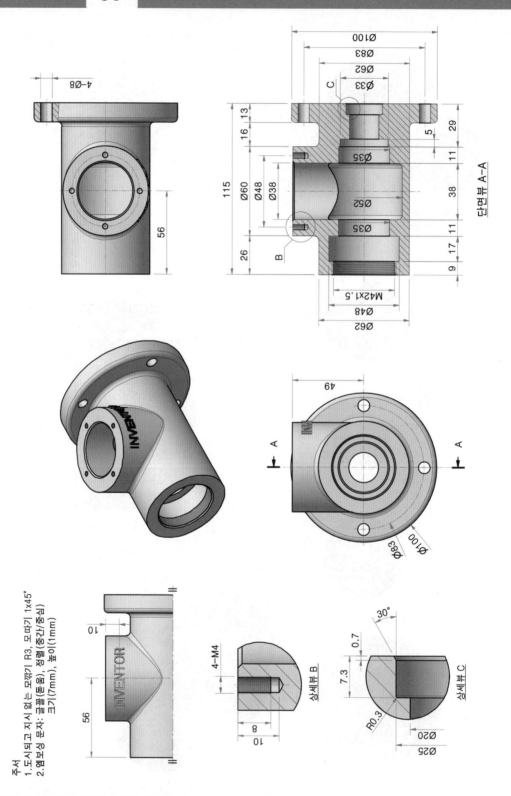

단면 뷰 A-A

주석
1. 도시되고 지시 없는 모깎기 R3, 모따기 1x45°
2. 엠보싱 문자: 글꼴(돋움), 정렬(중간/중심)
   크기(7mm), 높이(1mm)

상세 뷰 B

상세 뷰 C

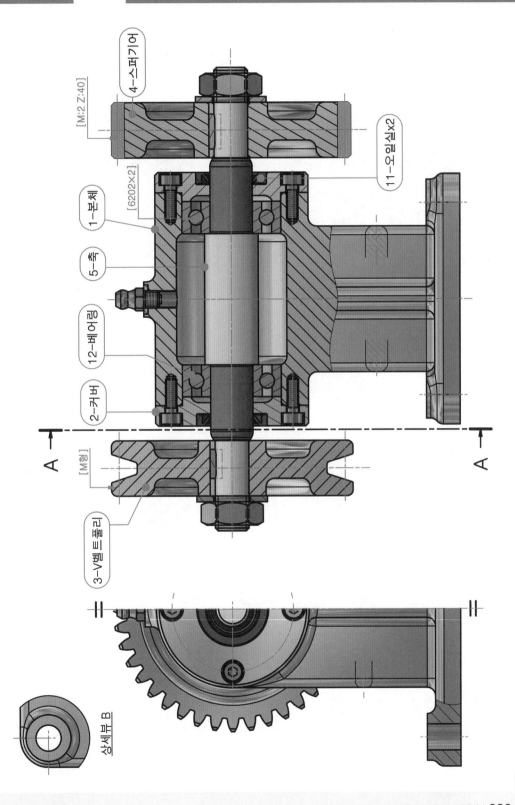

4-스퍼기어 [M:2 Z:40]

11-오링 2×2

1-본체 [6202×2]

5-축

12-베어링

2-커버

A → [M형]

3-V벨트풀리

A →

상세부 B

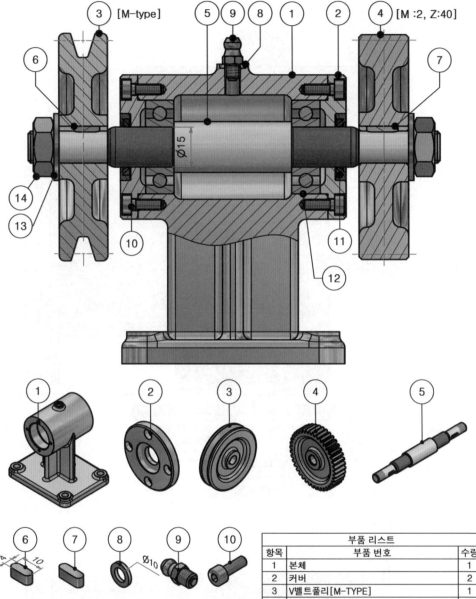

부품 리스트		
항목	부품 번호	수량
1	본체	1
2	커버	2
3	V벨트풀리[M-TYPE]	1
4	스퍼기어	1
5	축	1
6	key10x4	1
7	key12x4	1
8	와셔 [10x6]	1
9	공용부품 SBHGN A M6 IS 4009	1
10	공용부품 KS B 1003 - M 4 x 12	8
11	공용부품 JIS B 2402 - 15 25 4 A	2
12	공용부품 베어링 KS B 2023 - 6202	2
13	공용부품 KS B 1326 - 12x21	2
14	공용부품 ANSI B18.2.4.5M - M12 x 1.75	2

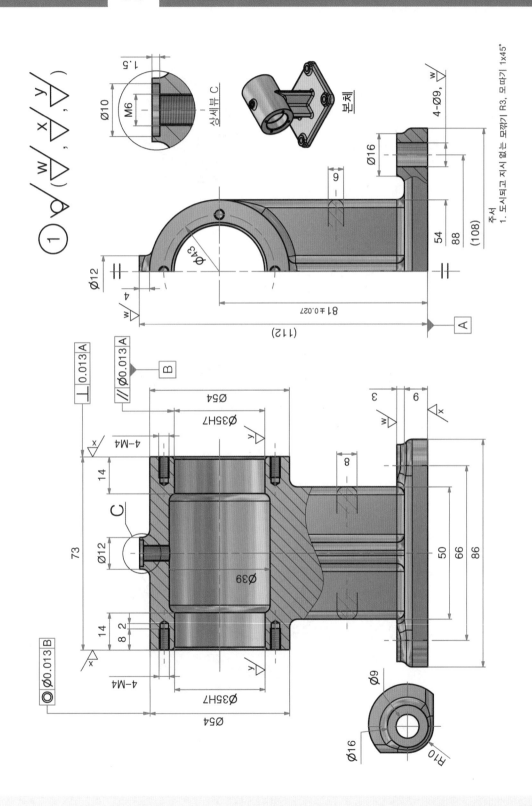

주서
1. 도시되고 지시없는 모깎기 R3, 모따기 1x45°

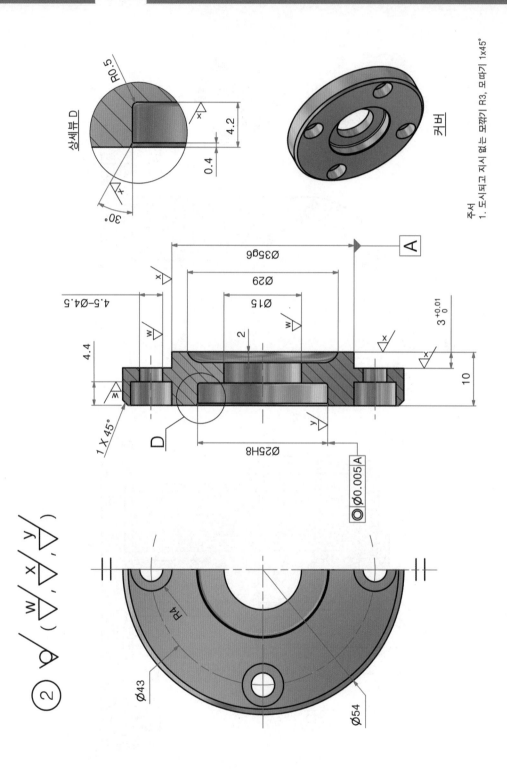

상세부 D

R0.5

4.2

0.4

30°

주서
1. 도시되고 지시 없는 모깎기 R3, 모따기 1x45°

커버

Ø35g6

Ø29

Ø15

2

4.5-Ø4.5

4.4

1 X 45°

D

Ø25H8

3 +0.01 / 0

10

⊚ | Ø0.005 | A

A

$\frac{x}{w}, \frac{y}{x}, \frac{y}{w}$

②

R4

Ø43

Ø54

③ $\left(\bigtriangledown, \bigtriangledown_{x}/\bigtriangledown_{y}\right)$

상세 뷰 B

R2

R0.5

R1

2.7 $^{+0.2}_{0}$

6.3

V-벨트풀리 [A형]

주서
1. 도시되고 지시 없는 모깎기 R3, 모따기 1×45°

4JS9, $\bigtriangledown_{x}$

13.8 $^{+0.1}_{0}$

$\bigtriangleup$ 0.015 E

B

$\varnothing$12H7

E

$\bigtriangleup$ 0.015 E

$\bigtriangledown_{x}$

19±1.0

8

7

36° ± 0.5°

$\varnothing$24

$\varnothing$55

$\varnothing$79.6

($\varnothing$85±0.6)

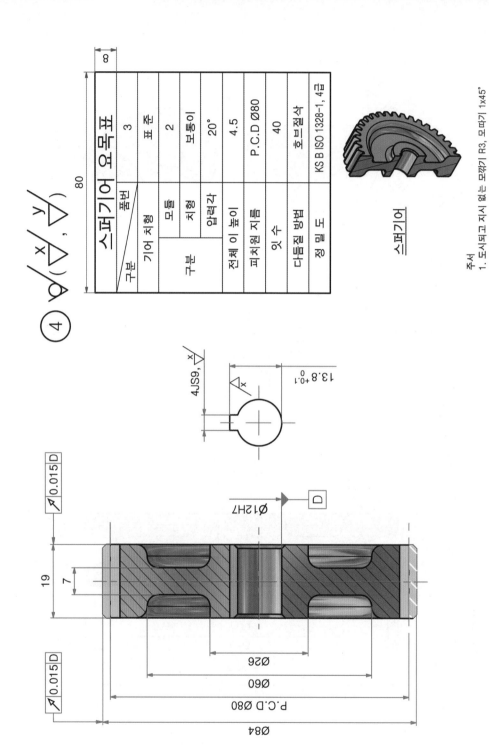

스퍼기어 요목표

구분	품번	3
기어 치형		표준
	모듈	2
구분	치형	보통이
	압력각	20°
전체 이 높이		4.5
피치원 지름		P.C.D Ø80
잇 수		40
다듬질 방법		호브절삭
정밀도		KS B ISO 1328-1, 4급

스퍼기어

주서
1. 도시되고 지시 없는 모깎기 R3, 모따기 1x45°

4JS9, $\overset{x}{\triangledown}$

$\overset{x}{\triangledown}$

13.8 $^{+0.1}_{0}$

$\nearrow$ 0.015 D

$\nearrow$ 0.015 D

D

Ø12H7

19

7

Ø26

Ø60

P.C.D Ø80

Ø84

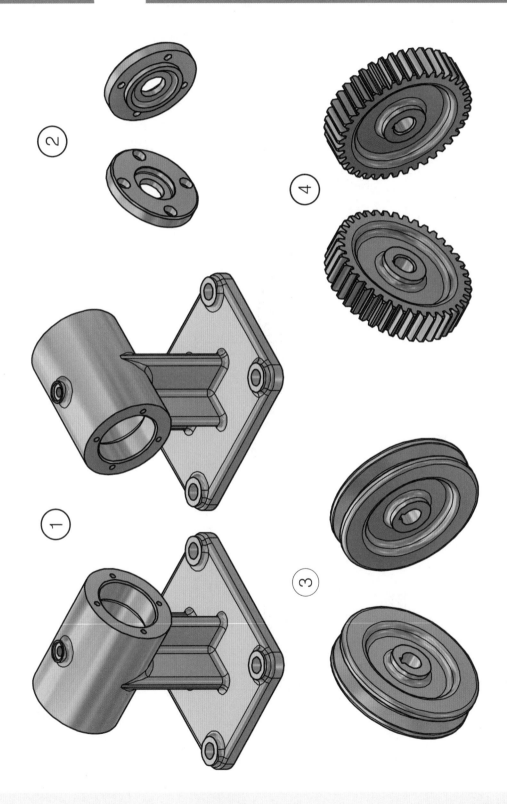

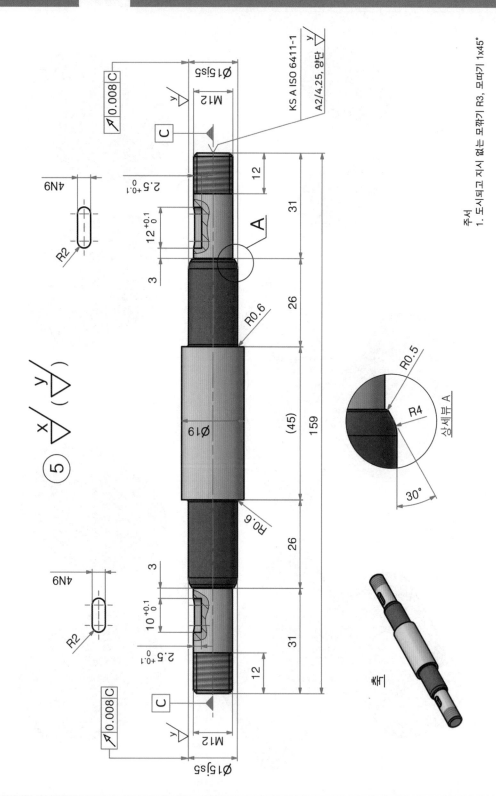

상세부 A

주서
1. 도시되고 지시 없는 모깎기 R3, 모따기 1x45°

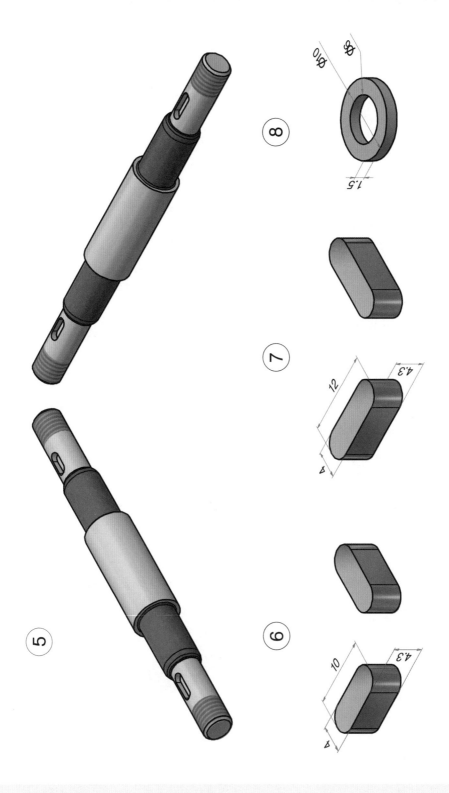

PART **2** 인벤터 실력 쌓기

TIP

■ 오일캡(공용 부품) 불러오기

① 새로 만들기 ▶ Metric ▶ Standard(mm).iam

② 컨텐츠 센터에서 배치 ▶ 기타 부품
　　▶ 그리스 부속품

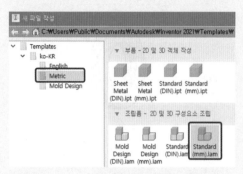

③ IS 4009A (또는 JIS B 1574A – 미터)

④ "사용자로"를 선택 ▶ M6 ▶ 확인

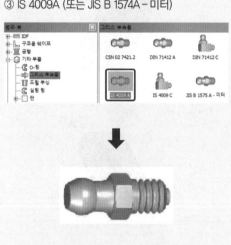

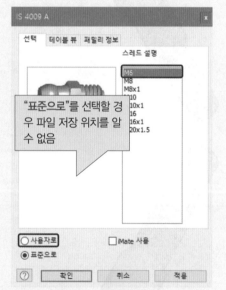

⑤ 파일 이름 ISO 4009 – M6 – 101(1).ipt ▶ 저장

⑥ 화면에서 임의의 위치를 지정 후 마우스 왼쪽 버튼을 클릭하여 공용 부품을 불러옵니다.

오일캡	볼트

ISO 4009 – M6 –101(1).ipt	KS B 1003 – M × 12.ipt
오일실	베어링

JIS B 2402 - 15 25 4 A(3).ipt	KS B 2023 - 6202 - 15 × 35 × 11 – 7.8.ipt
와셔	육각너트

KS B 1326 – 12 × 21 –100.ipt	ANSI B18.2.4.5M – M12 × 1.75.ipt

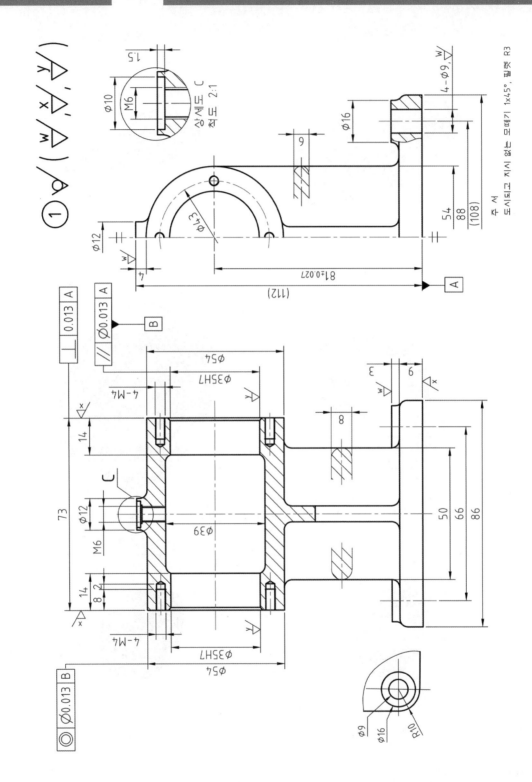

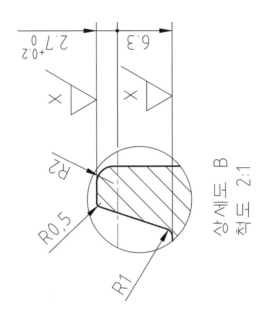

상세도 B
척도 2:1

주 서

도시되고 지시없는 모따기 1×45°, 필렛 R3

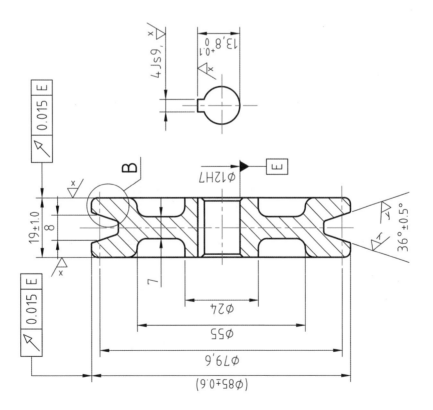

스퍼기어 요목표		
구분	품번	3
기어 치형		표준
공구	치형	표준
	모듈	2
	압력각	20°
전체 이 높이		4.5
피치원 지름		P.C.D Ø80
잇수		40
다듬질 방법		호브절삭
정밀도		KS B ISO 1328-1, 4급

주서
도시되고 지시 없는 모떼기 1x45°, 필렛 R3

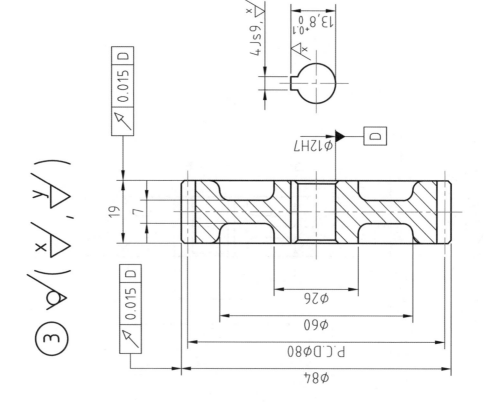

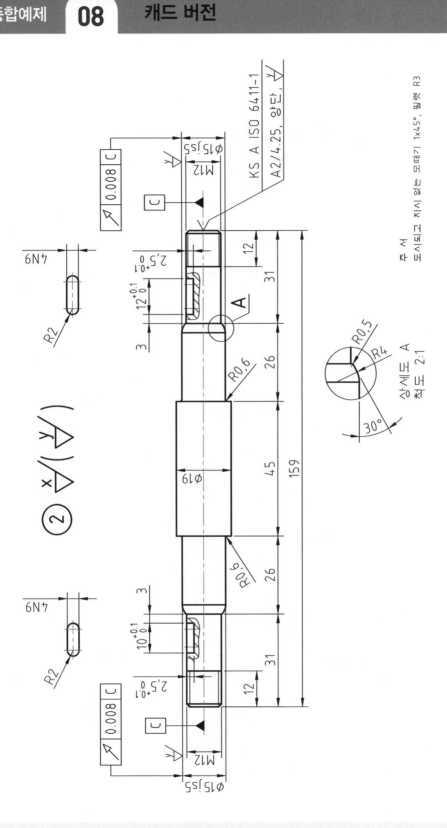

KS A ISO 6411-1

A2/4.25, 양단

모떼기 및 지시 없는 라운드 1×45°, 필렛 R3

주 서

섹터 A 2:1

상세도 A

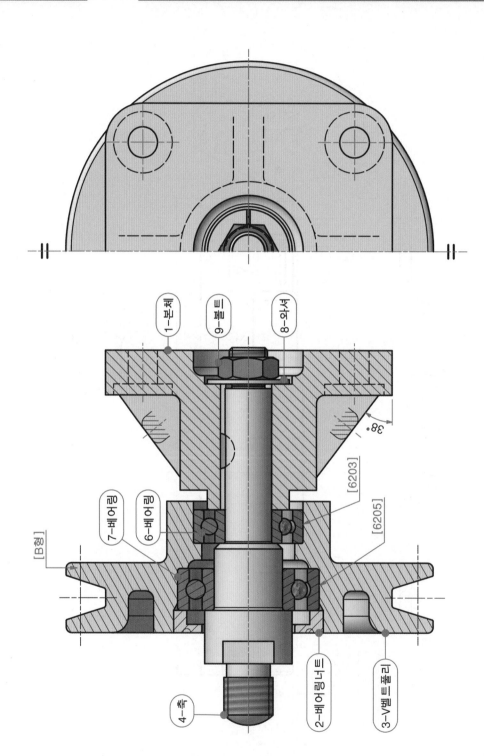

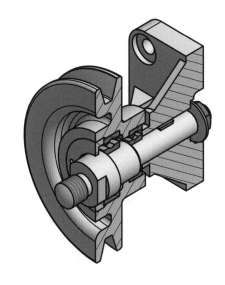

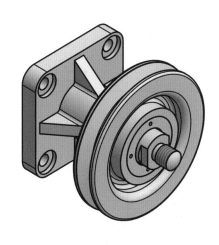

(1-본체)

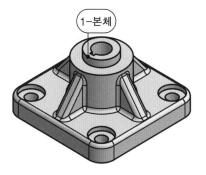

(2-베어링너트)

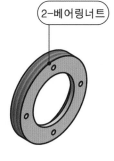

(1-V벨트풀리)

(2-축)

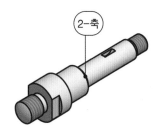

(5-반달키)

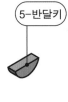

(6-베어링)

(7-베어링)

(8-와셔)

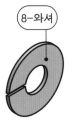

(9-너트)

부품 리스트			
항목	부품 번호	수량	설명
1	본체	1	
2	베어링너트	1	
3	V벨트풀리 [A-TYPE]	1	
4	축	1	
5	반달키	1	
6	KS B 2023 – 6203 – 17 x 40 x 12	1	깊은 그루브 볼 베어링
7	KS B 2023 – 6205 – 25 x 52 x 15	1	깊은 그루브 볼 베어링
8	KS B 1324 – 번호 2 – 12	1	스프링 잠금 와셔
9	ANSI B18.2.4.5M – M12 x 1.75	1	6각 잼 너트

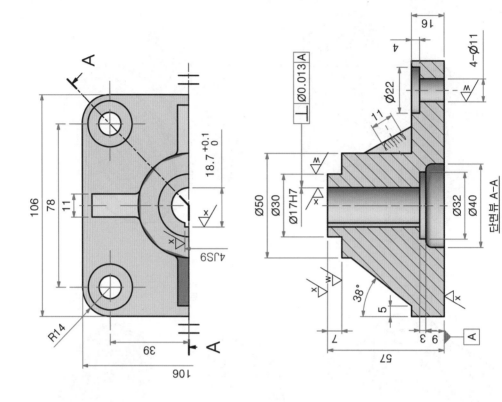

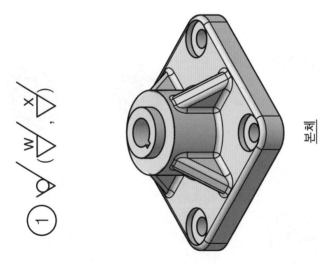

본체

주서
도시되고 지시 없는 모따기 1×45°, 필렛 R3 (V벨트전동장치)

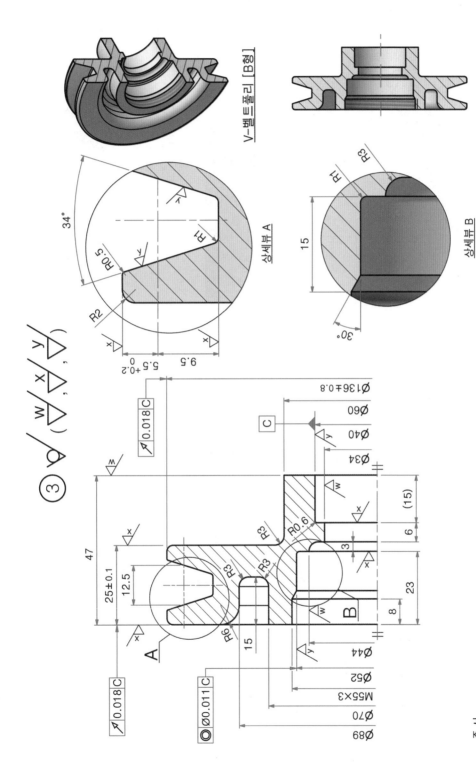

V-벨트풀리 [B형]

상세부 A

상세부 B

주서

도시되고 지시 없는 모떼기 1×45°, 필렛 R3 (V벨트전동장치)

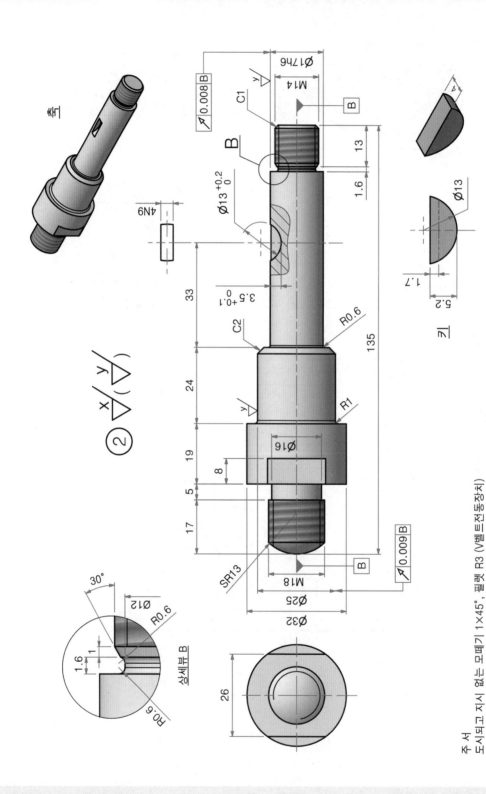

주서
도시되고 지시 없는 모떼기 1×45°, 필렛 R3 (V벨트전동장치)

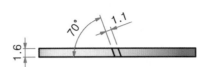

공용부품
KS B1324-와셔

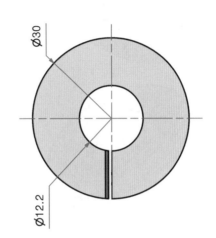

Ø30

Ø12.2

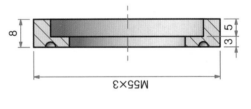

베어링 너트

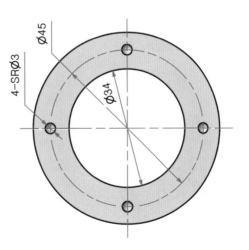

4-SRØ3

Ø45

Ø34

주서
도시되고 지시 없는 모떼기 1×45°, 필렛 R3 (V벨트전동장치)

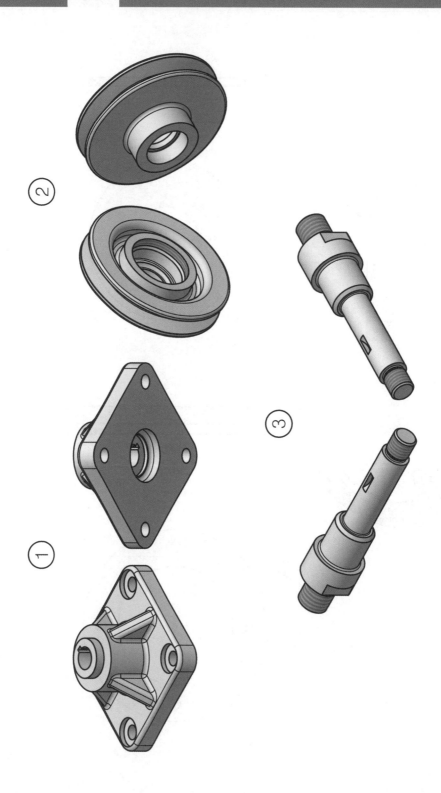

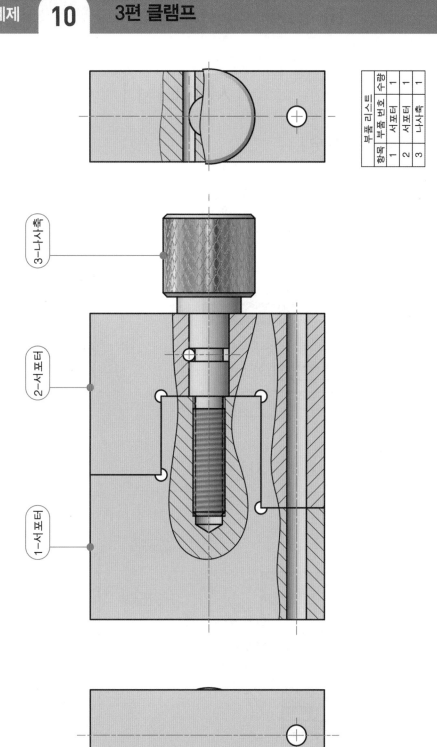

부품 리스트			
항목	부품 번호	서포터	수량
1	1	서포터	1
2	2	서포터	1
3	3	나사축	1

3-나사축

2-서포터

1-서포터

PART **2** 인벤터 실력 쌓기

[서포터 1]

[모델링 치수]

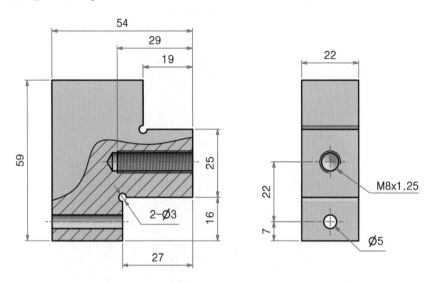

[거칠기 및 기하공차]

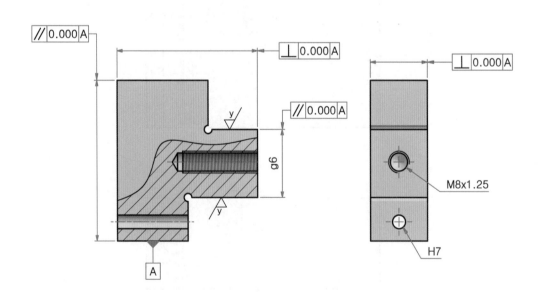

[서포터 2]

[모델링 치수]

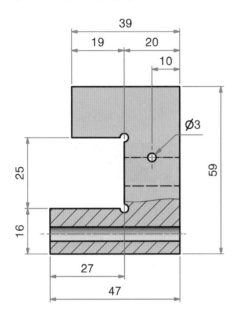
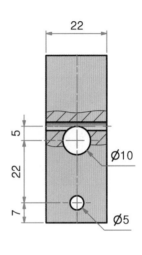

[거칠기 및 기하공차]

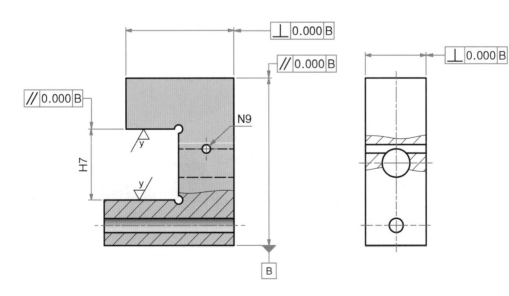

[나사축]

[모델링 치수]

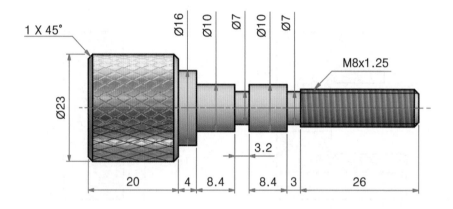

[거칠기 및 기하공차]

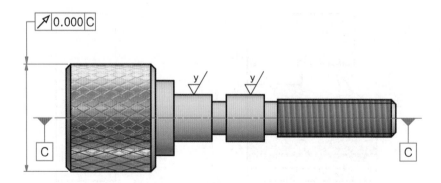

IT공차 치수		IT
초과	이하	5급
-	3	4
3	6	5
6	10	6
10	18	8
18	30	9
30	50	11
50	80	13
80	120	15
120	180	18
180	250	20

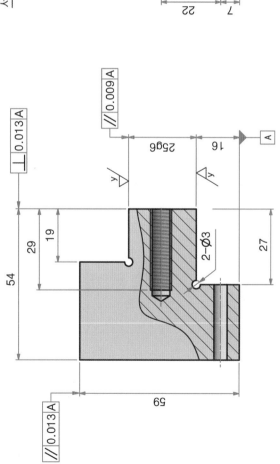

서포터

IT공차 치수		IT
초과	이하	5급
─	3	4
3	6	5
6	10	6
10	18	8
18	30	9
30	50	11
50	80	13
80	120	15
120	180	18
180	250	20

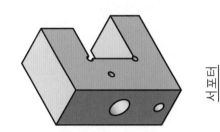

서포터

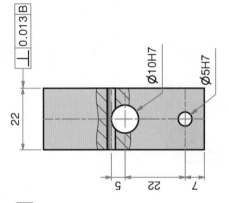

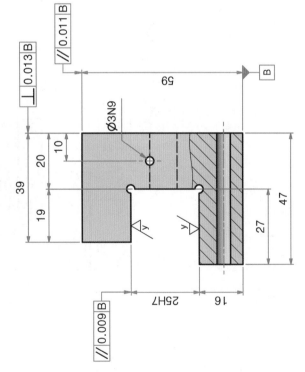

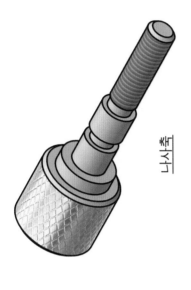

나사축

③ $\underset{x}{\triangle} \Big/ \underset{y}{\triangle}\Big(\quad \Big)$

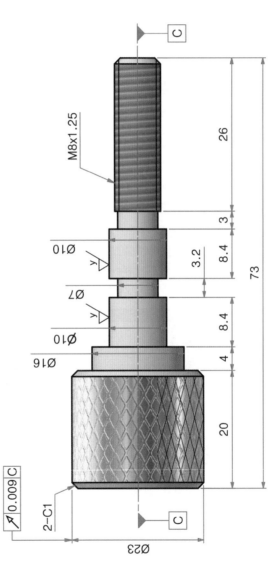

M8x1.25

⌀10

⌀7

⌀10

⌀16

⌀23

2-C1

| / | 0.009 | C |

C

26

3

3.2

8.4

8.4

4

20

73

- 널링 표현하기-

1. 도구 → 모양 클릭
2. 널링45 재질 선택
   - 기본값 복제하여 사용 가능
3. 범프 또는 릴리프 패턴 선택
4. 이미지 불러오기(아래 참고)
5. 축적(견본 크기) 조절
   - 기본 이미지가 큰 경우 보이지 않음
6. 범프 양, 반사도, 색조 등 변경

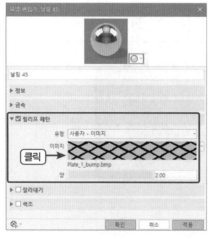

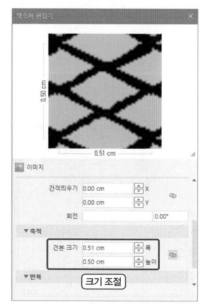

※ 이미지 검색 경로(버전마다 다를 수 있음)

C:\Users\Public\Documents\Autodesk\Inventor 2021\Textures\bumpmaps

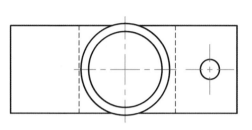

주서
전체 모떼기부 지시없는 머 둥글기 1×45°, 필렛 R3

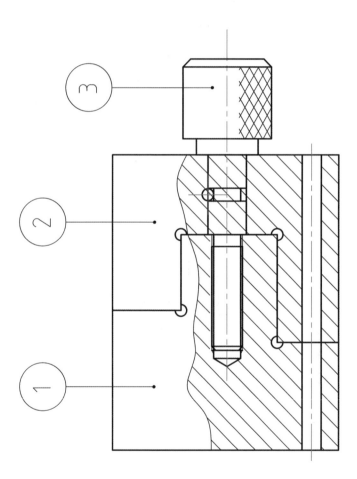

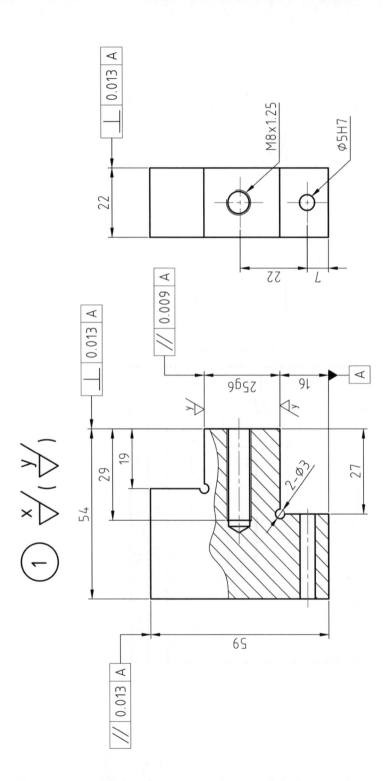

주서
도시되고 지시 없는 모떼기 1x45°, 필렛 R3

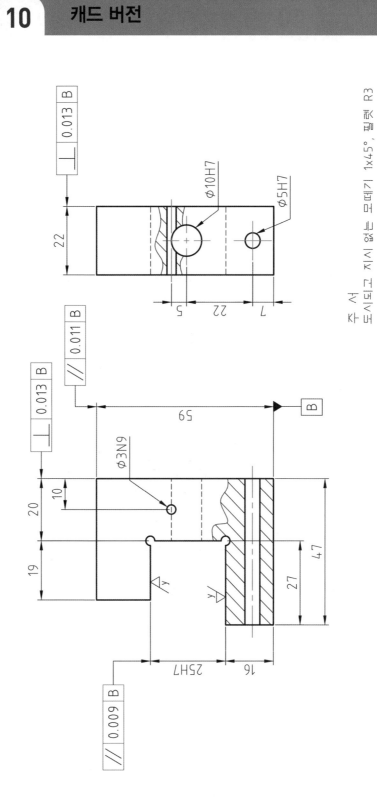

주서
도시되고 지시 없는 모떼기 1x45°, 필렛 R3

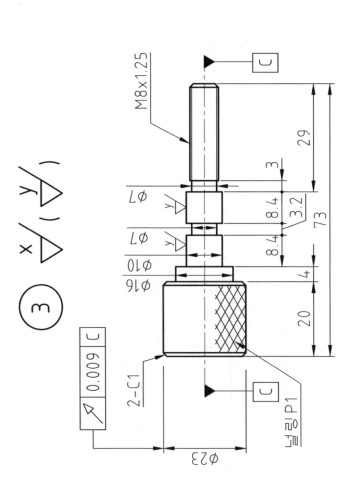

주 서
도시되고 지시 없는 모떼기 1x45°, 필렛 R3

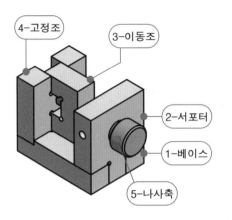

부품 리스트		
항목	부품 번호	수량
1	베이스	1
2	서포터	1
3	이동조	1
4	고정조	1
5	나사축	1
6	고정핀 지름3 X 18	1
7	KS B 1003 – M 4 x 16	4

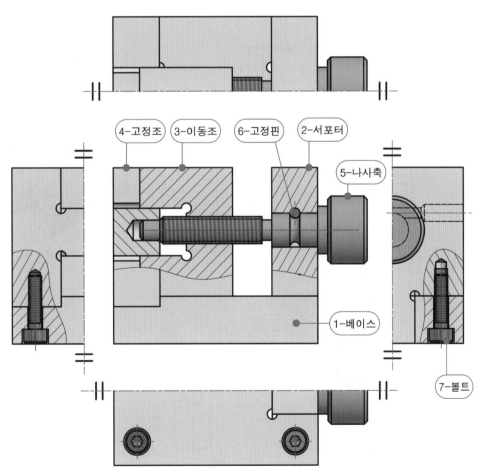

PART 2 인벤터 실무 쌓기

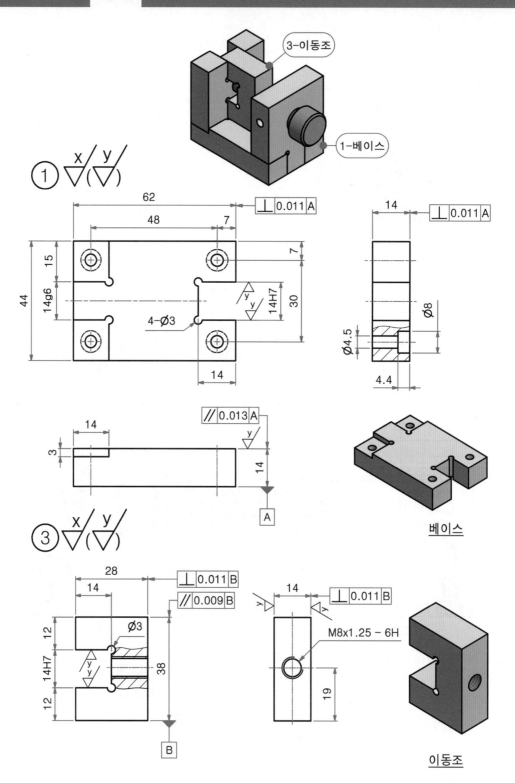

3-이동조

1-베이스

① $\overset{x}{\triangledown}\!\!\Big/\!\!\Big(\overset{y}{\triangledown}\Big)$

⊥ 0.011 A

62
48
7
15
44
14g6
14H7
30
7
$\overset{y}{\triangledown}\overset{y}{\triangledown}$
4-Ø3
14

14
⊥ 0.011 A
Ø8
Ø4.5
4.4

14
3
// 0.013 A
$\overset{y}{\triangledown}$
14
A

베이스

③ $\overset{x}{\triangledown}\!\!\Big/\!\!\Big(\overset{y}{\triangledown}\Big)$

28
14
⊥ 0.011 B
// 0.009 B
12
Ø3
14H7
38
12
$\overset{y}{\triangledown}\overset{y}{\triangledown}$
B

14
⊥ 0.011 B
$\overset{y}{\triangledown}\ \overset{y}{\triangledown}$
M8x1.25 − 6H
19

이동조

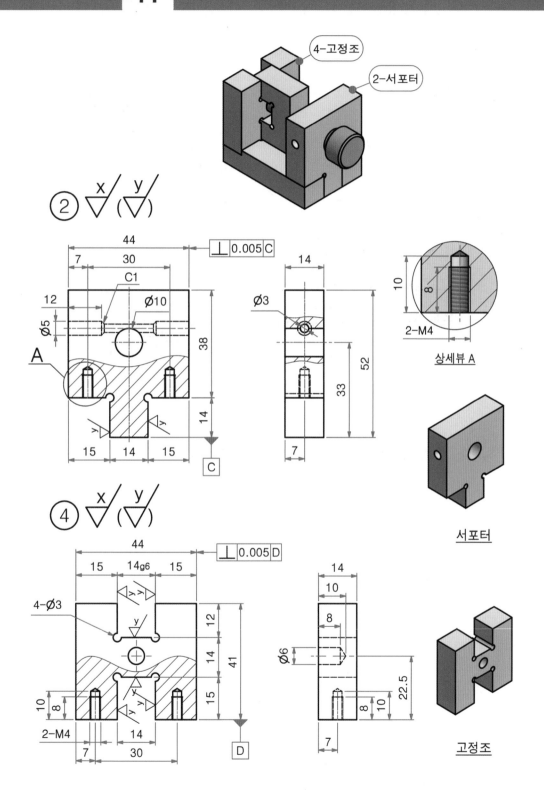

4-고정조

2-서포터

② x／ y（▽）

44
7
30
C1
Ø10
12
Ø5
A
38
14
15 14 15
⊥ 0.005 C
C

14
Ø3
52
33
7

10
8
2-M4
상세뷰 A

서포터

④ x／ y（▽）

44
15 14g6 15
4-Ø3
12
14
41
15
10
8
2-M4
14
7 30
⊥ 0.005 D
D

14
10
8
Ø6
22.5
8
10
7

고정조

PART **2** 인벤터 실력 쌓기

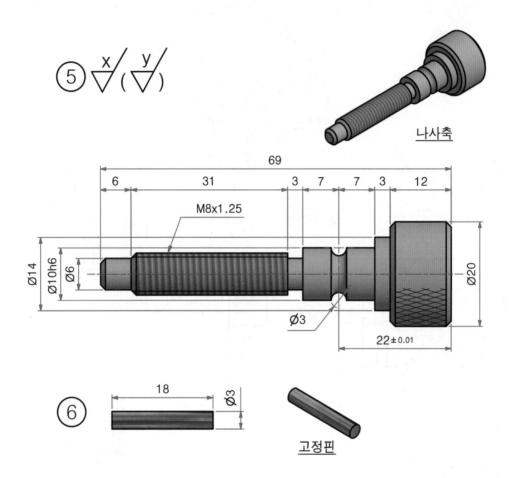

나사축

고정핀

주서

1. 일반공차-가)가공부 :KS B ISO 2768-m

2. 도시되고 지시 없는 모떼기는 1x45° 필렛과 라운드는 R3

3. 일반모떼기는 0.2x45°

4. 표면거칠기

$\dfrac{x}{\bigtriangledown} = \dfrac{3.2}{\bigtriangledown}$,N8

$\dfrac{y}{\bigtriangledown} = \dfrac{0.8}{\bigtriangledown}$,N6

5. 공용부품   KS B 1003

볼트 M 4 x 16

항목	부품 번호	수량
1	베이스	1
2	고정조	1
3	이동조	1
4	나사축	1
5	KS B 1003 - M 6 x 16	1

부품 리스트

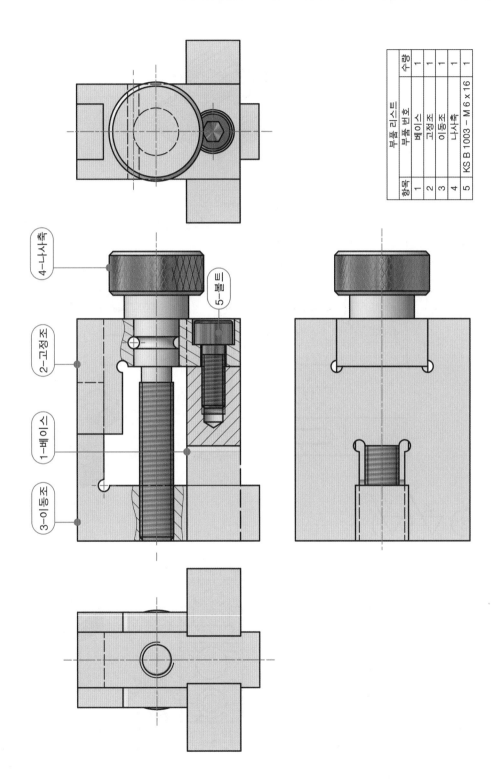

4-나사축
5-볼트
2-고정조
1-베이스
3-이동조

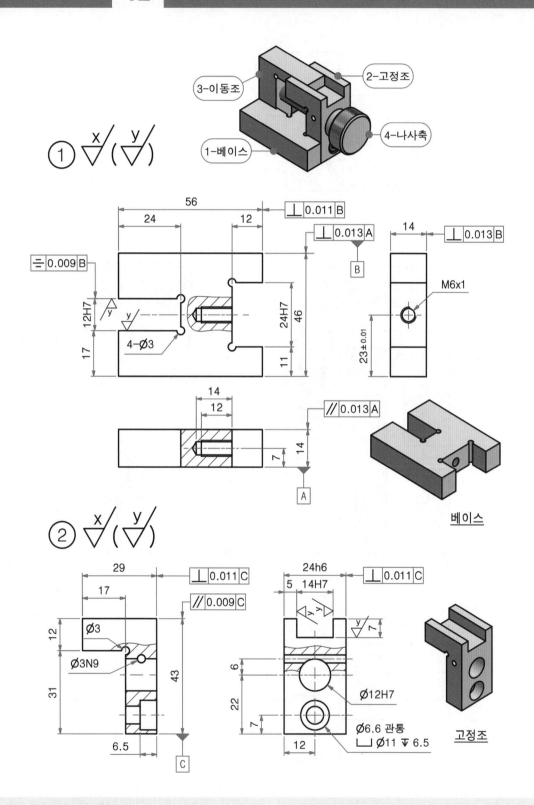

1 X̌ / (Y̌)

3-이동조   2-고정조
1-베이스   4-나사축

56
24   12
⊥ 0.011 B
⊥ 0.013 A
B
= 0.009 B
12H7
y
24H7
46
4-Ø3
17
11
14
12
// 0.013 A
7   14
A
14
⊥ 0.013 B
M6x1
23±0.01

베이스

2 X̌ / (Y̌)

29
⊥ 0.011 C
17
// 0.009 C
12
Ø3
Ø3N9
43
31
6.5
C
24h6
⊥ 0.011 C
5   14H7
y   7
6
Ø12H7
22
7
Ø6.6 관통
└┘ Ø11 ▽ 6.5
12

고정조

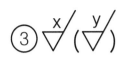

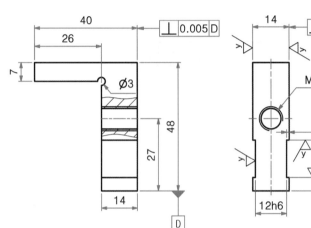

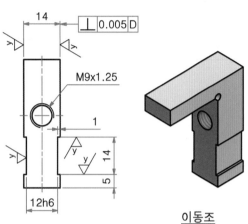

이동조

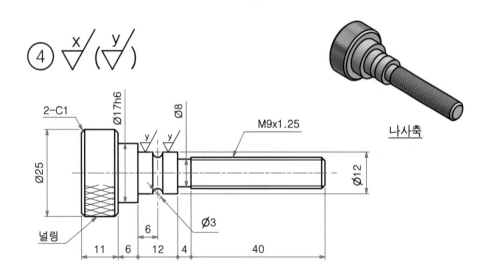

나사축

주서
1. 도시되고 지시 없는 모깎기 R3, 모따기 1x45°
2. 공용부품

볼트 M 6 x 16  KS B 1003

항목	부품 번호	수량
1	베이스	1
2	가이드블록	1
3	이동조	1
4	고정조	1
5	나사축	1
6	볼트 M4	4
7	고정편	1
8	손잡이고정편	1
9	손잡이4호	1

부품 리스트

8-손잡이고정편
9-손잡이4호
1-베이스
4-고정조
7-고정편
5-나사축
3-이동조
2-가이드블록
6-볼트 M4

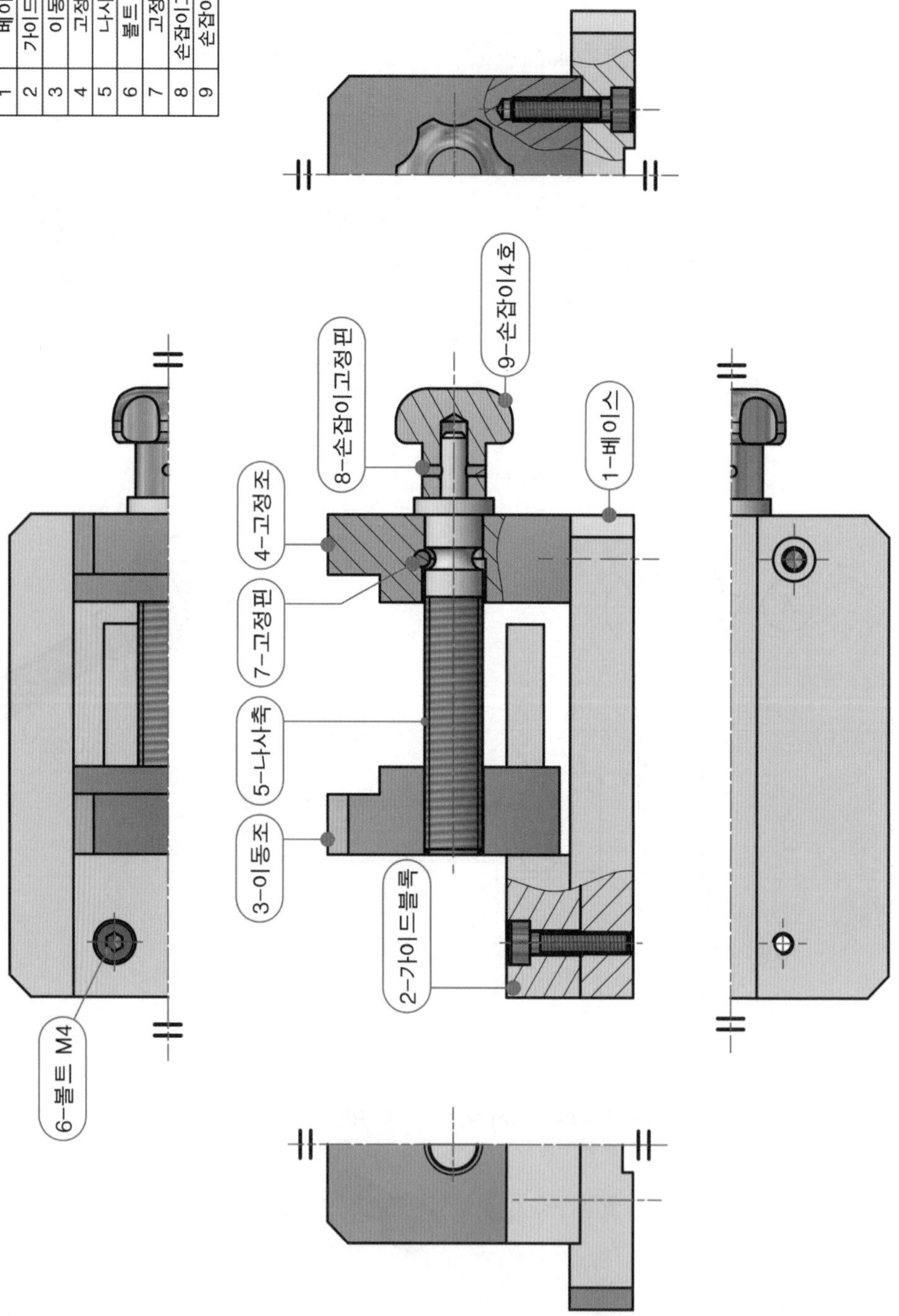

항목	부품 번호	수량
1	베이스	1
2	가이드블록	1
3	이동조	1
4	고정조	1
5	나사축	1
6	볼트 M4	4
7	고정판	1
8	손잡이고정핀	1
9	손잡이4호	1

부품 리스트

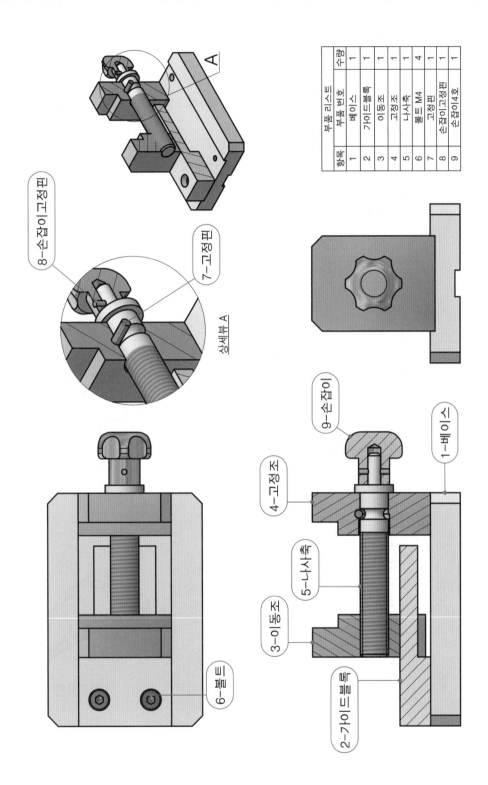

8-손잡이고정핀

7-고정판

상세뷰 A

9-손잡이

4-고정조

1-베이스

5-나사축

3-이동조

2-가이드블록

6-볼트

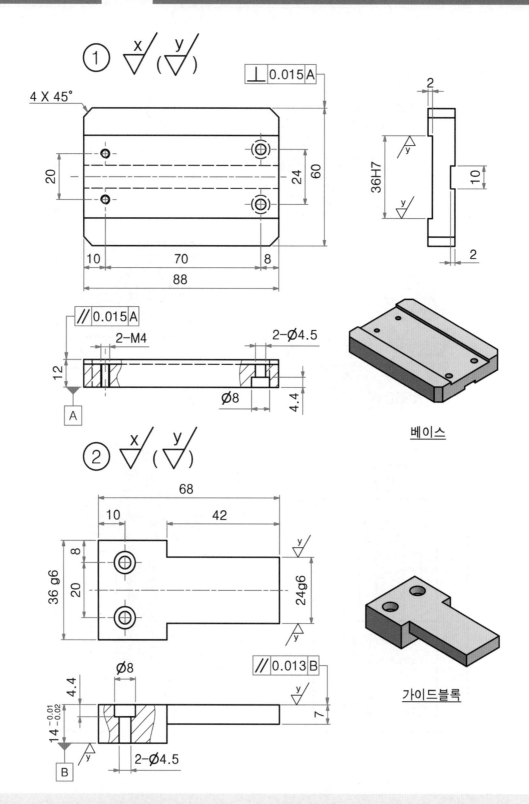

베이스

가이드블록

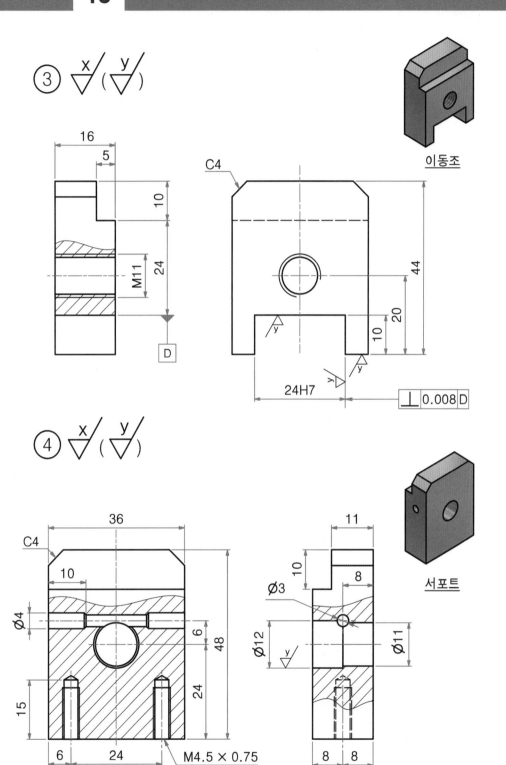

③ $\dfrac{x}{\bigtriangledown}\left(\dfrac{y}{\bigtriangledown}\right)$

16
5
10
M11
24
D

C4
44
20
10
24H7
y
y
⊥ | 0.008 | D

이동조

④ $\dfrac{x}{\bigtriangledown}\left(\dfrac{y}{\bigtriangledown}\right)$

36
C4
10
Ø4
6
48
15
24
6   24
M4.5 × 0.75

11
10
8
Ø3
Ø12
Ø11
y
8   8

서포트

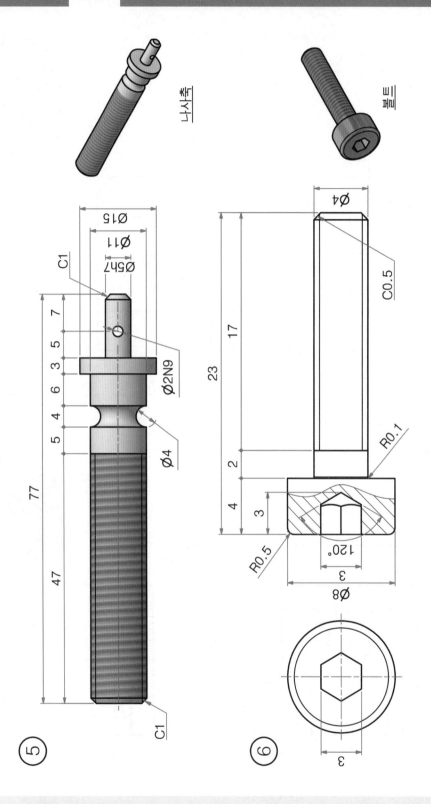

나사축

볼트

Ø15
Ø11
Ø5h7
C1
7
5
3
6
4
5
77
47
Ø2N9
Ø4
C1
⑤

Ø4
C0.5
17
23
2
4
3
R0.1
120°
R0.5
Ø8
3
3
⑥

손잡이고정편

 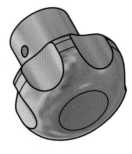

손잡이

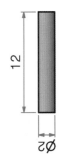

Ø2

12

⑧

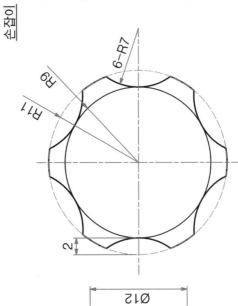

6-R7

R9

R11

2

고정편

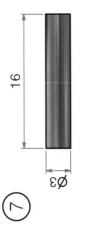

16

Ø3

⑦

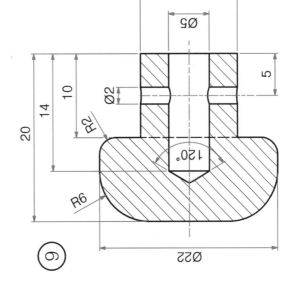

Ø12

Ø5

5

Ø2

R2

10

14

20

120°

R6

Ø22

⑥

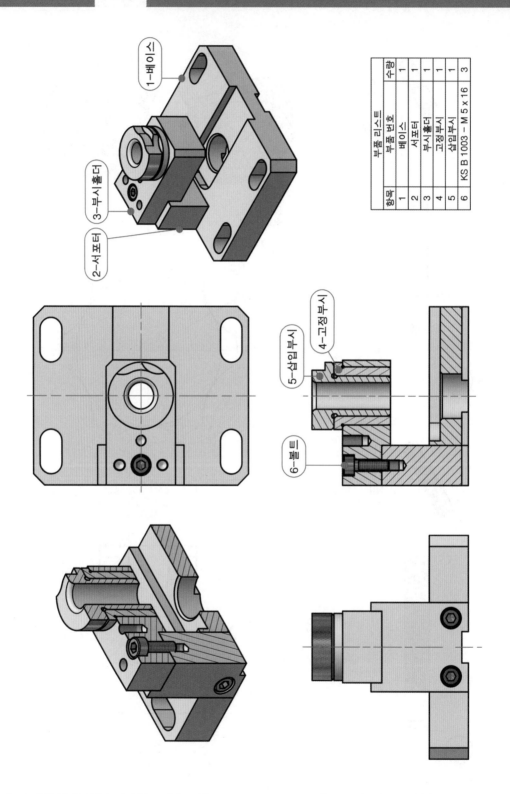

항목	부품 번호	부품 리스트	수량
1	1	베이스	1
2	2	서포터	1
3	3	부시홀더	1
4	4	고정부시	1
5	5	삽입부시	1
6	6	KS B 1003 - M 5 x 16	3

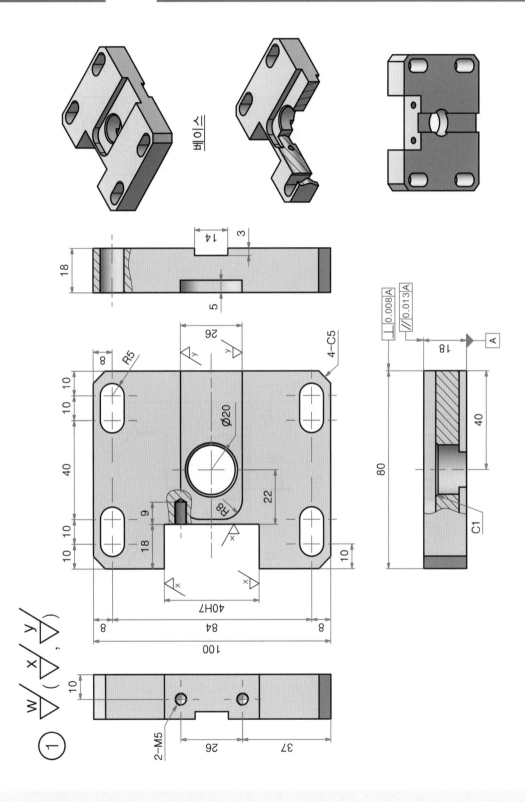

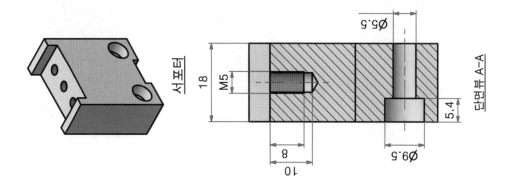

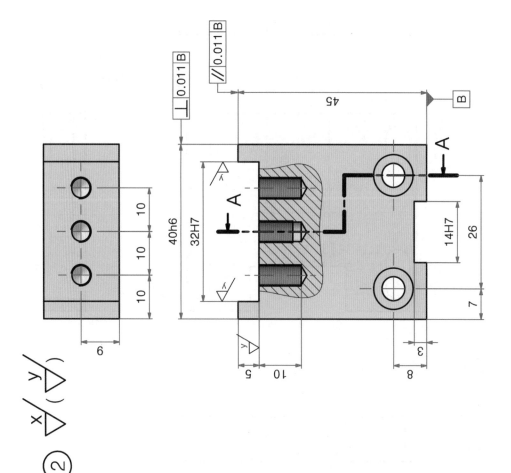

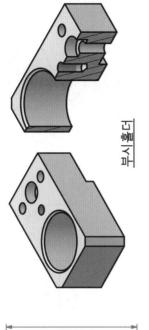

부분 X 확대

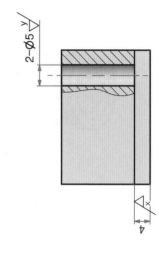

2-∅5

4

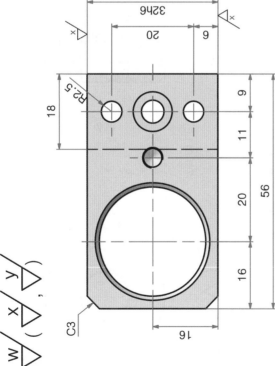

32n6

20

6

R2.5

18

9

11

20

56

16

16

C3

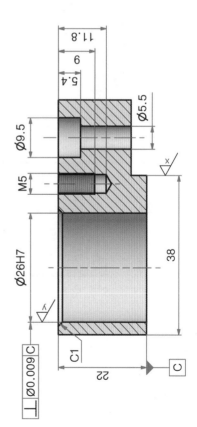

11.8

9

5.4

∅9.5

∅5.5

M5

38

∅26H7

22

C1

⌀0.009 C

C

3

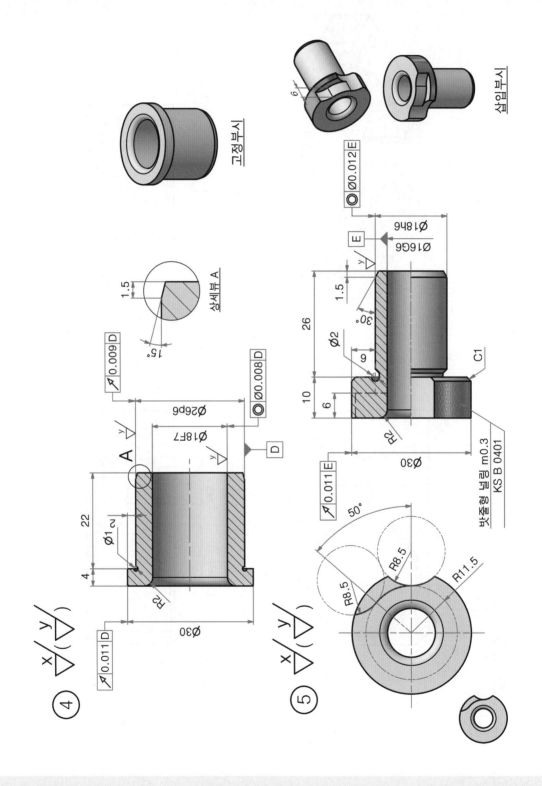

고정부시

상부덮개

상세부 A

Ø18h6
Ø16G6
E

1.5
30°
26
Ø2
9
C1
10
6
R2
Ø30
밧줄형 널링 m0.3
KS B 0401

◎ Ø0.012 E
⊿ 0.011 E

1.5
15°

⊿ 0.009 D
Ø26p6
Ø18F7
A
◎ Ø0.008 D
D

22
Ø1
4
R2
Ø30

⊿ 0.011 D

④

⑤

50°
R8.5
R8.5
R11.5

항목	부품 번호	수량
1	베이스	1
2	슬라이더	1
3	나사축	1
4	서포터	1
5	ISO 4762 – M4 x 20	2
6	손잡이	1

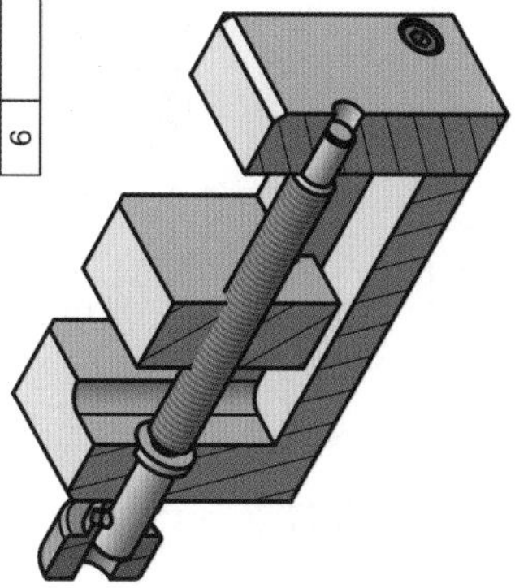

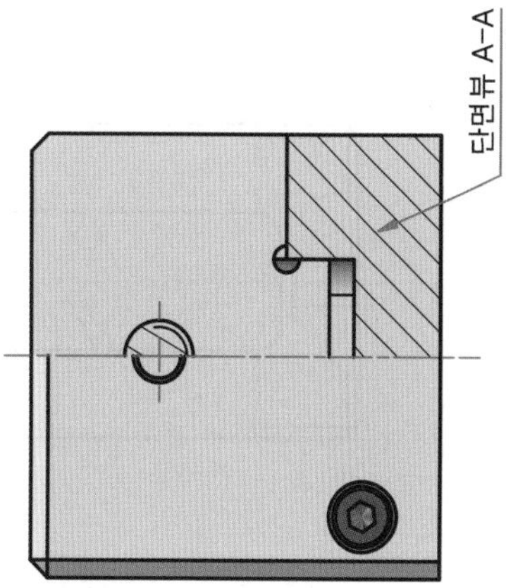

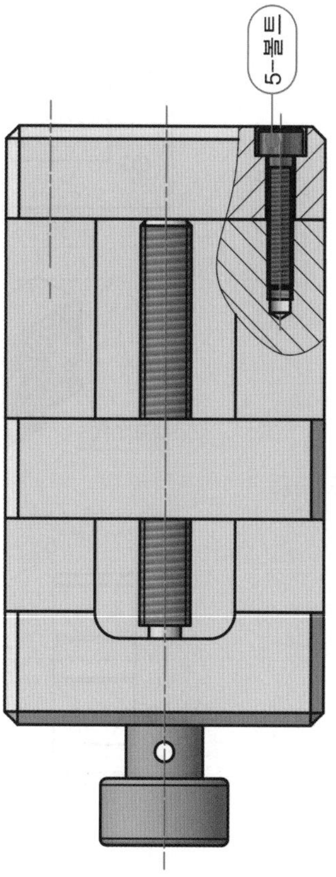

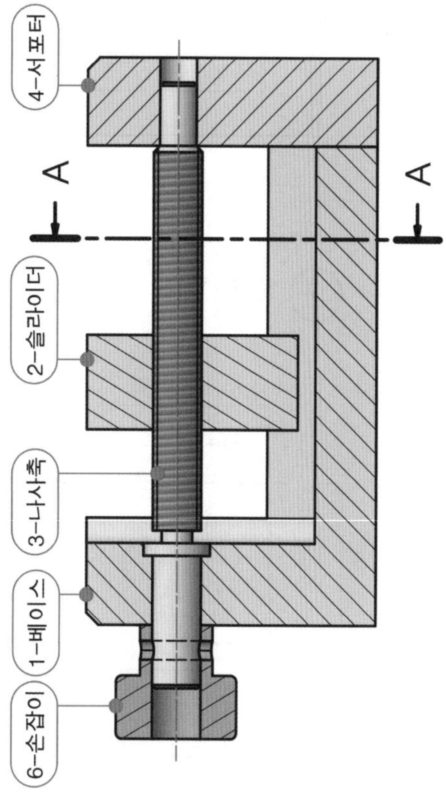

부품 리스트

단면뷰 A-A

5-볼트

4-서포터

A

2-슬라이더

3-나사축

1-베이스

6-손잡이

A

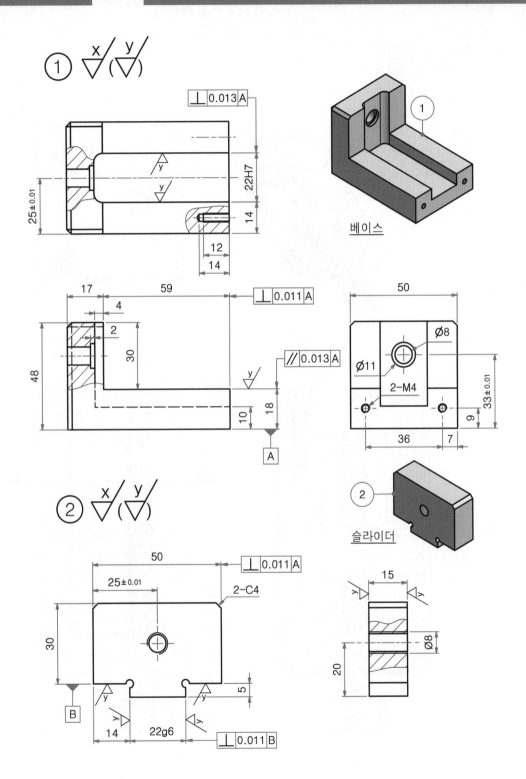

① x／y ⟨▽／(▽)⟩

⊥ 0.013 A

22H7

25±0.01

14

12

14

베이스

---

17 59

⊥ 0.011 A

4

2

30

48

// 0.013 A

10

18

A

50

Ø8

Ø11

2-M4

33±0.01

9

36 7

② x／y ⟨▽／(▽)⟩

2

슬라이더

50

⊥ 0.011 A

25±0.01

2-C4

30

5

B

14 22g6

⊥ 0.011 B

15

Ø8

20

TIP) 나사 축의 다양한 표현 방법
나사 축 도면 작성 시 여러 방법으로 표현이 가능합니다.
아래 도면을 참고 합니다.

나사축

나사 축 표현-1

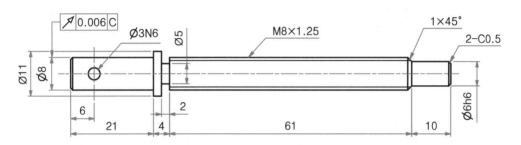

나사 축 표현-2

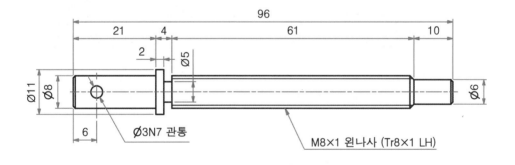

널링 나사 축 참고도면

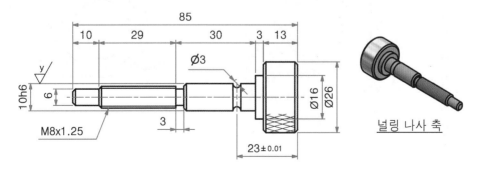

널링 나사 축

PART **2** 인벤터 실력 쌓기

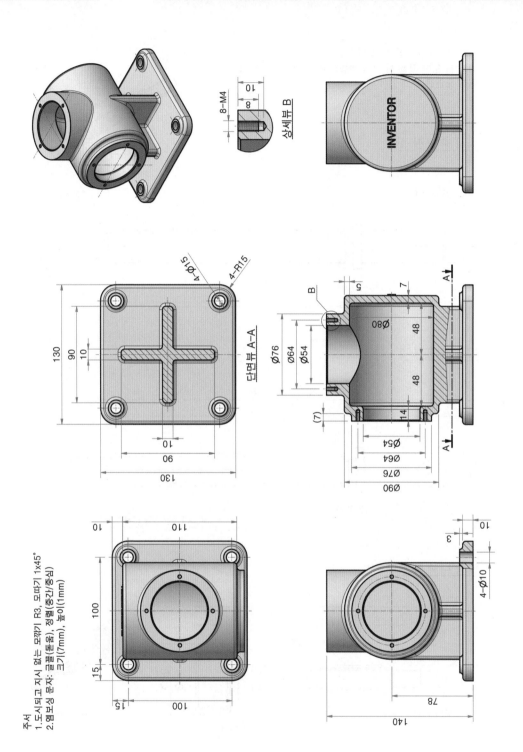

주서
1. 도시되고 지시 없는 모깎기 R3, 모따기 1x45°
2. 엠보싱 문자: 글꼴(돋움), 정렬(중간/중심)
   크기(7mm), 높이(1mm)

단면부 A-A

상세부 B

8-M4

4-Ø15

4-R15

INVENTOR

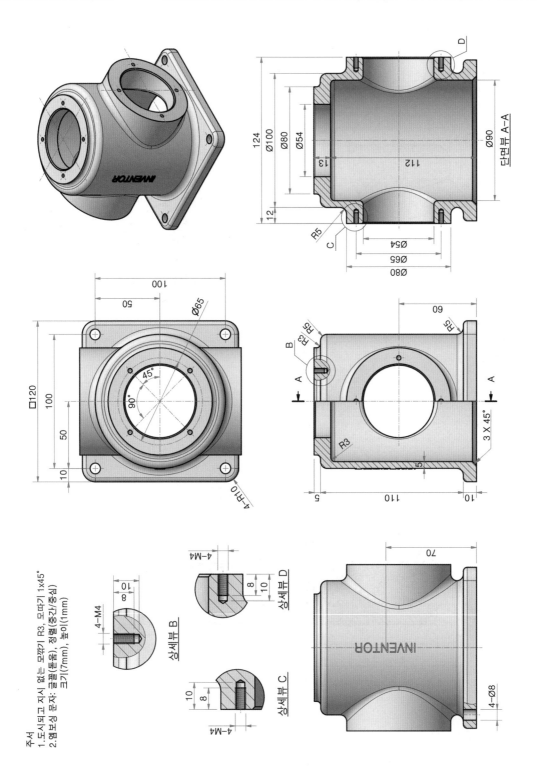

주서
1. 도시되고 지시 없는 모깎기 R3, 모따기 1x45°
2. 일반공차: 금꼴(둥금), 정렬(중간/중심)
   크기(7mm), 높이(1mm)

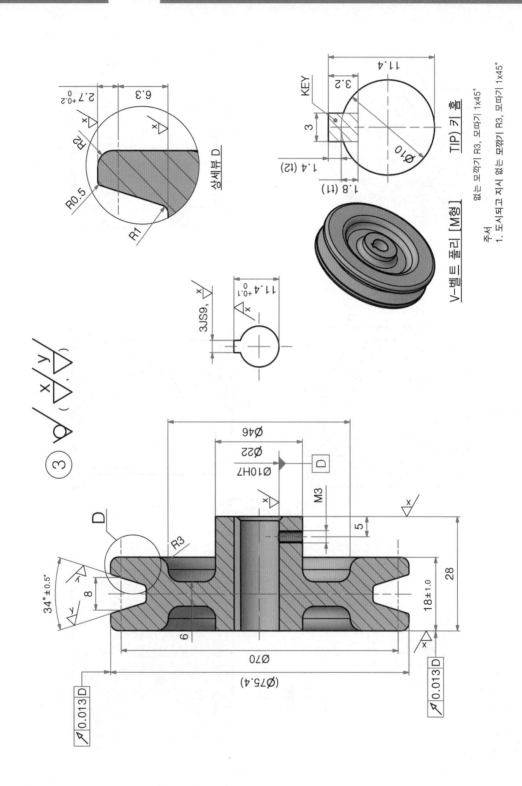

상세부 D

2.7 $^{+0.2}_{0}$
6.3
R2
R0.5
R1

3JS9
11.4 $^{+0.1}_{0}$

KEY
3.2
11.4
Ø10
3
1.4 (t2)
1.8 (t1)

TIP) 키 홈

없는 모따기 R3, 모따기 1x45°

주서
1. 도시되고 지시 없는 모따기 R3, 모따기 1x45°

V-벨트 풀리 [M형]

③

Ø46
Ø22
Ø10H7
M3
5
D
R3
34°±0.5°
8
9
28
18±1.0
Ø70
(Ø75.4)

⌀ 0.013 D
⌀ 0.013 D
⌀ 0.013 D

커버

주서
1. 도시되고 지시 없는 모깎기 R3, 모따기 1×45°

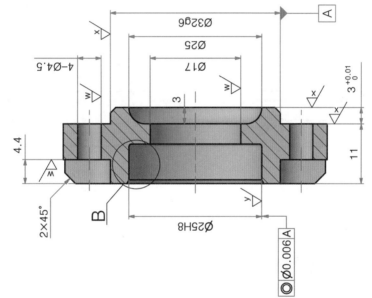

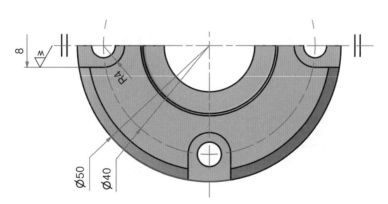

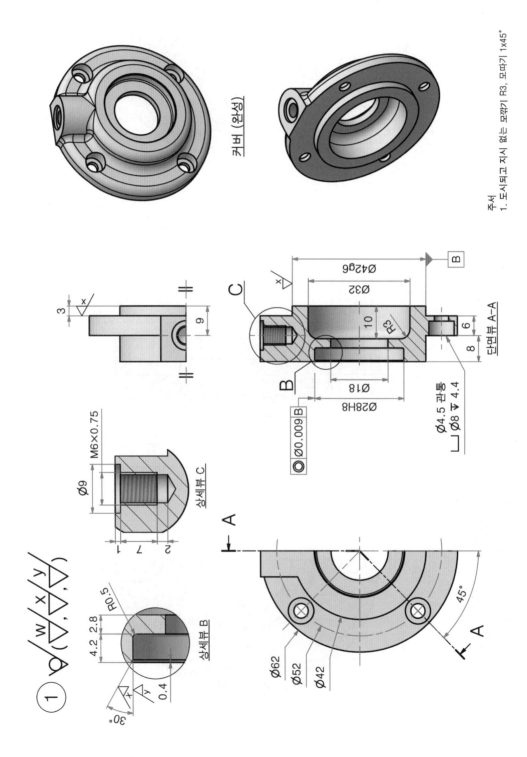

커버 (완성)

주서
1. 도시되고 지시 없는 모깎기 R3, 모따기 1x45°

단면부 A-A

상세부 C

M6×0.75

Ø9

상세부 B

R0.5
4.2 2.8
0.4
30°

Ø42g6
Ø32
10
R3
6
8
Ø28H8
Ø18
Ø4.5 관통
⌴Ø8 ▼4.4
◎ Ø0.009 B

Ø62
Ø52
Ø42
45°

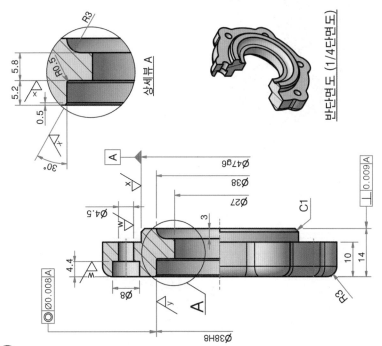

커버(연성)

반단면도 (1/4단면도)

상세부 A

R3

R0.5

주서
1. 도시되고 지시 없는 필렛, R3, 모따기 1x45°

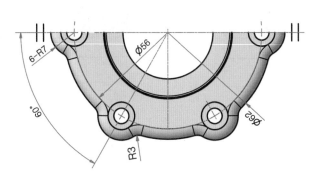

Ø47g6
Ø38
Ø27
C1

Ø4.5

4.4

Ø8

Ø38H8

6-R7

Ø56

Ø62

R3

60°

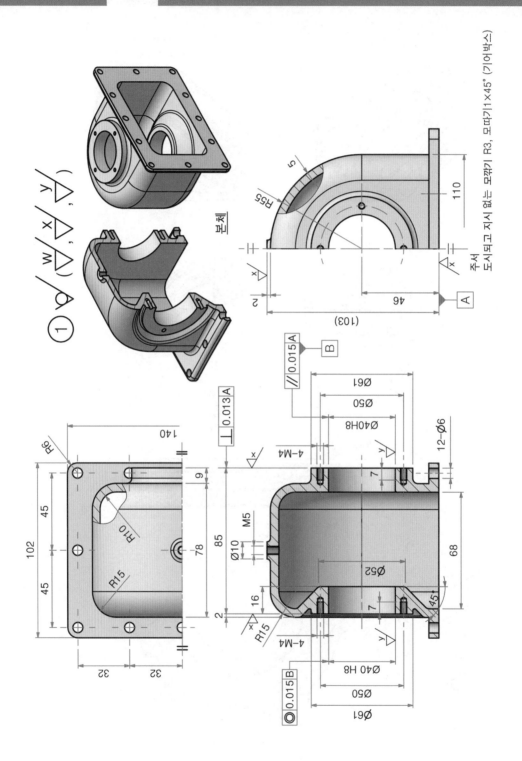

본체

주서
도시되고 지시 없는 모따기 R3, 모따기1×45° (기어박스)

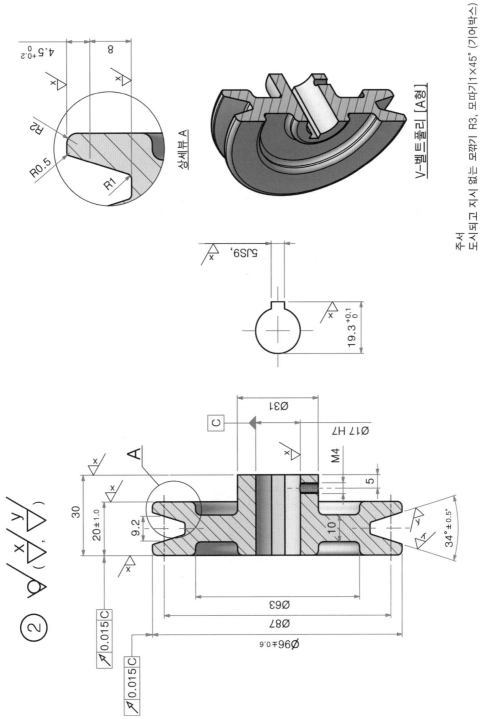

상세부 A

V-벨트풀리 [A형]

주서
도시되고 지시 없는 모깎기 R3, 모따기1×45° (기어박스)

5JS9,

$19.3^{+0.1}_{0}$

$4.5^{+0.2}_{0}$

8

R2

R0.5

R1

Ø31

Ø17 H7

M4

5

10

30

$20±1.0$

9.2

$34°±0.5°$

Ø63

Ø87

$Ø96∓0.6$

A

0.015 C

0.015 C

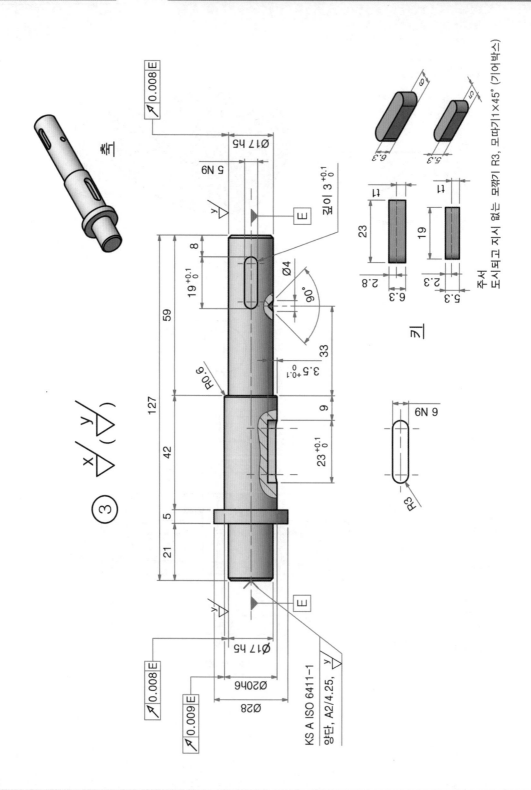

주서
도시되고 지시 없는 모깎기 R3, 모따기1×45° (기어박스)

스퍼기어 요목표				
			3-a	3-b
			표준	
기어치형	치형		보통이	
	공구	모듈	2°	2°
		압력각	20°	20°
	잇수		39	29
	피치원 지름		Ø78	Ø40
	전체 이 높이		4.5	
	다듬질 방법		호브절삭	
	정밀도		KS B ISO 1328-1,6급	

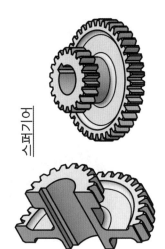

스퍼기어

주서
도시되고 지시 없는 끝면 모따기 1×45°, 필렛과 라운드 R3, 지시 없는 구배 (기어박스)

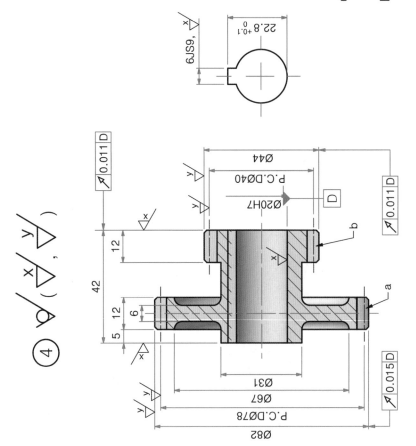

22.8 +0.1 0

6JS9, x

42
12
12
5
6

Ø44
P.C.DØ40
Ø20H7
P.C.DØ78
Ø82
Ø67
Ø31

⌀ 0.011 D
⌀ 0.011 D
⌀ 0.015 D

D

a
b

(4)

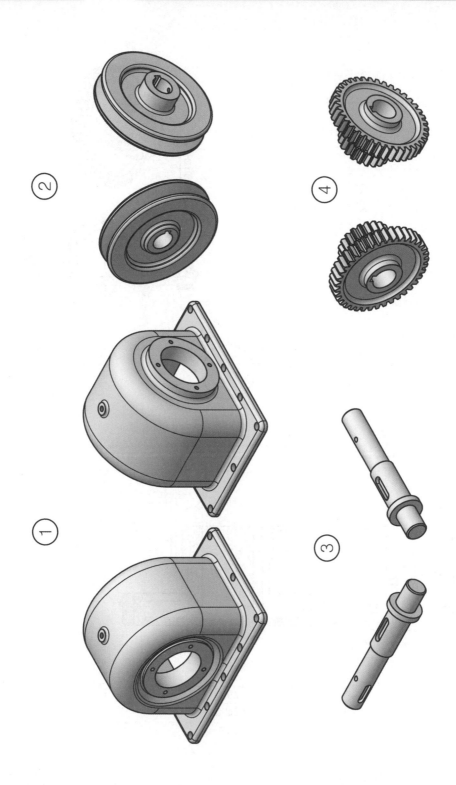

PART **2** 인벤터 실력 쌓기

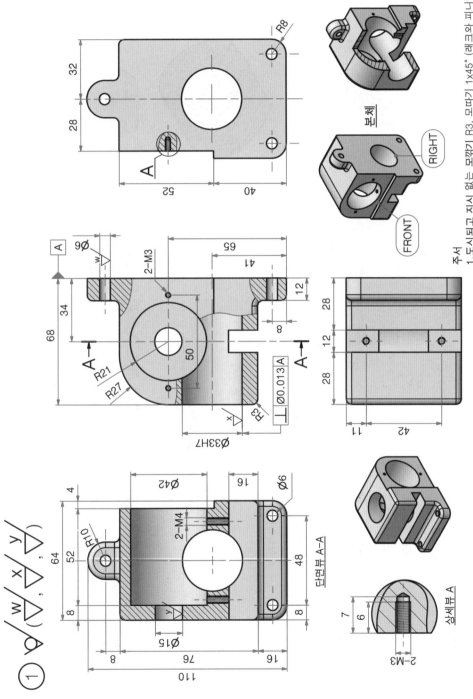

주서
1. 도시되고 지시 없는 둥근 모깎기 R3, 모따기 1×45° (레퍼런스)
(단위 : 밀리미터)

본체

FRONT

RIGHT

단면부 A-A

상세부 A
2-M3

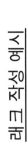

래크 작성 예시

M(모듈) 2mm 이고 Z(잇수)가 23개 전체길이:150mm 인 경우

① 피치(P)= 3.14xM = 3.14x2 = 6.28
② 래크 길이(L)= Px잇수 = 6.28x23 = 144.44
③ 끝단 시작= (150-144.44)/2 = 2.78

M(모듈): 2mm
h(전체이높이): 4.5mm
3.14/모듈=3.14/2= 1.57
A(압력각): 20°

상세뷰 A

상세뷰 B

주서
1.도시되고 지시 없는 모깎기 R3, 모따기 1x45° (래크와 피니언)

도면 치수 (상세뷰 A)
40° · 3.14 · 2 · 4.5 · 2.78 · 3.4 · Ø26 · 10 · 4.5

도면 치수 (상세뷰 B)
40° · 3.14 · 2 · 4.5 · 2.78 · 3.4 · Ø2 · 15 · 60°

끝단 단면 치수
20° · 4.5 · 2 · 1.57

본체 치수
150 · ②144.44(잇수23*6.28) · 111 · 150 · 8 · 5 · ①6.28 · ③2.78

래크			
기어치형	표준		
공구	치형	보통이	
	모듈	2	
	압력각	20°	
잇수		23	
전체 이 높이		4.5	
다듬질 방법		호브절삭	
정밀도		KS B ISO 1328-1,4급	

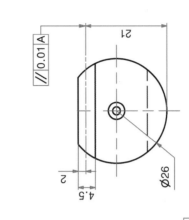

래크

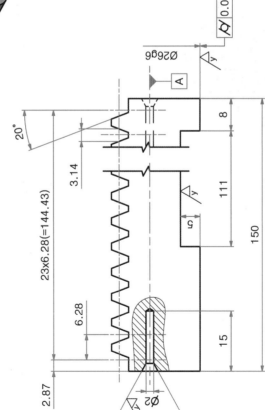

주서
1.도시되고 지시없는 모떼기 1×45°, 라운드 R3, 일반퍼 치수공차는 KS B ISO 2768-m

피니언			
표준	모듈이	2	
기어치형	치형		20°
	모듈		16
	압력각		4.5
공구	잇수	전체 이 높이	
		다듬질 방법	홈브로칭
	정밀도		KS B ISO 1328-1,4급

피니언

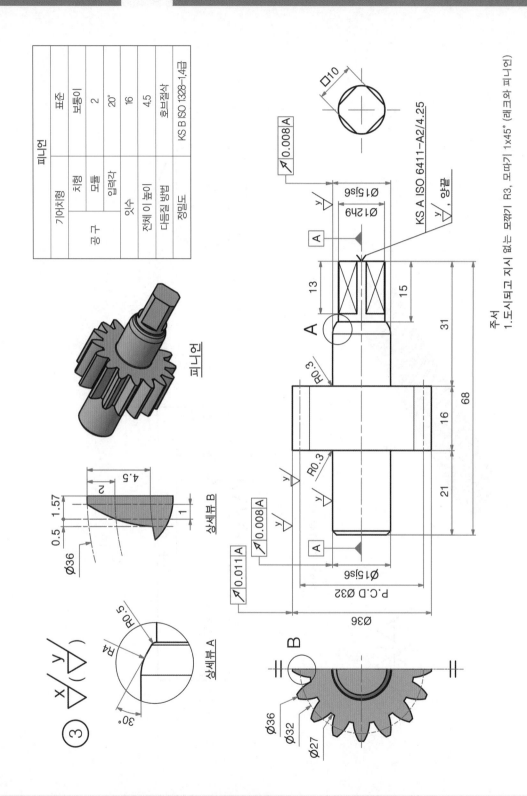

상세부 B

상세부 A

주서
1. 도시되고 지시 없는 모깎기 R3, 모따기 1x45° (래크와 피니언)

조립하기

조립에 필요한 기능을 학습하고, 조립하는 방법과 순서 등 부품별 조립에 필요한 내용에 대해 학습합니다.

1 조립 환경 시작하기

[새로 만들기] 아이콘 클릭 ▶ 조립품의 Standard(mm).iam을 선택 ▶ 작성

1 조립 작업

[배치] 아이콘을 클릭하여 부품 불러오기 합니다.

2 조립 명령 익히기

조립 부품을 이동, 회전하고 구속조건을 적용하여 조립합니다. 조립에 자주 쓰이는 간단한 단축키는 숙지하여 작업의 효율성을 높이도록 합니다.

아래 단축키 일람표를 참고합니다.

NO	icon	단축키	기능	NO	icon	단축키	기능
1		C	구속조건	4		P	배치
2		G	자유 회전	5		N	구성요소 작성
3		V	자유 이동				

③ 구속조건 실행하기

리본의 **조립 탭** ▶ **관계 패널** ▶ **구속** 을 차례로 클릭한 다음 조립품 탭을 클릭합니다.

조립품 구속조건은 선택한 구성요소 사이의 자유도를 제거합니다.

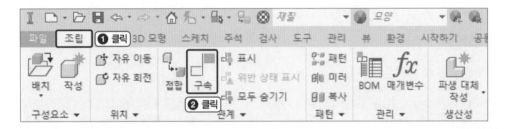

④ 메이트 구속조건

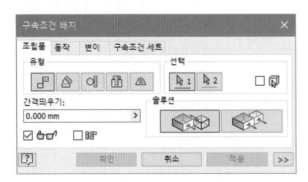

메이트 구속조건은 구성요소들이 서로 마주 보도록 배치하거나 면들이 플러시된 상태가 되도록 나란히 배치합니다. 면과 면 또는 모서리 선과 선으로 구속할 수 있습니다.

메이트 구속조건	플러시 구속조건
선택한 면 또는 모서리 등이 일치된 상태로 구속하여 배치됩니다.	구성요소를 나란히 정렬합니다. 선택한 면이 정렬되도록 배치합니다.

❶ 면과 면으로 구속하기

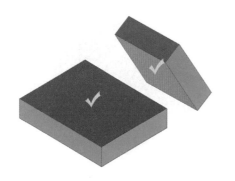

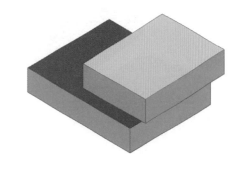

▲ a. 메이트 : 위 부품의 빨강면과 아래
　　부품의 빨강면 선택

▲ 위, 아래면이 일치됨

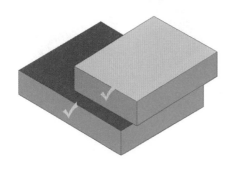

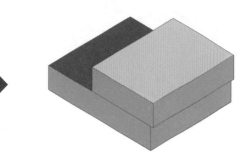

▲ b. 플러시 : 위 부품의 정면과 아래
　　부품의 정면 선택

▲ 정면이 나란히 일치됨

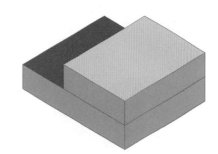

▲ c. 플러시 : 위 부품의 옆면과 아래 부품의
　　옆면 선택

▲ 옆면 나란히 일치됨

❷ (모서리) 선과 선으로 구속하기

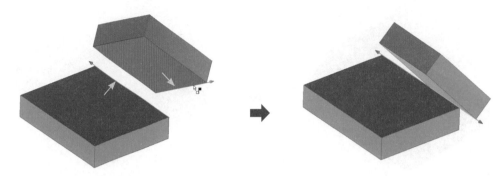

▲ a. 메이트 : 위 부품의 모서리 선과 아래
  부품의 모서리 선 선택

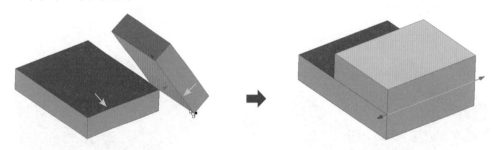

▲ b. 메이트 : 위 부품의 옆 모서리 선 과 아래
  부품의 모서리 선 선택

❸ (중심) 축과 축으로 구속하기

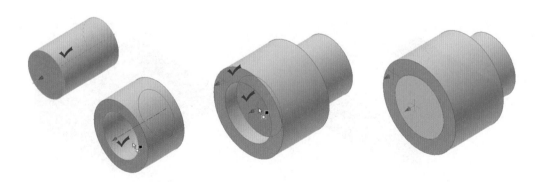

▲ a. 2개의 원통 옆면 또는 안쪽 면을   ▲ b. 메이트 : 축이 일치됨   ▲ c. 플러시를 이용하여 앞면
  선택하여 중심축을 선택   정렬(면과 면으로 구속하기
                                                         참고)

5 각도 구속조건

모서리 또는 평면을 지정한 각도로 두 구성요소를 배치합니다. 솔루션 방법 3가지 방법을 이용하여 구속합니다.

① 지정 각도

솔루션이 항상 오른쪽 규칙을 적용합니다.

② 미지정 각도

양방향이 모두 허용되기 때문에 구속조건을 연동하거나 끌 때 구성요소 방향이 반전되는 상황을 해결합니다.

③ 명시적 참조 벡터

선택 프로세스에 세 번째 선택을 추가하여 Z축 벡터(교차곱)의 방향을 명시적으로 정의합니다.

6 접선 구속조건

면, 평면, 원통, 구 및 원 추가 접점에 닿도록 합니다. 접선은 선택한 곡면 법선의 방향에 따라 곡선의 내부 또는 외부에 있을 수 있으며, 접선 구속조건은 선형 변환도 하나를 제거합니다.

❶ 2개의 원통 옆면을 클릭

❷ 외부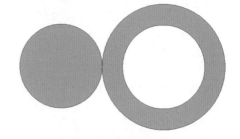

첫 번째로 선택한 부품을 접점에서 두 번째로 선택한 부품 바깥쪽에 배치합니다. 외부 접선이 기본 솔루션입니다. 사용자 지정 제한 및 정지 위치를 지원합니다.

❸ 내부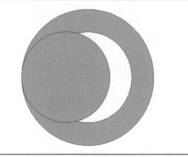

첫 번째로 선택한 부품을 접점에서 두 번째로 선택한 부품 안쪽에 배치합니다. 사용자 지정 제한 및 정지 위치를 지원합니다.

7 삽입 구속조건

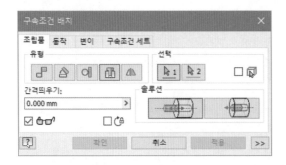

면 사이의 직접적인 메이트 구속과 두 구성요소 축의 메이트 구속조건을 결합한 것입니다. 삽입 구속 조건은 볼트를 구멍 안에 배치할 때 사용하며, 구멍에 맞게 정렬되고 볼트 머리 하단이 평면형 면에 맞춰집니다.

❶ 1번 원통 안쪽 모서리 선 클릭

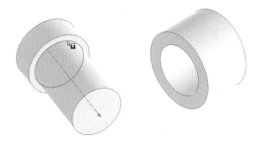

❷ 2번 원통 안쪽 모서리 선 클릭

❸ 반대

첫 번째로 선택한 구성요소의 메이트 방향을
반전합니다. 사용자 지정 제한 및 정지 위치를
지원합니다.

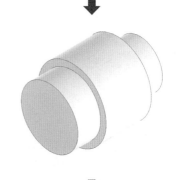

❹ 정렬

두 번째로 선택한 구성요소의 메이트 방향을
반전합니다. 사용자 지정 제한 및 정지 위치를
지원합니다.

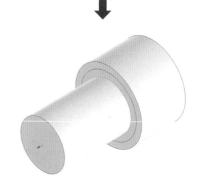

❺ 간격 띄우기 또는 각도

– 구속된 구성요소들 사이에 간격 띄우기를 할 거리를 지정합니다.

- 조립품에 있는 거리 또는 각도와 일치하는 값을 입력할 때 간격 띄우기 또는 각도를 모르는 경우에 사용합니다. 아래쪽 화살표를 클릭하여 구성요소 사이의 각도 또는 거리를 측정하거나, 선택한 구성요소의 치수를 표시하거나, 최근 사용한 값을 입력합니다.
- 양수 또는 음수 값을 지정합니다. 기본 설정은 0입니다. 첫 번째로 선택한 구성요소는 양의 방향을 결정합니다. 간격 띄우기 또는 각도 방향을 반전시키려면 음수 값을 입력합니다.

⑥ 미리보기 표시 👓

선택한 형상에 대한 구속조건의 영향을 표시합니다. 두 구성요소 중 하나가 가변이면 구속조건을 미리 볼 수 없습니다.

⑧ 대칭 구속조건

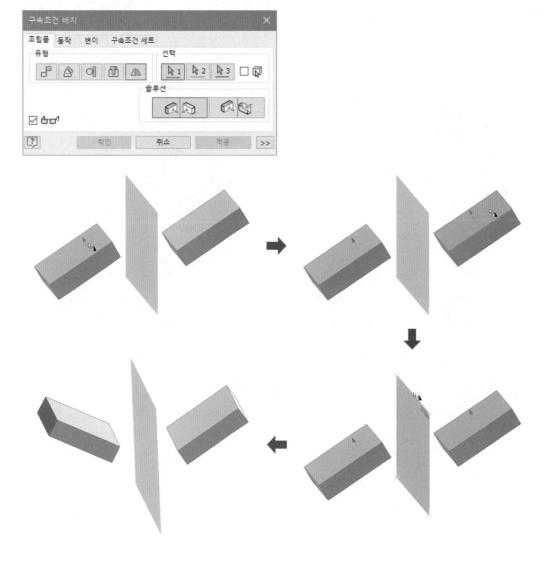

9 동작 구속조건(회전)

❶ 앞으로 : 두 개의 원통면이 서로 같은 방향
  으로 회전

❷ 뒤로 : 두 개의 원통면이 서로 반대 방향으
  로 회전

10 동작 구속조건(회전-변환)

❶ 앞으로 : 원통형의 회전 방향에 따라 평면
  부품이 이동

❷ 뒤로 : 원통형의 회전 방향의 반대 방향으
  로 평면 부품이 이동

※ 래크와 피니언 조립품과 같이 회전을 직선 운
  동으로 변환하는 작업에 사용

11 변이 구속조건

슬롯의 캠과 같이 일반적으로 원통형 부품 면
과 다른 부품의 인접한 면 사이의 구속조건을
작성할 때 사용

12 구속조건 세트

두 개의 부품이 가지는 UCS를 일치시키는 구
속조건을 적용할 경우 사용

2 조립 흐름도(종합예제-01)

※ 종합예제-01에서 모델링한 부품을 참고합니다.

Step-01 본체 불러오기 ※ 고정하기	Step-02 앞 커버
Step-03 뒤 커버	Step-04 베어링
Step-05 축	Step-06 링크

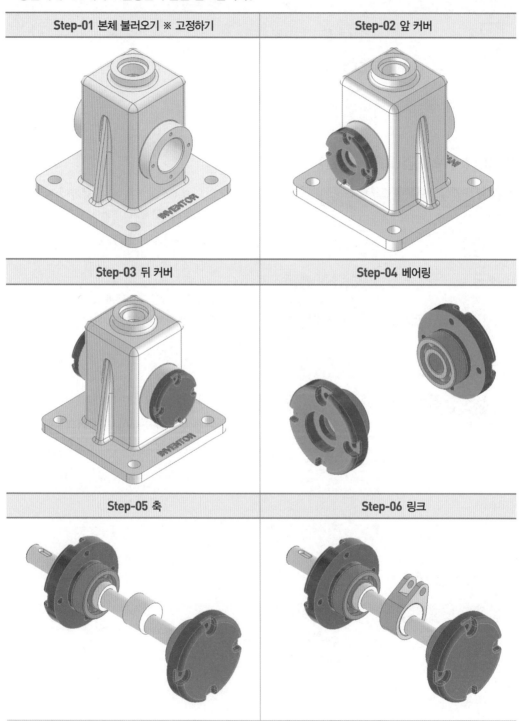

Step-07 부시	Step-08 슬라이드
Step-09 핀	Step-10 고정핀
Step-11 키	Step-12 오일실

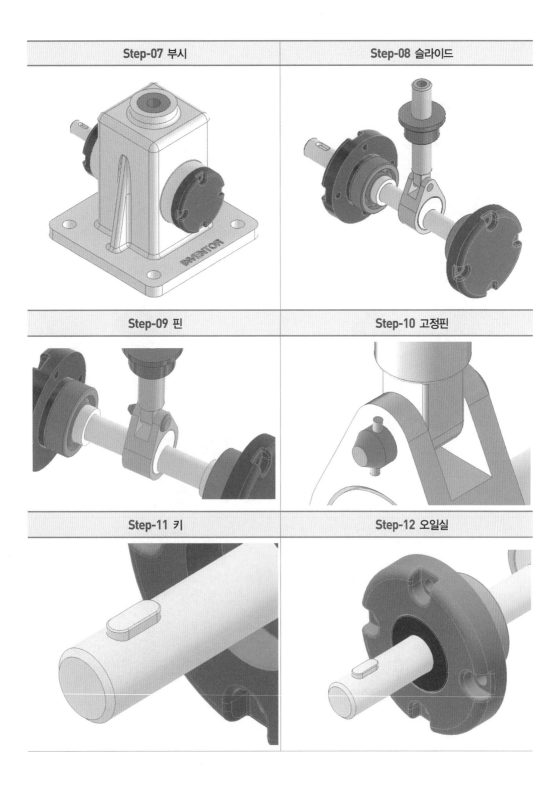

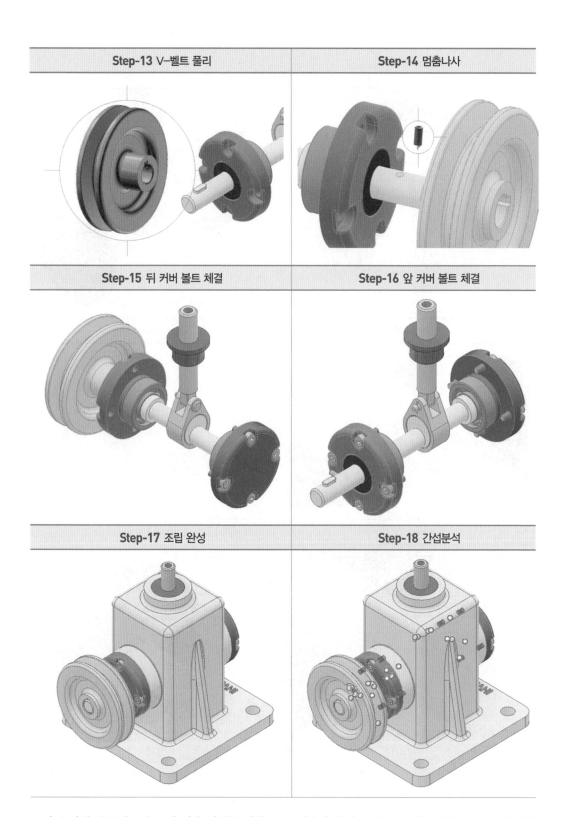

Step-13 V-벨트 풀리	Step-14 멈춤나사
Step-15 뒤 커버 볼트 체결	Step-16 앞 커버 볼트 체결
Step-17 조립 완성	Step-18 간섭분석

조립 순서와 부품별 구속조건 적용 방법은 상황 또는 사용자에 따라 다를 수 있습니다. 앞서 모델링한 부품을 본체부터 축, 커버, 공용 부품 등을 불러와서 조립해 보도록 합니다.

3 조립 따라 하기(종합예제-01)

[시작하기] ▶ [새로 만들기] ▶ Metric ▶ 조립품의 Standard(mm).iam 선택 ▶ 작성

Step 01 본체 불러오기 ※ 고정하기

❶ 배치 클릭 ▶ 본체.ipt 선택 ▶ 열기 ▶ 화면 클릭 ▶ 마우스 오른쪽 버튼 ▶ 확인

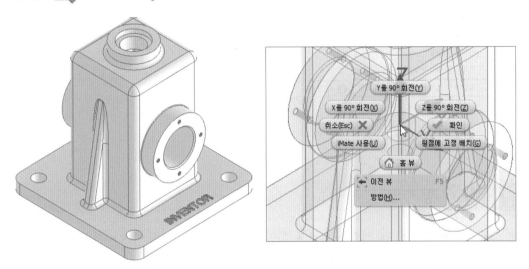

❷ 검색기 본체 선택 ▶ 마우스 오른쪽 버튼 클릭 ▶ 고정(또는 응용프로그램 옵션에서 설정)

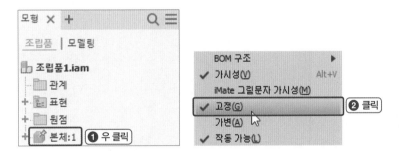

도구▶ 응용프로그램 옵션▶ 조립품 ▶ 〈원점에 첫 번째 구성요소 배치 및 고정▶ 체크

Step 02 앞 커버

❶ 배치 클릭 ▶ 앞 커버.ipt 선택 ▶ 열기 ▶ 화면 클릭 ▶ 마우스 오른쪽 버튼 ▶ 확인 ▶ 자유 회전
(V) 클릭 ▶ 앞 커버 안쪽이 보이게 배치

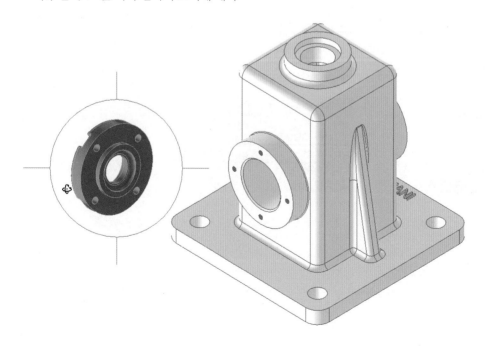

❷ 구속조건(C) 실행 ▶ 유형 : 메이트 / 솔루션 : 메이트 ▶ 앞 커버 옆면 선택 (축) ▶ 본체 원통 면
　(축) 선택 ▶ 확인

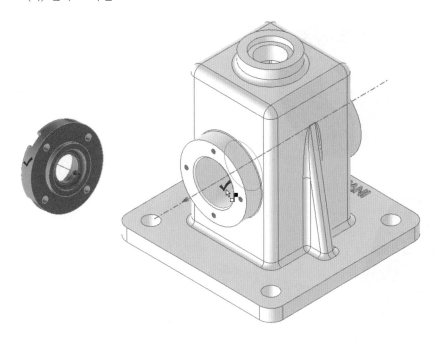

❸ 구속조건(C) 실행 ▶ 유형 : 메이트 / 솔루션 : 메이트 ▶ 앞 커버 볼트 구멍 안쪽 면 선택 ▶ 본체
　볼트 구멍 안쪽 면 선택 ▶ 확인

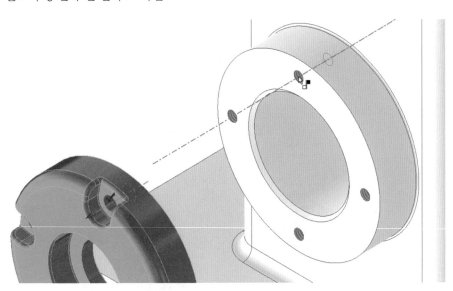

❹ 구속조건(C) 실행 ▶ 유형 : 메이트 / 솔루션 : 메이트 ▶ 앞 커버 안쪽 면 선택 ▶ 뷰 회전 ▶본체
    커버 면 선택 ▶ 확인

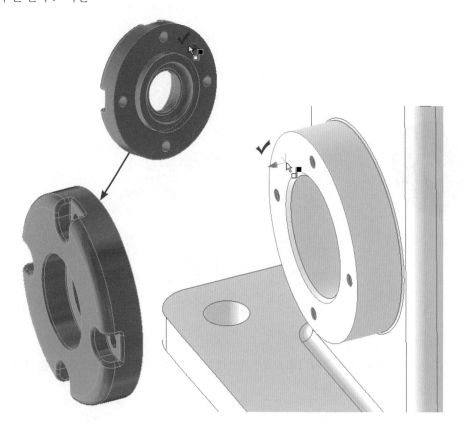

❺ 앞 커버 조립 완성

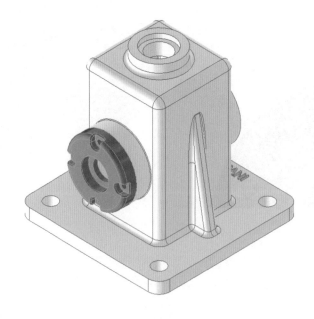

❶ 배치 클릭 ▶ 뒤 커버.ipt 선택 ▶ 열기 ▶ 화면 클릭 ▶ 마우스 오른쪽 버튼 ▶ 확인 ▶ 자유 회전
(V) 클릭 ▶ 뒤 커버 안쪽이 보이게 배치

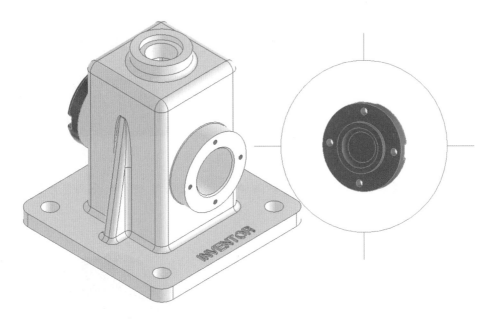

❷ 구속조건(C) 실행 ▶유형 : 메이트 / 솔루션 : 메이트 ▶ 뒤 커버 옆면 선택(축) ▶ 본체 원통 면(축)
선택 ▶ 확인

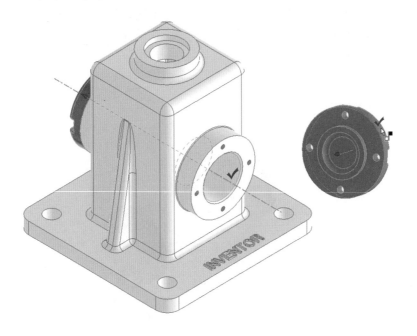

❸ 구속조건(C) 실행 ▶유형 : 메이트
/ 솔루션 : 메이트 ▶ 뒤 커버 볼트
구멍 안쪽 면 선택 ▶ 본체 볼트 구
멍 안쪽 면 선택 ▶ 확인

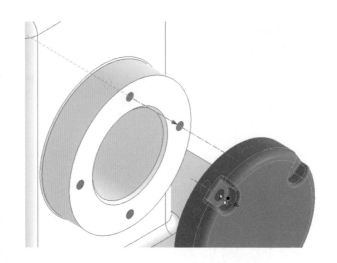

❹ 구속조건(C) 실행 ▶유형 : 메이트 / 솔루션 : 메이트 ▶ 뒤 커버 안쪽 면 선택 ▶ 뷰 회전 ▶ 본체
커버 면 선택 ▶ 확인

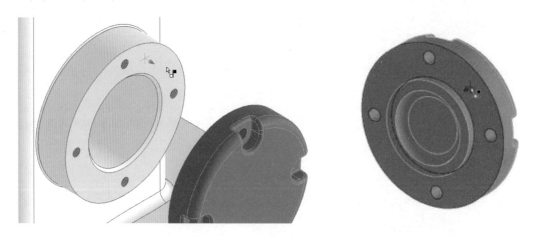

❺ 뒤 커버 조립 완성

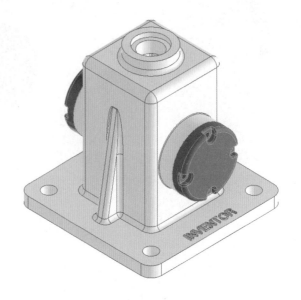

❶ 배치 클릭 ▶ 베어링12×32×10.ipt 선택 ▶ 열기 ▶ 화면 클릭 ▶ 마우스 오른쪽 버튼 ▶ 확인

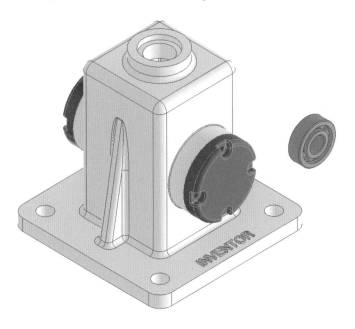

❷ 본체 선택 ▶ 마우스 오른쪽 버튼 클릭 ▶ 가시성 체크 해제

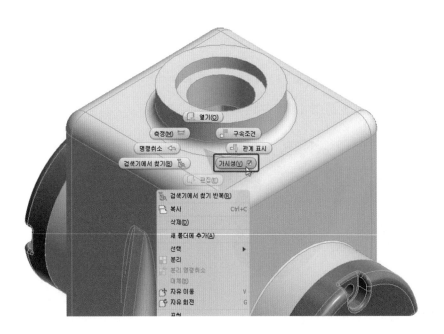

❸ 구속조건(C) 실행 ▶유형 : 삽입 / 솔루션 : 반대 ▶ 앞 커버 안쪽 모서리 선 선택 ▶ 베어링 안쪽 모서리 선 선택 ▶ 확인

❹ 앞 커버 베어링 조립 완성

❺ 배치 클릭 ▶ 베어링12×32×10.ipt 선택 ▶ 열기 ▶ 화면 클릭 ▶ 마우스 오른쪽 버튼 ▶ 확인

※ 불러온 베어링을 선택하여 복사(Ctrl+C)하여 붙여넣기(Ctrl+V) 할 수 있습니다.

❻ 구속조건(C) 실행 ▶유형 : 삽입 / 솔루션 : 반대 ▶ 뒤 커버 안쪽 모서리 선 선택 ▶ 베어링 안쪽 모서리 선 선택 ▶ 확인

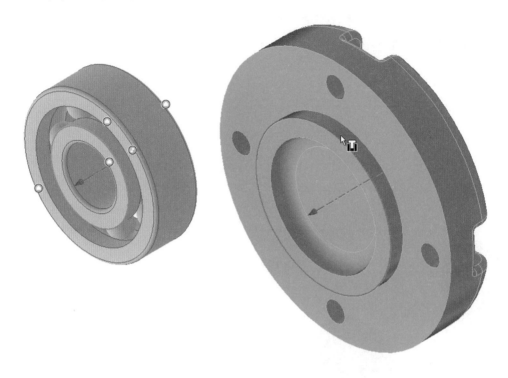

❼ 뒤 커버 베어링 조립 완성

❶ 배치 클릭 ▶ 편심 축.ipt 선택 ▶ 열기 ▶ 배경화면 클릭 ▶ 마우스 오른쪽 버튼 ▶ 확인 ▶ 자유
회전(V) 클릭 ▶ 앞 커버 안쪽과 편심 축 결합 부위가 보이게 배치

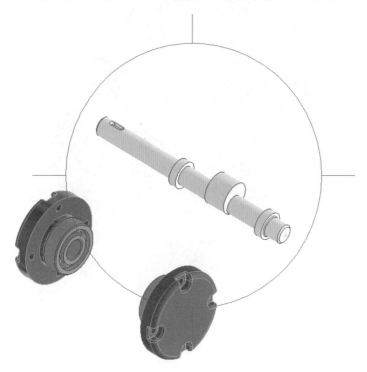

❷ 구속조건(C) 실행 ▶유형 : 삽입 / 솔루션 : 반대 ▶ 편심 축 모서리 선 선택 ▶ 앞 커버 베어링 안쪽
모서리 선 선택 ▶ 확인

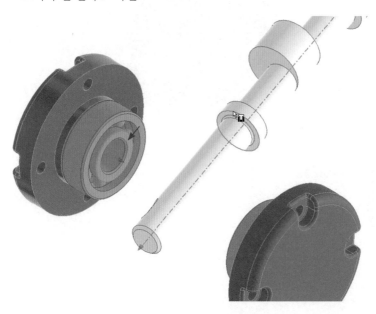

※ 축의 경우 각도 구속조건을 주어 조립 완성 후 드라이브(구동) 할 수 있도록 작업해 놓습니다. 구동하기 위해 각도 구속조건을 주어야 드라이브(구동) 할 수 있습니다.

❸ 편심 축 원점 XY 평면을 마우스 선택 후 오른쪽 버튼 클릭하여 가시성 켜기 ▶ 원점의 XY Plane 마우스 선택 후 오른쪽 버튼 클릭하여 가시성 켜기

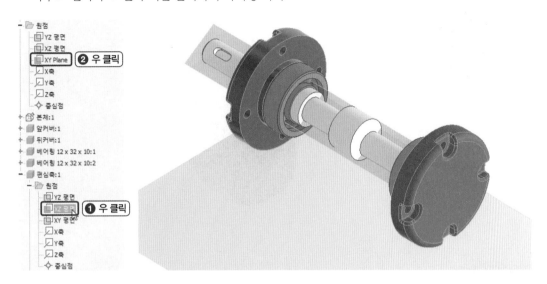

❹ 구속조건(C) 실행 ▶ 유형 : 각도 / 솔루션 : 미지정 각도 ▶ 원점의 XY Plane 선택 ▶ 편심 축 원점 XY 평면 선택 ▶ 각도 0도 ▶ 확인

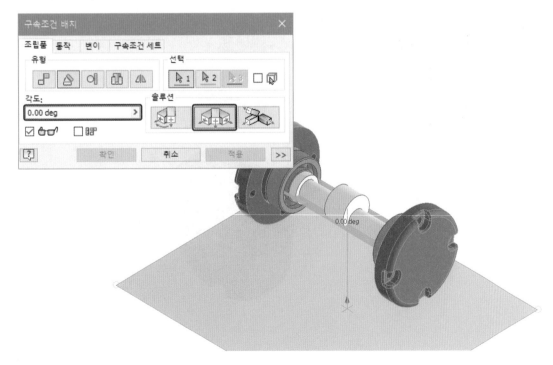

❺ 편심 축 원점 XY 평면 가시성 *끄기* ▶ 원점의 XY 평면 가시성 *끄기* ▶ 편심 축 조립 완성

❶ 배치 클릭 ▶ 링크.ipt 선택 ▶ 열기 ▶ 배경화면 클릭 ▶ 마우스 오른쪽 버튼 ▶ 확인

❷ 구속조건(C) 실행 ▶유형 : 메이트 / 솔루션 : 메이트 ▶ 편심 축 원통 면 선택 ▶ 링크 안쪽 원통 면 선택 ▶ 확인

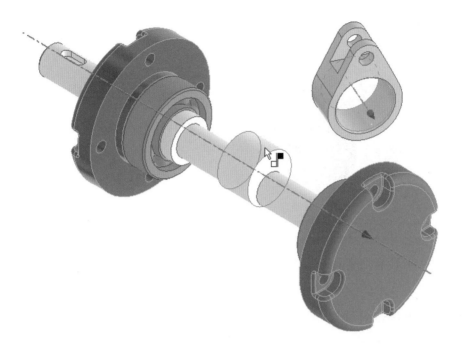

❸ 구속조건(C) 실행 ▶유형 : 메이트 / 솔루션 : 플러시 ▶ 편심축 옆면 선택 ▶ 링크 안쪽 옆면 선택 ▶ 확인

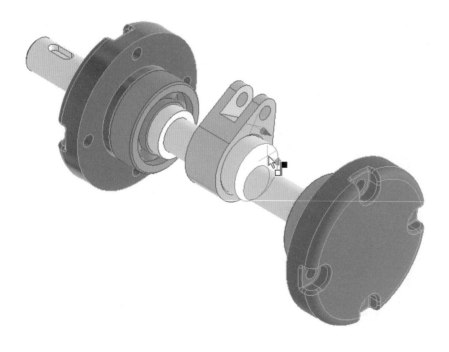

❹ 링크 조립 완성

❶ 배치 클릭 ▶ 부시.ipt 선택 ▶ 열기 ▶ 배경화면 클릭 ▶ 마우스 오른쪽 버튼 ▶ 확인 ▶ 검색기
본체 선택 ▶ 마우스 오른쪽 버튼 ▶ 가시성 켜기

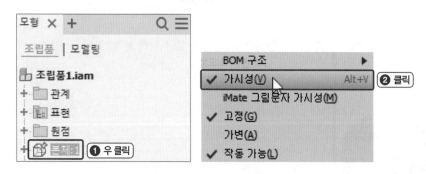

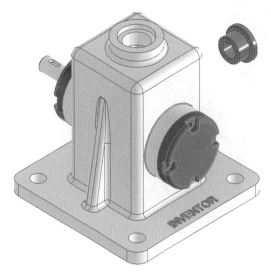

❷ 구속조건(C) 실행 ▶ 유형 : 삽입 / 솔루션 : 정렬 ▶ 본체 부시 삽입 모서리 선 선택 ▶ 부시 윗면
모서리 선 선택 ▶ 확인

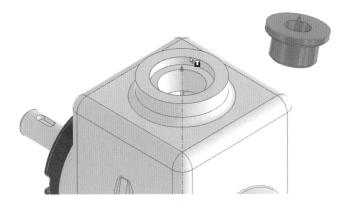

❸ 부시 조립 완성

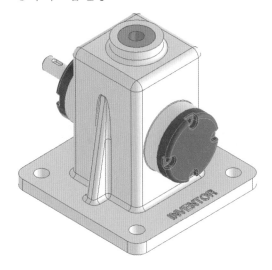

Step 08   슬라이드

❶ 배치 클릭 ▶ 슬라이드.ipt 선택 ▶ 열기 ▶ 배경화면 클릭 ▶ 마우스 오른쪽 버튼 ▶ 확인 ▶ 검색기
본체 선택 ▶ 마우스 오른쪽 버튼 ▶ 가시성 끄기

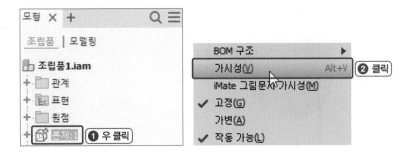

❷ 자유 회전(V) 클릭 ▶ 슬라이드 세로 방향으로 배치

❸ 구속조건(C) 실행 ▶ 유형 : 메이트 / 솔루션 : 메이트 ▶ 슬라이드 원통 옆면 선택 ▶ 부시 안쪽 면 선택 ▶ 확인

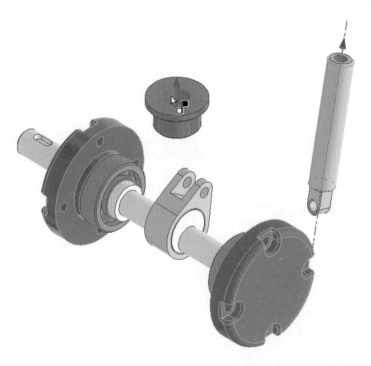

❹ 슬라이드 부시 구속 완성

❺ 구속조건(C) 실행 ▶ 유형 : 메이트 / 솔루션 : 메이트 ▶ 슬라이드 핀 구멍 안쪽 면 선택 ▶ 부시
안쪽 면 선택 ▶ 확인

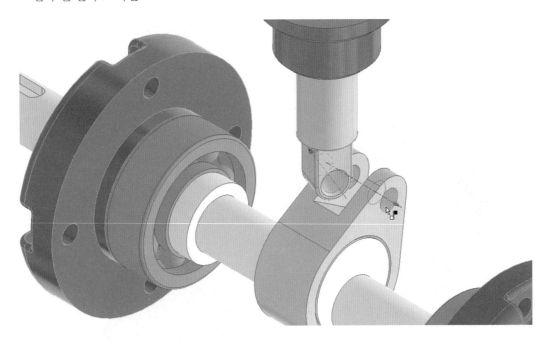

❻ 부시와 슬라이드 구속 완성

핀

❶ 배치 클릭 ▶ 핀 5×18.ipt 선택 ▶ 열기 ▶ 화면 클릭 ▶ 마우스 오른쪽 버튼 ▶ 확인 ▶ 자유 회전
　(V) 클릭 ▶ 핀 5×18▶ 아래 그림과 같이 배치

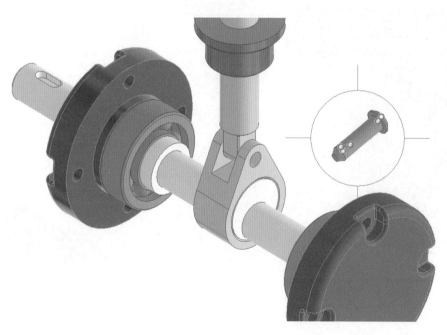

❷ 구속조건(C) 실행 ▶ 유형 : 삽입 / 솔루션 : 반대 ▶ 링크 핀 구멍 모서리 선 선택 ▶ 핀 안쪽 모서리
  선 선택 ▶ 확인

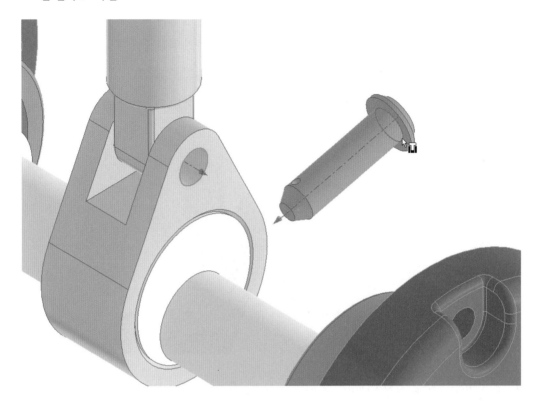

❸ 핀 조립 완성

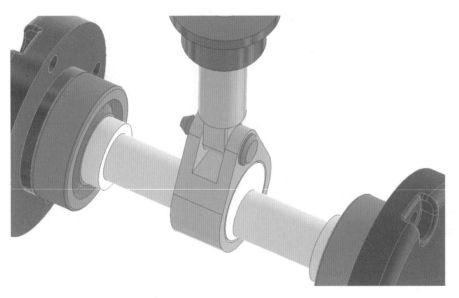

❶ 배치 클릭 ▶ 고정핀.ipt 선택 ▶ 열기 ▶ 화면 클릭 ▶ 마우스 오른쪽 버튼 ▶ 확인 ▶ 검색기의
　고정핀 중간 작업 평면을 찾아 가시성 켜기 ▶ 핀 5×18 수평 중간 작업 평면 가시성 켜기

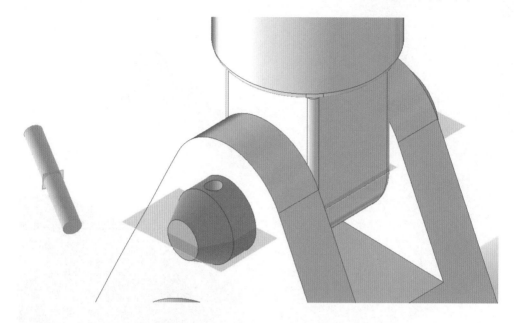

❷ 구속조건(C) 실행 ▶ 유형 : 메이트 / 솔루션 : 메이트 ▶ 핀 5×18 안쪽 면 선택 ▶ 고정핀 원통
　옆면 선택 선택 ▶ 확인

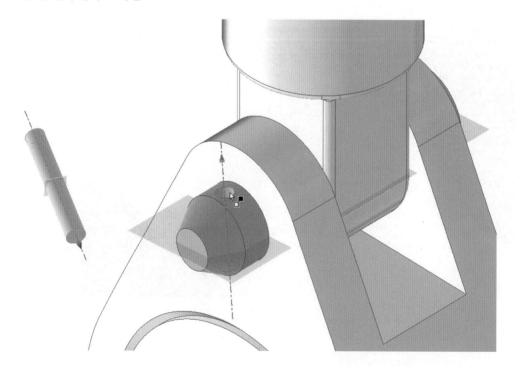

❸ 구속조건(C) 실행 ▶ 유형 : 메이트 / 솔루션 : 메이트 ▶ 핀 5×18 작업 평면 선택 ▶ 고정핀 작업
평면 선택 ▶ 확인

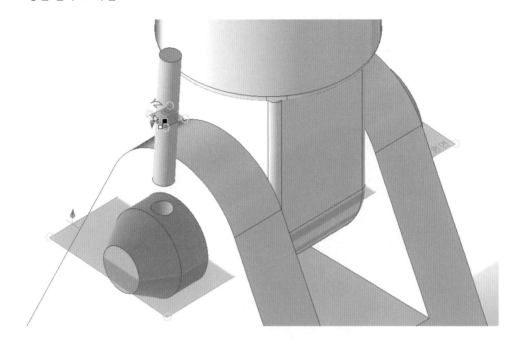

❹ 고정핀 조립 완성

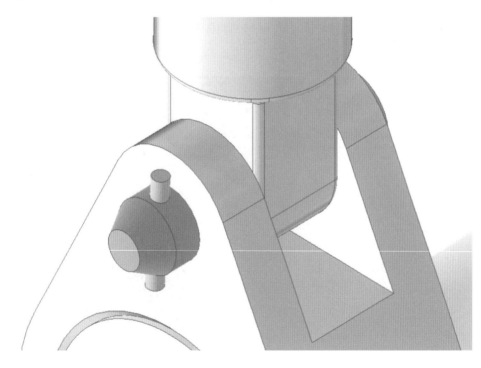

❶ 배치 클릭 ▶ 키.ipt 선택 ▶ 열기 ▶ 화면 클릭 ▶ 마우스 오른쪽 버튼 ▶ 확인

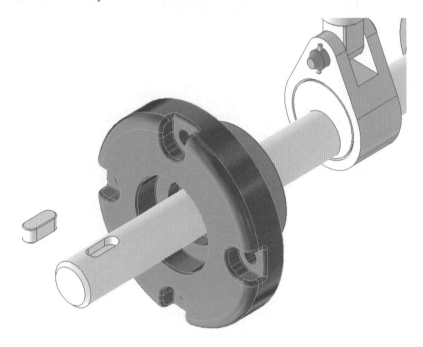

❷ 구속조건(C) 실행 ▶ 유형 : 메이트 / 솔루션 : 메이트 ▶ 키 옆면 선택 ▶ 축의 키 구멍 옆면 선택
　▶ 확인

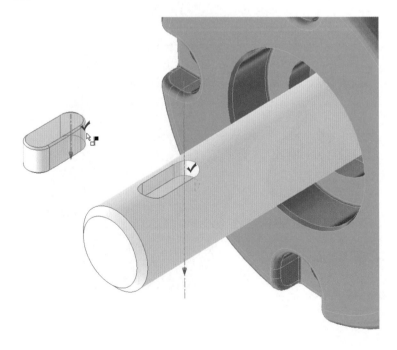

❸ 키 자유 이동(V) ▶ 구속조건(C) 실행 ▶ 유형 : 메이트 / 솔루션 : 메이트 ▶ 키 옆면 선택 ▶ 축의
키 구멍 옆면 선택 ▶ 확인

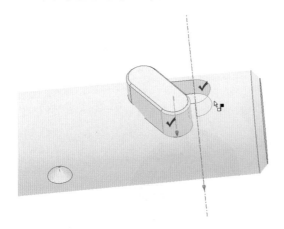

❹ 키 자유 이동(V) ▶ 구속조건(C) 실행 ▶유형 : 메이트 / 솔루션 : 메이트 ▶ 키 밑면 선택 ▶ 축의
키 구멍 밑면 선택 ▶ 확인

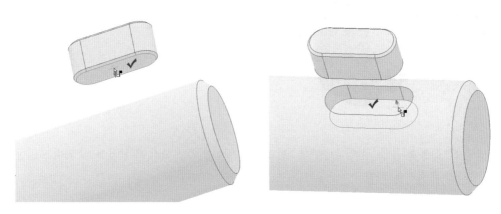

❺ 키 조립 완성

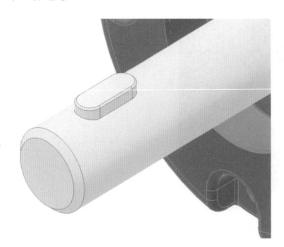

❶ 배치 클릭 ▶ 오일실 12×25×7.ipt ▶ 선택 ▶ 열기 ▶ 화면 클릭 ▶ 마우스 오른쪽 버튼 ▶ 확인

❷ 구속조건(C) 실행 ▶ 유형 : 삽입 / 솔루션 : 반대 ▶ 오일실 안쪽 모서리 선 선택 ▶ 앞 커버 오일실
　 안쪽 모서리 선 선택 ▶ 확인

❸ 오일실 조립 완성

Step 13 V-벨트 풀리

❶ 배치 클릭 ▶ V-벨트 풀리.ipt 선택 ▶ 열기 ▶ 화면 클릭 ▶ 마우스 오른쪽 버튼 ▶ 확인 ▶ 자유
회전(V) 클릭 ▶ V-벨트 풀리 안쪽이 보이게 배치

❷ 구속조건(C) 실행 ▶ 유형 : 메이트 / 솔루션 : 메이트 ▶ V-벨트 풀리 안쪽 원통 면 선택 ▶ 축의
   옆면 선택 ▶ 확인

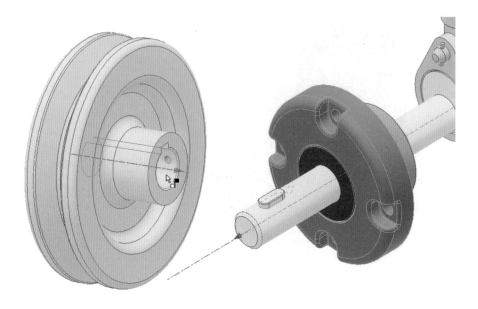

❸ 구속조건(C) 실행 ▶ 유형 : 각도 / 솔루션 : 지정각도 ▶ V-벨트 풀리 키 구멍 부분 옆면 선택 ▶
   축의 키 옆면 선택 ▶ 확인

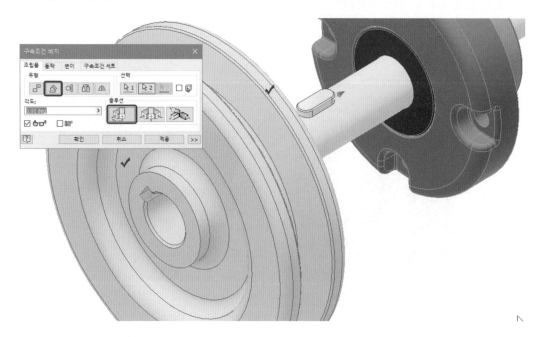

Step 14 멈춤나사

❶ 배치 클릭 ▶ 멈춤나사 M3×8.ipt 선택 ▶ 열기 ▶ 화면 클릭 ▶ 마우스 오른쪽 버튼 ▶ 확인 ▶ 자유 회전(V) 클릭 ▶ 멈춤나사 M3×8 ▶ 수직 방향으로 회전 배치

❷ 구속조건(C) 실행 ▶ 유형 : 메이트 / 솔루션 : 메이트 ▶ 멈춤나사 옆면 선택 ▶ 축의 멈춤나사 구멍 안쪽 면 선택 ▶ 확인

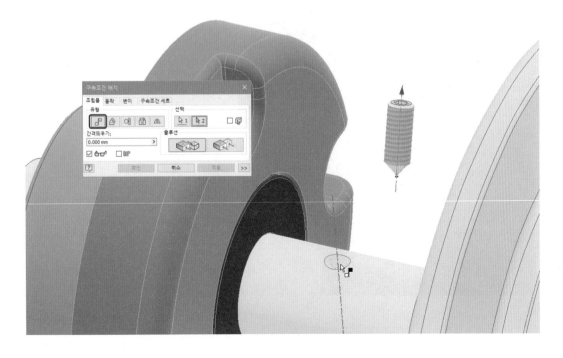

❸ 구속조건(C) 실행 ▶ 유형 : 접선 / 솔루션 : 내부 ▶ 멈춤나사 아래 원뿔 면 선택 ▶ 축 멈춤나사 구멍 안쪽 면 선택 ▶ 확인

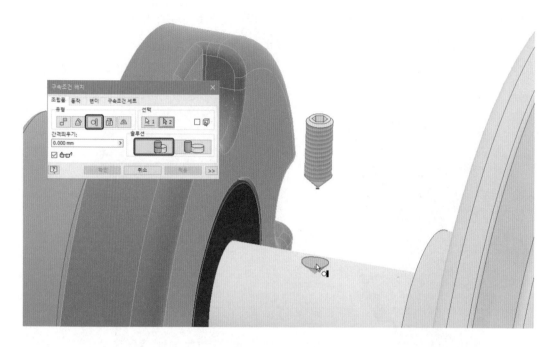

❹ 멈춤나사 조립 완성

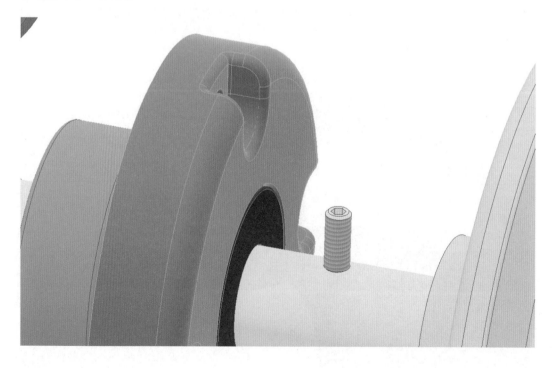

❺ 구속조건(C) 실행 ▶ 유형 : 메이트 / 솔루션 : 메이트 ▶ 멈춤나사 옆면 선택 ▶ V−벨트 풀리 멈춤
나사 구멍 안쪽 면 선택 ▶ 확인

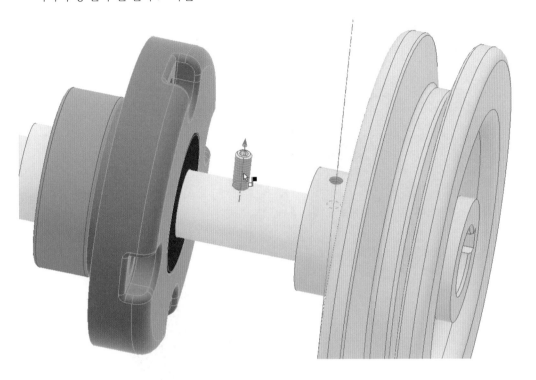

❻ 멈춤나사와 V−벨트 풀리 조립 완성

❶ 배치 클릭 ▶ M4−볼트.ipt 선택 ▶ 열기 ▶ 화면 2번 클릭 ▶ 마우스 오른쪽 버튼 ▶ 확인

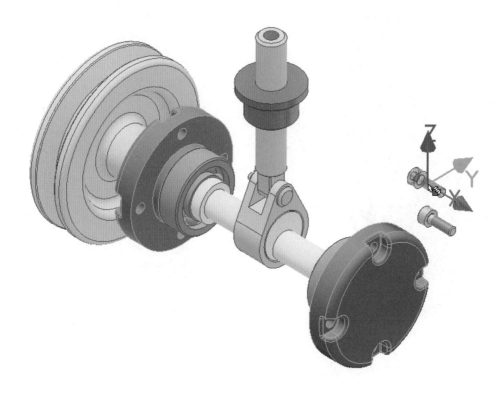

❷ 구속조건(C) 실행 ▶ 유형 : 삽입 / 솔루션 : 반대 ▶ 뒤 커버 볼트 구멍 모서리 선 선택 ▶ M4−볼트 접촉면 모서리 선 선택 ▶ 확인

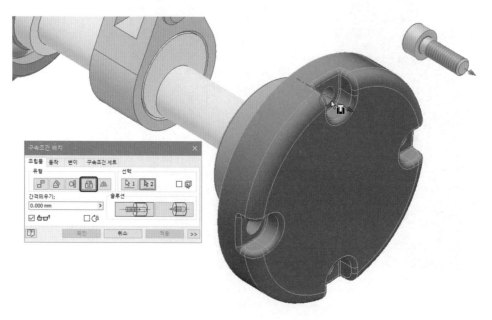

❸ 패턴 실행 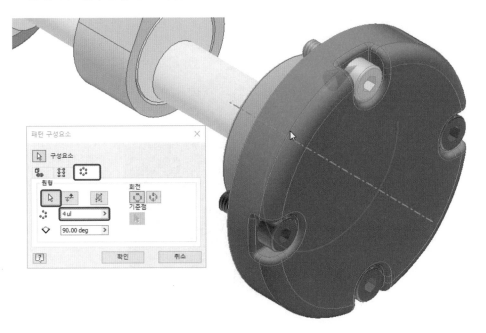 ▶ 원형 패턴 ▶ 구성요소– 볼트 선택 ▶ 원형– 마우스 아이콘 클릭 ▶ 뒤 커버 옆 면 선택 ▶ 갯수 4 입력 ▶ 확인

❹ 뒤 커버 볼트 체결 완성

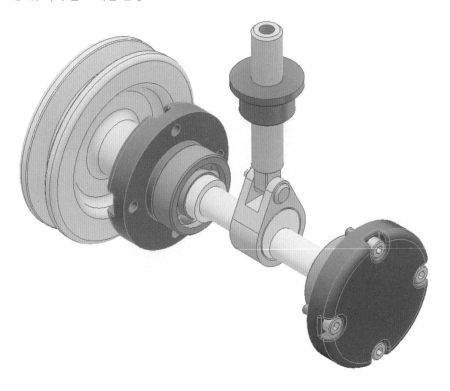

❶ 불러온 나머지 M4−볼트를 자유 회전(V) 클릭 ▶ M4 볼트와 앞 커버 안쪽이 보이게 배치

❷ 구속조건(C) 실행 ▶ 유형 : 삽입 / 솔루션 : 반대 ▶ 앞 커버 볼트 구멍 모서리 선 선택 ▶ M4−볼트 접촉면 모서리 선 선택 ▶ 확인

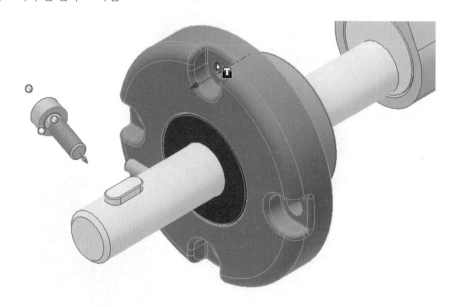

❸ 패턴 실행 🔍 ▶ 원형 패턴 ▶ 구성요소– 볼트 선택 ▶ 원형– 마우스 아이콘 클릭 ▶ 앞 커버 옆
면 선택 ▶ 갯수 4 입력 ▶ 확인

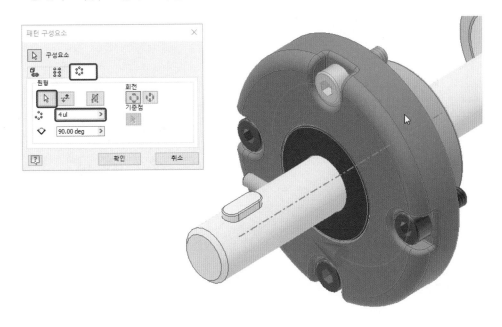

❹ 앞 커버 볼트 체결 완성

검색기의 본체와 V−벨트 풀리 가시성 켜기 ▶ 전체
조립품 완성

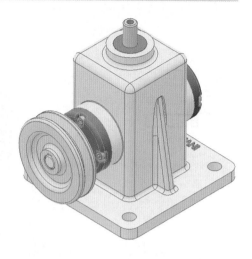

완성된 조립품의 간섭 분석을 실행하여 조립의 불량 여부를 확인합니다. 조립 시 부품별 구속조건으로
체결할 때마다 검사하며 작업하는 것이 좋습니다.

• 검사 탭 ▶ 간섭 분석 클릭

• 조립품 전체 드래그하여 선택 ▶ 간섭 탐지 창 확인

※ 간섭 탐지 시 볼트와 멈춤나사 등만 탐지되어야 합니다. 만약 다른 부품이 탐지 시 탐지된 부품의 기존 구속
조건을 삭제 후 다시 수정하고 검사해 봅니다.

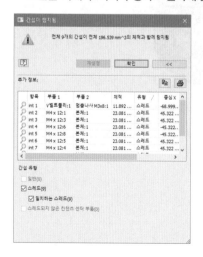

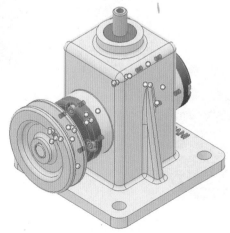

5

공용 부품

공용 부품 작성은 직접 모델링 하는 경우와 인벤터 프로그램에 포함되어 있는 부품을 불러오기 하는 경우입니다. 공용 부품을 불러오는 방법과 적용에 대해 학습합니다.

1 공용 부품(스타일 라이브러리)

1 컨텐츠 센터 부품 삽입 방법

❶ 컨텐츠 센터 부품을 "표준으로" 부품을 배치하는 경우

- "표준으로"를 선택하여 컨텐츠 센터 파일 폴더에 저장되고 조립 시 **링크만 저장**됩니다.
- 조립품 파일에서 조립 탭 ▶ 구성요소 패널 ▶ 컨텐츠 센터에서 배치를 클릭합니다. 🖨

❷ 컨텐츠 센터 부품을 "사용자로" 부품을 배치하는 경우

- 사용자 컨텐츠 센터 부품은 일반 부품 파일로 취급되며 Autodesk Inventor 편집 명령을 사용하여 편집할 수 있습니다.
- "사용자로"를 선택하여 공용 부품을 **파일로 저장**할 수 있습니다.

2 인벤터 공용 부품(컨텐츠 센터)

인벤터에서 부품 조립 시 컨텐츠 센터의 공용 부품을 검색하여 조립할 수 있습니다. 규격은 특수한 경우를 제외한 대부분의 경우 ISO, KS, JIS 중에서 적용하고자 하는 부품을 찾습니다.

NO	부품명	규격(적합한 규격 적용)	검색 경로
1	베어링	KS B 2023 / JIS B 1521	샤프트 부품-볼베어링-깊은 그루브 볼 베어링
2	오일실	JIS B 2402 B타입	샤프트 부품-실링-립실
3	키	JIS B 1301	샤프트 부품-키-기계-등급
4	볼트	KS B 1003/JIS B 1176	조임쇠-소켓머리
5	너트	JIS B 1181 A/B	조임쇠-너트-6각

6	와셔	JIS B 1256	조임쇠–와셔–플레인
7	스프링와셔	KS B 1324 / JIS B 1251	조임쇠–와셔–스프링
8	니플	JIS B 1575 A	기타 부품–그리스 부속품

1 베어링

- 조립공간(*. iam)에서 배치 아래의 화살표(▼)를 눌러 "컨텐츠 센터에서 배치"를 클릭

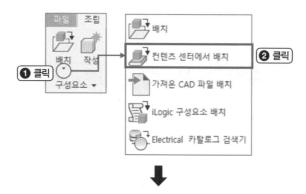

- [파일 검색] 범주 뷰 → 샤프트 부품 → 베어링 → 볼 베어링 → 깊은 그루브 볼 베어링

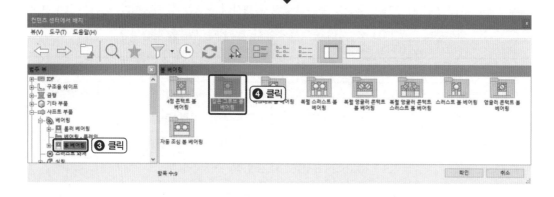

• "표준으로" 선택 시 공용 부품의 링크만 연결됩니다. 만약 공용 부품을 **파일로 저장하고자 할 경우**
"**사용자로**" 선택 후 확인하여 저장합니다.

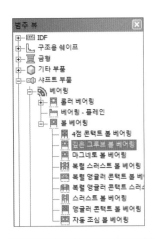

▲ KS B 2023

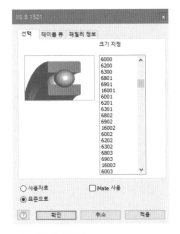
▲ JIS B 1521

② 오일실

• [파일 검색] 범주 뷰 → 샤프트 부품 → 실링 → 립실 (오일실 JIS B 2402 B타입)

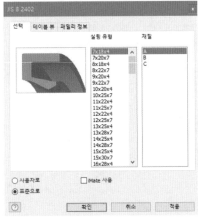
▲ JIS B 2402

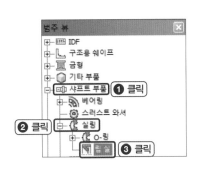

▲ KS B 2804 D

▲ KS B 2804 S

③ 키

• [파일 검색] 범주 뷰 → 샤프트 부품 → 키 → 기계 → 둥금 (JIS B 1301)

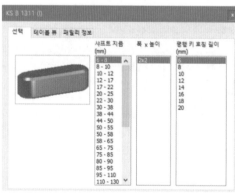

▲ KS B 1311 (l)

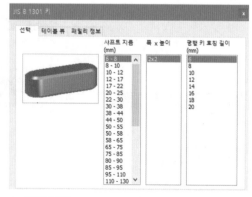

▲ JIS B 1301

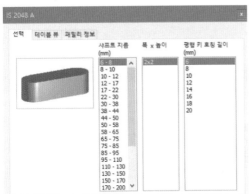

▲ IS 2048 A

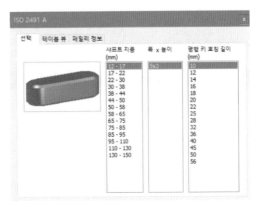

▲ ISO 2491 A

4 볼트

1 소켓머리 볼트

- [파일 검색] 범주 뷰 → 조임쇠 → 볼트 → 소켓머리 (KS B 1003 / JIS B 1176)

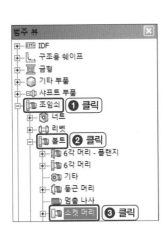

▲ JIS B 1176 – 미터

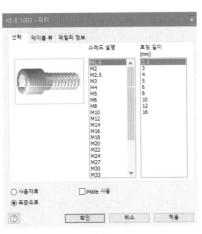

▲ KS B 1003 – 미터

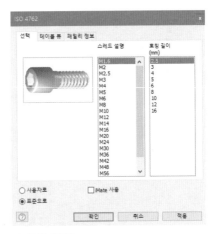

▲ ISO 4762

❷ 육각 볼트

- [파일 검색] 범주 → 조임쇠 → 볼트 → 6각 머리

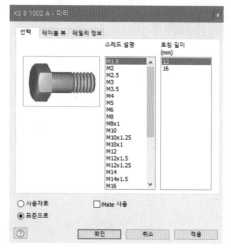

▲ KS B 1002 A - 미터

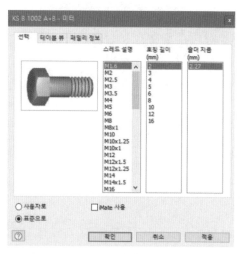

▲ KS B 1002 A+B - 미터

5 너트

- [파일 검색] 범주 뷰 → 조임쇠 → 너트 → 6각 (JIS B 1181 A/B)

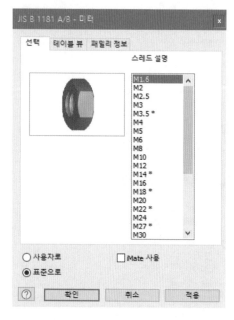

▲ JIS B 1181 A/B - 미터

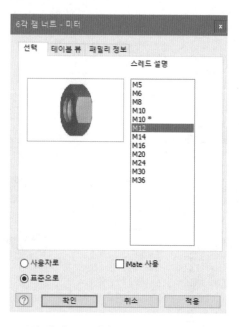

▲ 6각 잼 너트 - 미터

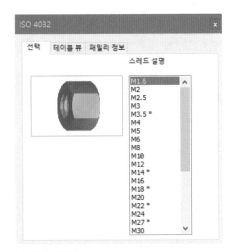

▲ ISO 4032

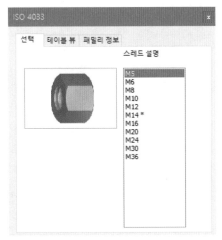

▲ ISO 4033

▲ 6각 너트 미터

▲ KS B 1012 C – 미터

6 와셔

• [파일 검색] 범주 뷰 → 조임쇠 → 와셔 → 플레인(너트) (KS B 1326 / JIS B 1256)

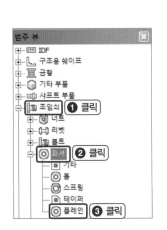

▲ JIS B 1256

▲ KS B 1326　　　　　　　　　　　　　▲ 평면 와셔 (미터)

7 클레비스 핀

• [파일 검색] 범주 뷰 → 조임쇠 → 핀 → 클레비스 핀 → 드릴 샹크 (ISO 2341 B)

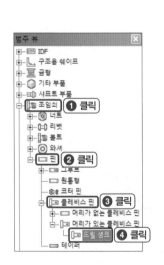

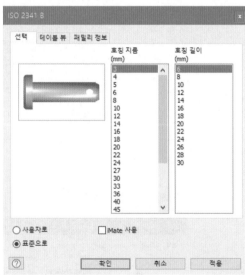

▲ ISO 2341 B

8 스프링 와셔

- [파일 검색] 범주 뷰 → 조임쇠 → 와셔 → 스프링 (KS B 1324 / JIS B 1251)

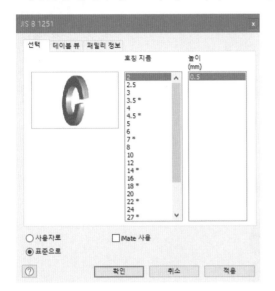

▲ KS B 1324

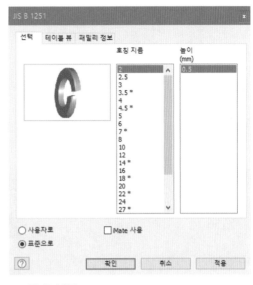

▲ JIS B 1251

9 니플

- [파일 검색] 범주 뷰 → 기타 부품 → 그리스 부속품 → 〈JIS B 1575 A-미터〉

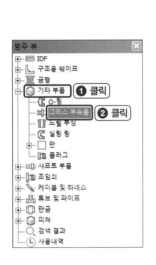

▲ JIS B 1575 A-미터

PART
3

인벤터 실무 활용

회사 실무에서 자주 쓰이는 곡면 모델링, CAM 도면과 분해도 및 BOM 작성
에 대해 학습해 볼 수 있도록 구성하였습니다. 그리고 실무에서 프레젠테이션을
위해 재질 및 실무활용 예제를 수록하여 설명하였습니다.

분해도

분해도 작성은 실무에서 자주 쓰이고, 필요한 작업입니다. 조립된 부품을 분해도로 표현하는 방법과 BOM 작성 방법 등을 학습합니다.

1 프레젠테이션

NO	icon	기능	NO	icon	기능
1		모형 삽입	5		카메라 캡처
2		새 스토리보드	6		도면 뷰 작성
3		새 스냅샷 뷰	7		비디오
4		구성요소 미세조정(단축 명령 : T)	8		래스터

파일 > 새로 만들기 를 클릭합니다. 새 파일 작성에서 기본 Standard(mm)ipt 템플릿을 선택한 후 작성을 클릭합니다.

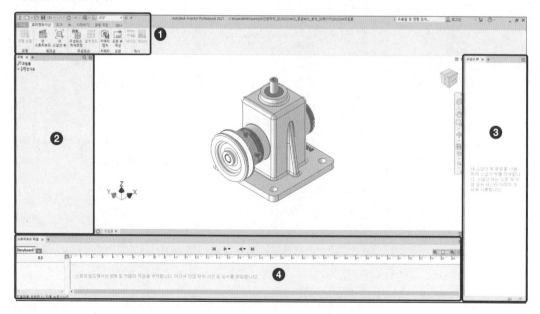

❶ 리본메뉴

❷ 모형 검색기

❸ 스냅샷 뷰

❹ 스토리보드 패널

1 모형

삽입 대화상자에서 첫 번째 전개도에 삽입할 모형 파일을 찾아 선택합니다.

2 새 스토리보드

새 스토리보드를 클릭하면 스토리보드 유형을 지정하고 확인합니다.

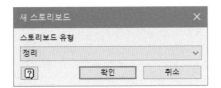

3 새 스냅샷 뷰

원하는 모형 모양 및 뷰가 준비되면 새 스냅샷 뷰를 클릭합니다.

4 구성요소 미세조정 (단축키 : T)

구성요소 미세조정을 클릭하고 부품을 선택합니다. 또는 '모형 검색기'에서 부품 선택 Ctrl 키를 누른 채 클릭하여 다중 선택합니다. (Shift 키도 다중 선택이 가능합니다. 첫 번째 클릭한 부품과 두 번째 클릭한 부품 사이의 부품 전체 선택)

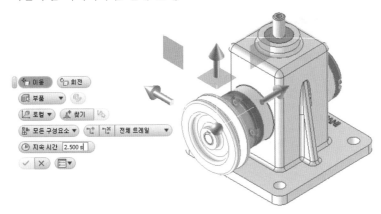

• 미세조정하려는 구성요소를 마우스 오른쪽 버튼으로 클릭하고 표식 메뉴에서 "구성요소 미세조정" 을 클릭합니다.

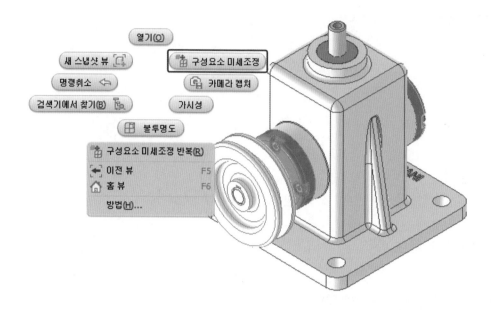

❶ 이동

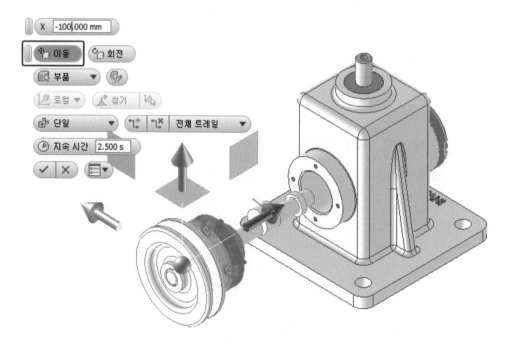

❷ 회전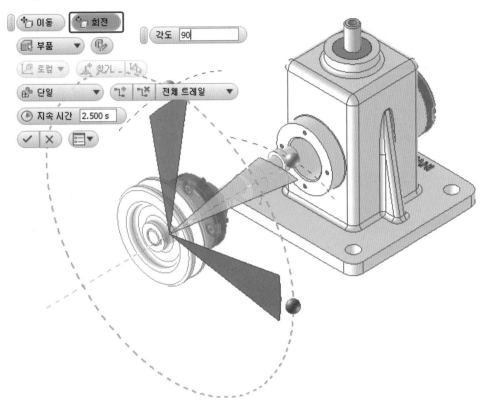

❸ 부품 및 구성요소

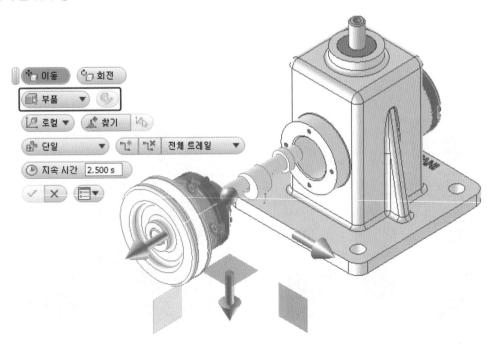

• 구성요소 추가 / 제거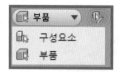

선택된 구성요소를 끌어 구성요소 추가/제거 명령을 활성화한 후 '구성요소 추가/ 제거'를 클릭하고 추가 구성요소를 선택합니다. 선택 영역에서 구성요소를 제거하려면 Ctrl 키를 누른 채로 클릭하여 제거할 구성요소를 선택합니다.

❹ 트레일 없음 / 모든 구성요소 / 모든 부품 / 단일

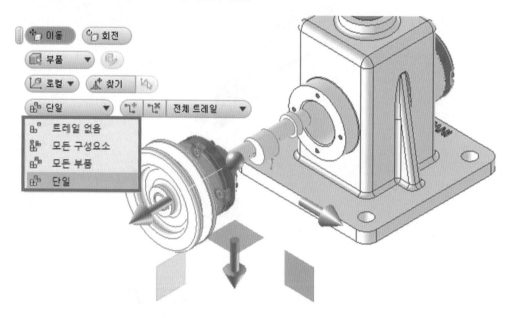

❺ 로컬 및 표준

▲ 로컬 : 원래 객체 방향 또는 대각선 방향   ▲ 표준 : 수직 또는 직각 방향

❻ 찾기 🔧

다른 미세조정 방향을 정의하려면 찾기를 클릭하고 면 또는 모서리를 선택하여 벡터를 재정의합니다.

❼ 트레일 가시성

• 모형 검색기에서 미세조정 노드를 마우스 오른쪽 버튼으로 클릭하고 트레일 숨기기 또는 트레일 표시를 선택합니다. 미세조정 편집을 사용하여 트레일을 추가 또는 삭제할 수도 있습니다.

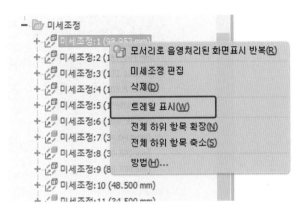

• 트레일에서 마우스 오른쪽 버튼으로 클릭하고 트레일 세그먼트 숨기기를 선택합니다. 현재 트레일 또는 전체 그룹을 숨길 수 있습니다.

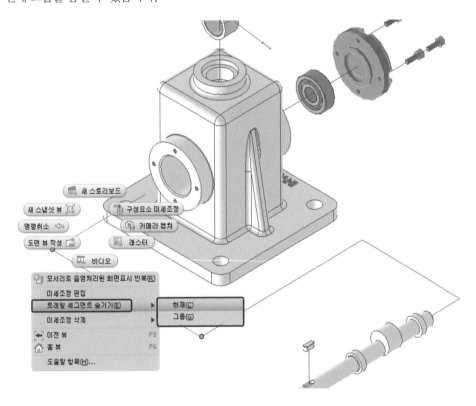

• 객체에서 마우스 오른쪽 버튼 클릭으로 트레일 숨기기 또는 전체 트레일을 표시합니다.

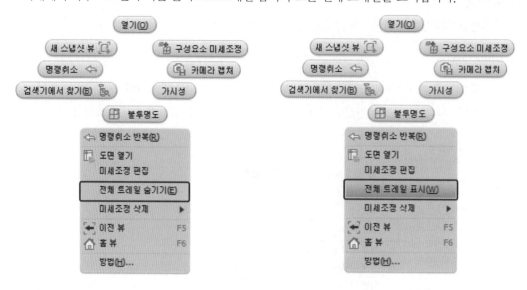

5 카메라 캡처

현재 카메라 위치를 저장합니다.

6 도면 뷰 작성

IPN 파일에 저장된 스냅샷 뷰를 기반으로 도면 뷰를 작성합니다. 도면 뷰에는 스냅샷 뷰에 대한 링크가 유지되므로 스냅샷 뷰가 변경되면 도면 뷰도 업데이트됩니다.

7 비디오

AVI 및 WMV 비디오 파일에 스토리보드를 게시할 수 있습니다. 대화창의 출력에서 출력 파일 이름을 입력하고 파일 저장 위치를 지정합니다.

8 래스터로 게시

스냅샷 뷰를 기반으로 이미지 파일을 작성합니다. BMP, GIF, JPG, PNG 및 TIFF 유형의 파일을 지원합니다.

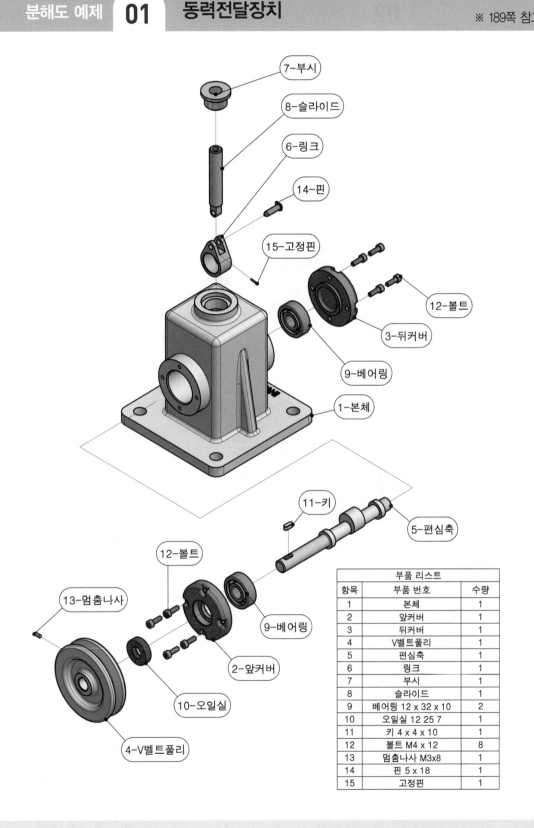

7-부시
8-슬라이드
6-링크
14-핀
15-고정핀
12-볼트
3-뒤커버
9-베어링
1-본체
11-키
5-편심축
12-볼트
13-멈춤나사
9-베어링
2-앞커버
10-오일실
4-V벨트풀리

부품 리스트		
항목	부품 번호	수량
1	본체	1
2	앞커버	1
3	뒤커버	1
4	V벨트풀리	1
5	편심축	1
6	링크	1
7	부시	1
8	슬라이드	1
9	베어링 12 x 32 x 10	2
10	오일실 12 25 7	1
11	키 4 x 4 x 10	1
12	볼트 M4 x 12	8
13	멈춤나사 M3x8	1
14	핀 5 x 18	1
15	고정핀	1

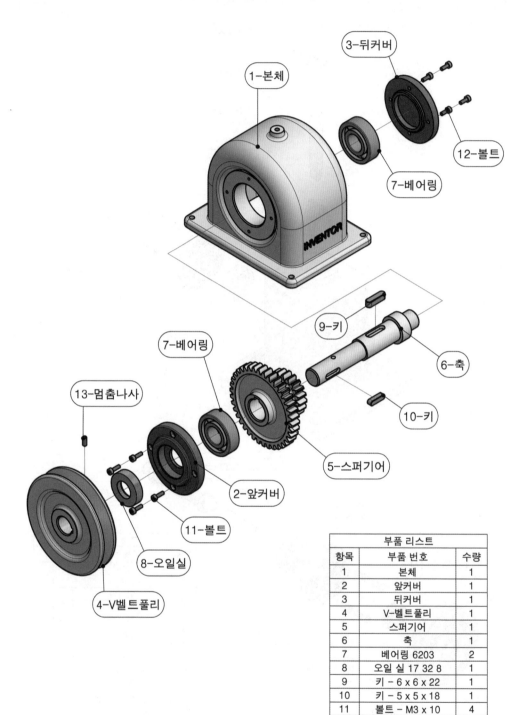

부품 리스트		
항목	부품 번호	수량
1	본체	1
2	앞커버	1
3	뒤커버	1
4	V-벨트풀리	1
5	스퍼기어	1
6	축	1
7	베어링 6203	2
8	오일 실 17 32 8	1
9	키 – 6 x 6 x 22	1
10	키 – 5 x 5 x 18	1
11	볼트 – M3 x 10	4
12	볼트 – M3 x 8	4
13	멈춤나사 – M4x10	1

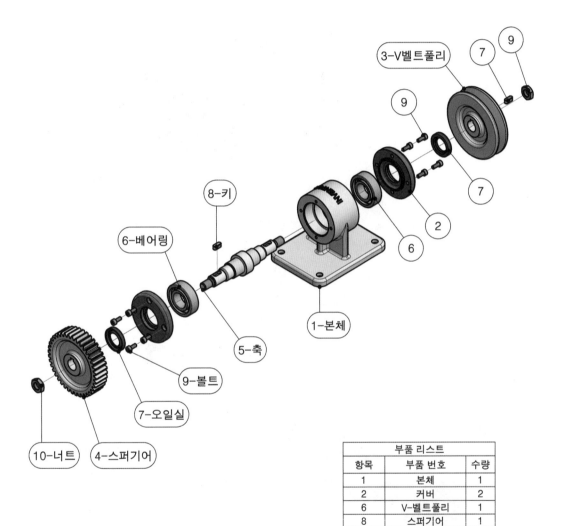

부품 리스트		
항목	부품 번호	수량
1	본체	1
2	커버	2
6	V-벨트풀리	1
8	스퍼기어	1
4	축	1
3	베어링 6004	2
5	오일 실 17 30 5	2
7	키 5 x 5 x 12	2
10	볼트 M4	8
9	너트 M10x1	2

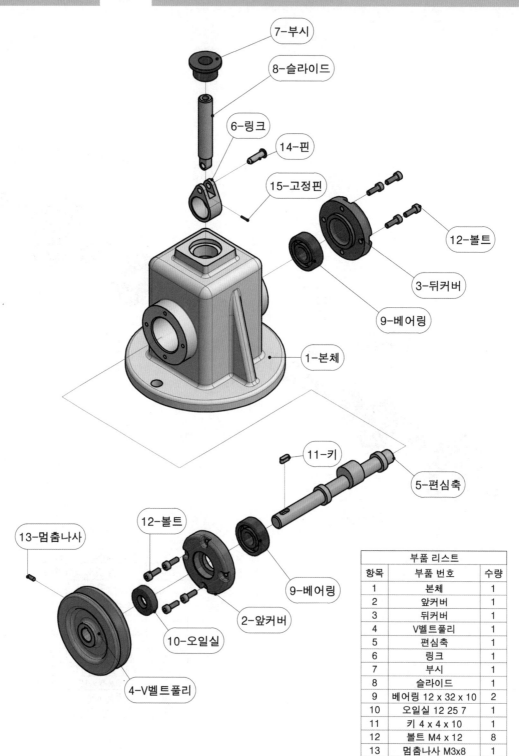

7-부시
8-슬라이드
6-링크
14-핀
15-고정핀
12-볼트
3-뒤커버
9-베어링
1-본체
11-키
5-편심축
13-멈춤나사
12-볼트
9-베어링
2-앞커버
10-오일실
4-V벨트풀리

부품 리스트		
항목	부품 번호	수량
1	본체	1
2	앞커버	1
3	뒤커버	1
4	V벨트풀리	1
5	편심축	1
6	링크	1
7	부시	1
8	슬라이드	1
9	베어링 12 x 32 x 10	2
10	오일실 12 25 7	1
11	키 4 x 4 x 10	1
12	볼트 M4 x 12	8
13	멈춤나사 M3x8	1
14	핀 5 x 18	1
15	고정핀 1.2 x 8	1

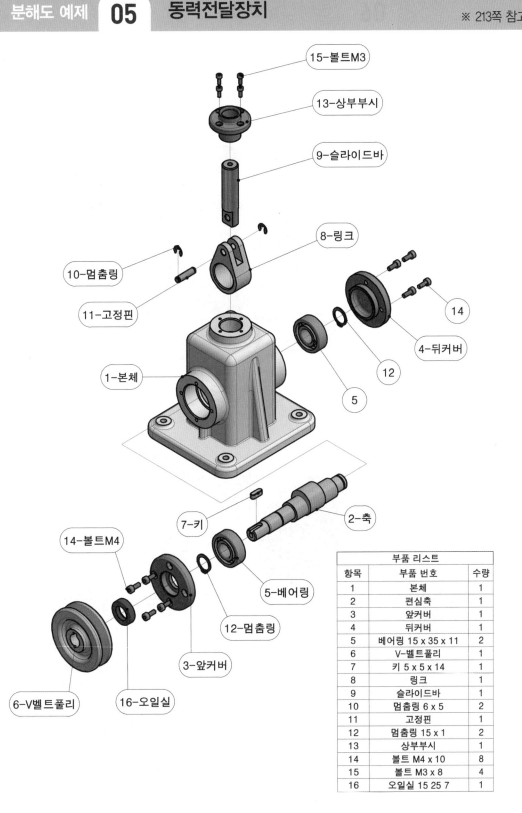

15-볼트M3

13-상부부시

9-슬라이드바

8-링크

10-멈춤링

11-고정핀

14

4-뒤커버

1-본체

12

5

7-키

2-축

14-볼트M4

5-베어링

12-멈춤링

3-앞커버

6-V벨트풀리

16-오일실

부품 리스트		
항목	부품 번호	수량
1	본체	1
2	편심축	1
3	앞커버	1
4	뒤커버	1
5	베어링 15 x 35 x 11	2
6	V-벨트풀리	1
7	키 5 x 5 x 14	1
8	링크	1
9	슬라이드바	1
10	멈춤링 6 x 5	2
11	고정핀	1
12	멈춤링 15 x 1	2
13	상부부시	1
14	볼트 M4 x 10	8
15	볼트 M3 x 8	4
16	오일실 15 25 7	1

PART **3** 인벤터 실무 활용

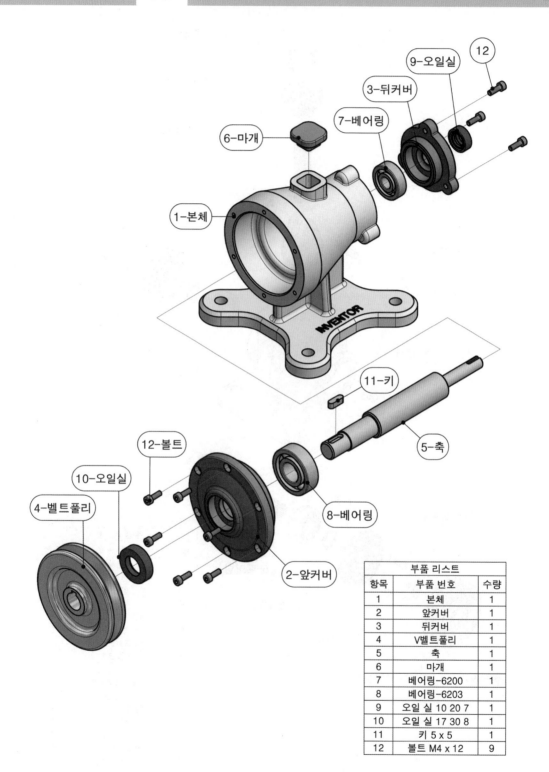

9-오일실

12

3-뒤커버

7-베어링

6-마개

1-본체

11-키

5-축

12-볼트

10-오일실

4-벨트풀리

8-베어링

2-앞커버

부품 리스트		
항목	부품 번호	수량
1	본체	1
2	앞커버	1
3	뒤커버	1
4	V벨트풀리	1
5	축	1
6	마개	1
7	베어링-6200	1
8	베어링-6203	1
9	오일 실 10 20 7	1
10	오일 실 17 30 8	1
11	키 5 x 5	1
12	볼트 M4 x 12	9

항목	부품 번호	수량
1	본체	1
2	탑 커버	1
3	V-벨트풀리	1
4	편심축	1
5	링크	1
6	탑 부시	1
7	부시2	1
8	부시1	2
9	슬라이더	1
10	베어링 15 x 35 x 11	2
11	오일 실 15 25 7	1
12	키 4 x 4 x 18	1
13	볼트 M4 x 10	1
14	볼트 M4 x 12	4
15	멈춤링 35x1.6	1
16	멈춤링 15 x 1	1
17	와셔 4x16	1
18	와셔 10x21	1
19	너트 M10	1
20	클래스터 편 6 x 24	1
21	사이드 커버	1
22	고정판	1

부품 리스트

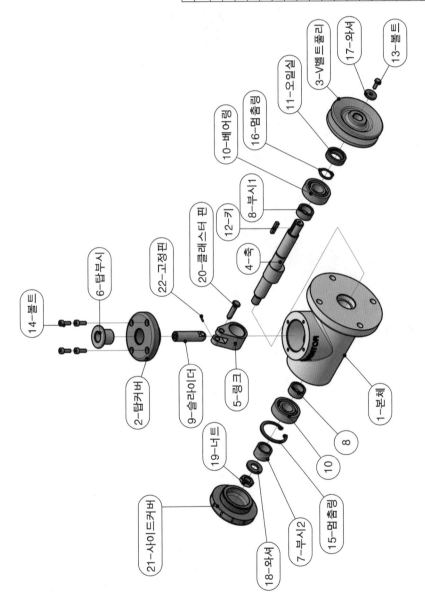

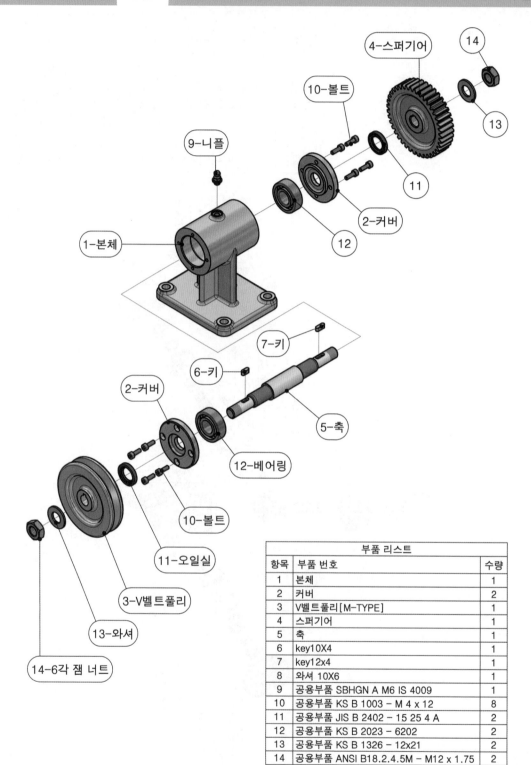

부품 리스트		
항목	부품 번호	수량
1	본체	1
2	커버	2
3	V벨트풀리[M-TYPE]	1
4	스퍼기어	1
5	축	1
6	key10X4	1
7	key12x4	1
8	와셔 10X6	1
9	공용부품 SBHGN A M6 IS 4009	1
10	공용부품 KS B 1003 − M 4 x 12	8
11	공용부품 JIS B 2402 − 15 25 4 A	2
12	공용부품 KS B 2023 − 6202	2
13	공용부품 KS B 1326 − 12x21	2
14	공용부품 ANSI B18.2.4.5M − M12 x 1.75	2

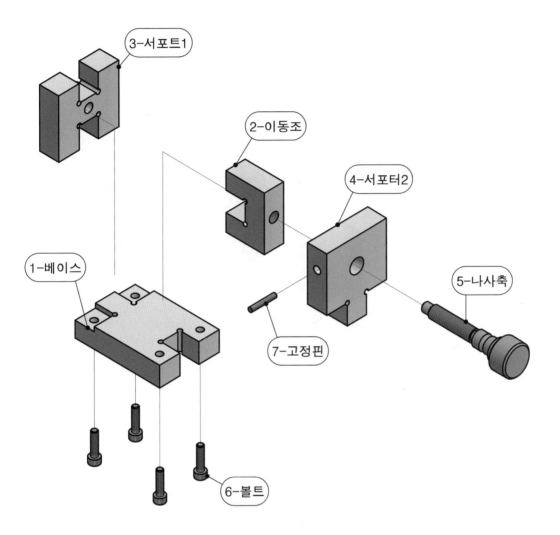

3-서포트1

2-이동조

4-서포터2

5-나사축

1-베이스

7-고정핀

6-볼트

부품 리스트		
항목	부품 번호	수량
1	베이스	1
3	이동조	1
4	서포트1	1
2	서포터2	1
5	나사축	1
7	볼트 M 4 x 16	4
6	고정핀	1

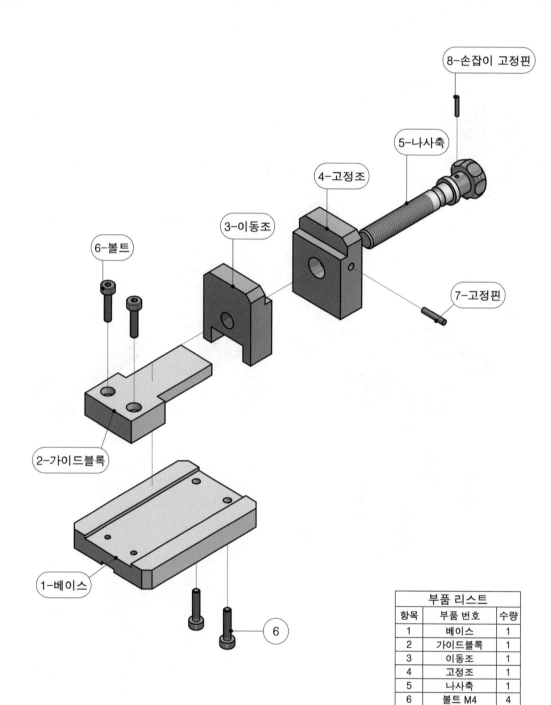

8-손잡이 고정핀

5-나사축

4-고정조

3-이동조

6-볼트

7-고정핀

2-가이드블록

1-베이스

6

부품 리스트		
항목	부품 번호	수량
1	베이스	1
2	가이드블록	1
3	이동조	1
4	고정조	1
5	나사축	1
6	볼트 M4	4
7	고정핀	1
8	손잡이고정핀	1
9	손잡이4호	1

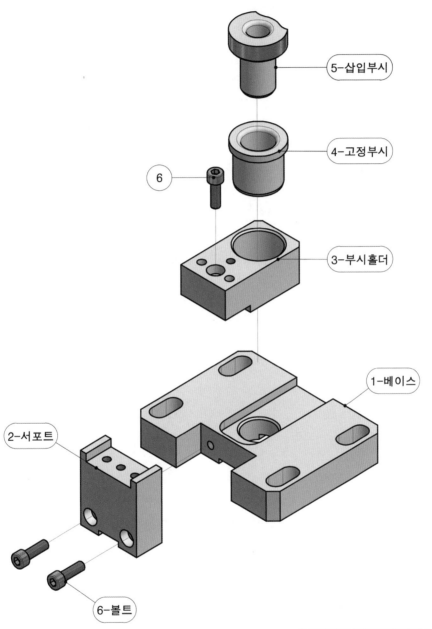

5-삽입부시

4-고정부시

6

3-부시홀더

1-베이스

2-서포트

6-볼트

부품 리스트		
항목	부품 번호	수량
1	베이스	1
2	서포트	1
3	부시홀더	1
4	고정부시	1
5	삽입부시	1
6	볼트 KS B 1003 – M 5 x 16	3

PART **3** 인벤터 실무 활용

곡면 모델링

CAM 도면을 통해 곡면(Surface) 기능을 활용하여 모델링 해봅니다. 난이도가 있는 모델링 으로서 실무능력에서의 능력을 향상할 수 있도록 학습합니다.

1 서피스 기능

NO	icon	기능	NO	icon	기능
1		스티치	5		자르기(단축 명령 : P)
2		패치	6		연장
3		조각	7		면 대체(단축 명령 : N)
4		직선보간 곡면			

1 스티치

생성된 경계 패치를 하나의 경계로 작업할 수 있는 기능으로 모두 **닫힌 경계를 선택하여 스티치 하게 되면 솔리드로 변환**됩니다. 각각의 천을 바느질해서 하나의 모양을 만드는 과정으로 면을 솔리드로 접합합니다. 접합될 곡면 모서리의 크기는 같아야 하고 서로 인접해야 하며, 체적을 형성하는 곡면을 스티치 하면 솔리드가 작성됩니다.

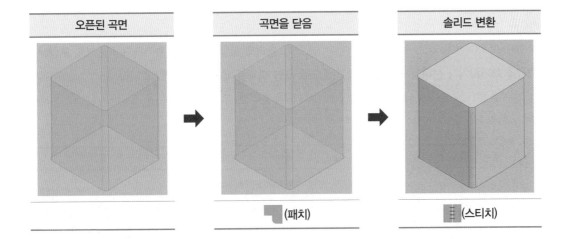

오픈된 곡면	곡면을 닫음	솔리드 변환
	(패치)	(스티치)

2 패치

경계 패치 기능을 이용하여 **오픈되어 있는 곡면을 닫아 줄 수 있습니다.** 지정한 닫힌 루프의 경계 내에 서 평면 표면 또는 3D 표면을 작성하며, 곡면의 각 모서리에 접촉, 접선 및 부드럽게 경계 조건을 적 용할 수 있습니다.

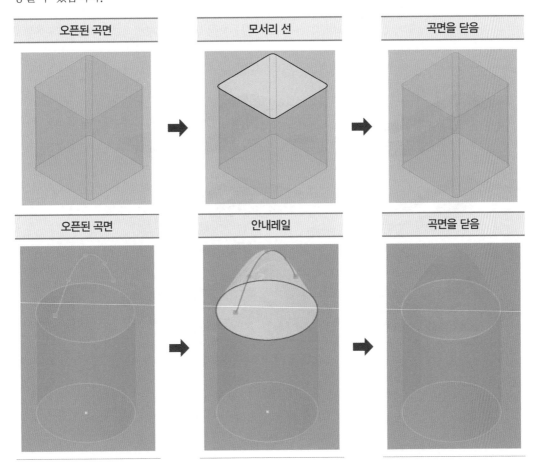

오픈된 곡면	모서리 선	곡면을 닫음
오픈된 곡면	안내레일	곡면을 닫음

③ 조각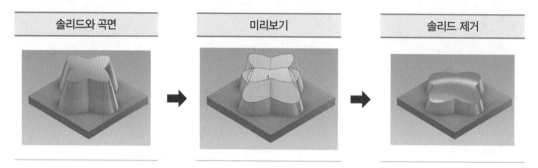

곡면을 이용하여 솔리드 모양을 변형할 수 있으며, **솔리드 모형에 재질을 추가하거나 솔리드 모형에서 재질을 제거하거나 선택한 곡면 형상을 기준으로 곡면 피쳐를 추가하거나 제거합니다.** 조각은 둘러싸인 체적을 형성하는 자르지 않은 곡면 형상으로부터 새 솔리드 본체를 작성하며, 조각은 원치 않은 재질을 잘라냅니다.

솔리드와 곡면	미리보기	솔리드 제거

④ 직선보간 곡면

선택한 모서리에서 지정된 거리 및 방향으로 연장되는 곡면을 작성하며, 방향은 선택한 면에 대해 법선 또는 접선에 의해 자동으로 설정됩니다. 벡터를 사용하여 면, 작업 평면, 모서리 또는 축을 통해 설정합니다.

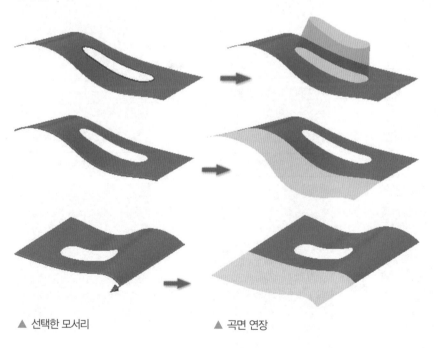

▲ 선택한 모서리   ▲ 곡면 연장

5 자르기 ✂(P)

교차된 곡면 중 필요한 부분만 남기고 자를 수 있으며, 절단 명령에 의해 정의된 곡면의 영역을 제거합니다. 절단 도구는 곡면 퀼트, 단일 부품 면, 단일 비교차 2D 스케치 곡선 또는 작업 평면이 될 수 있으며, 곡면 자르기는 곡면을 교차하지 않는 2D 스케치 절단 명령을 자동으로 연장합니다.

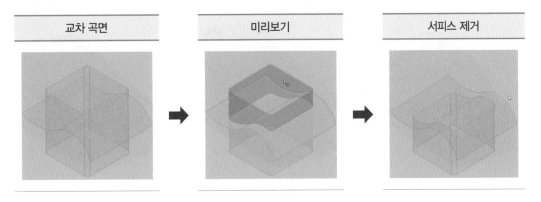

교차 곡면	미리보기	서피스 제거

6 연장 📑

곡면의 모서리를 선택하여 연장하는 기능으로 거리 또는 종료 평면을 지정하여 하나 이상의 방향으로 곡면을 연장합니다. 대화상자에서 '자세히'를 클릭하여 모서리를 연장할 방법을 지정합니다. 연장 시 선택한 모서리와 인접한 모서리의 방향을 따르며, 늘이기 시 선택한 모서리에 인접한 모서리에서 직선으로 모서리를 연장합니다.

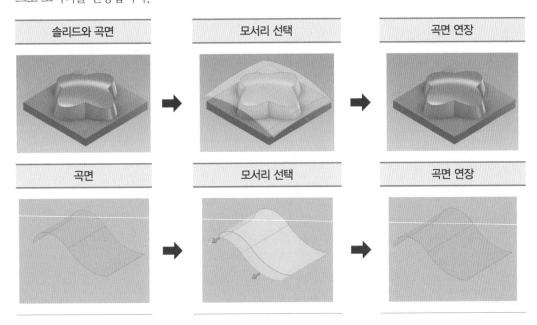

솔리드와 곡면	모서리 선택	곡면 연장
곡면	모서리 선택	곡면 연장

7 면 대체 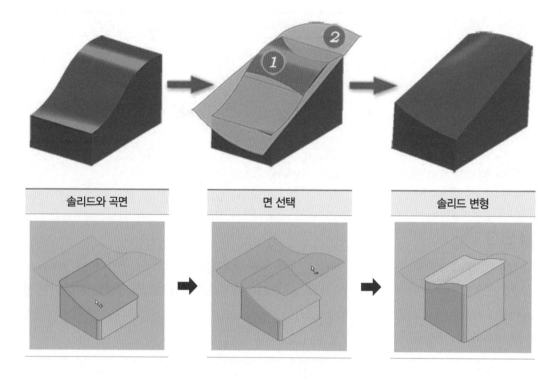(N)

생성된 면을 기준으로 솔리드 모양을 변형할 수 있습니다. 하나 이상의 부품 면을 다른 면으로 대체하고, 새 면은 부품을 완전히 교차하며, 필요한 경우 면 대체는 새 면을 잘라 기존 부품 면과 일치시킵니다.

| 솔리드와 곡면 | 면 선택 | 솔리드 변형 |

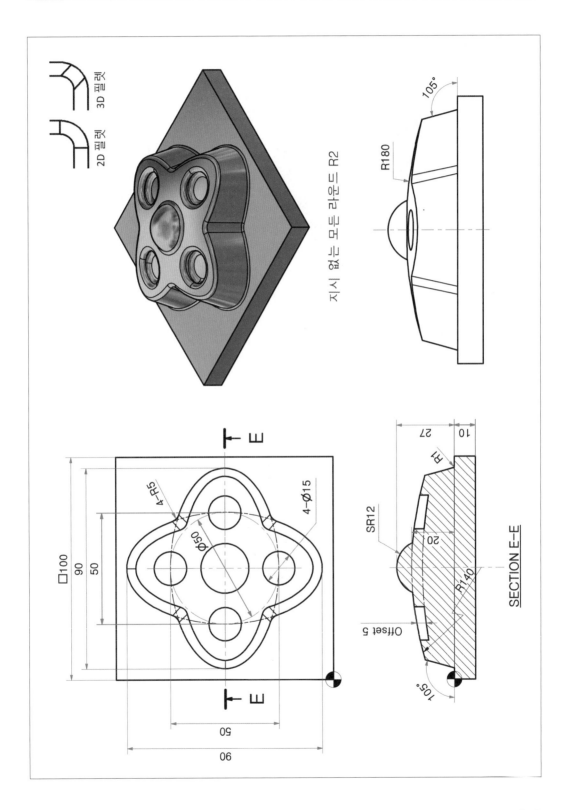

2D 필렛
3D 필렛

지시 없는 모든 라운드 R2

105°
R180

4-R5
4-Ø15
Ø50
□100
90
50

E
E

50
90

SR12
27
10
R1
20
R140
Offset 5
105°

SECTION E-E

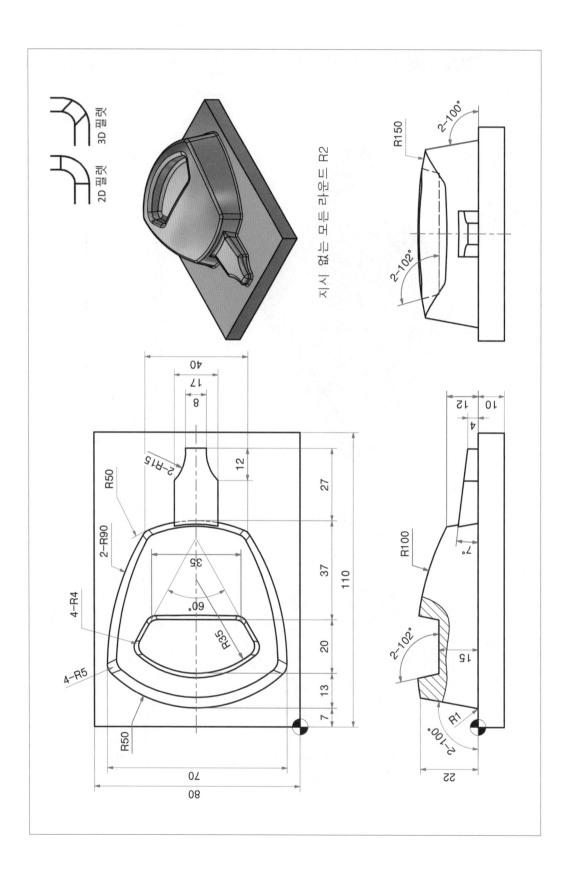

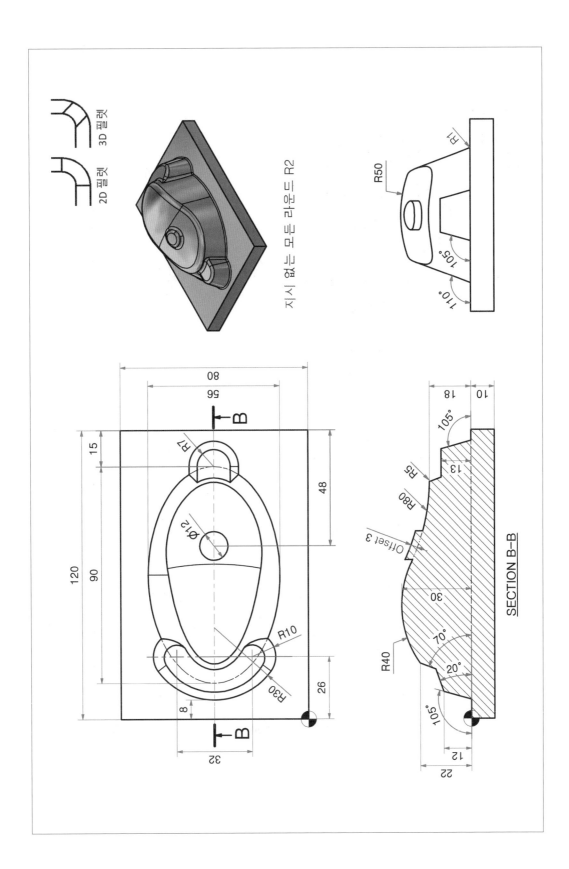

2D 필렛 3D 필렛

지시 없는 모든 라운드 R2

R50

R1

110° 105°

SECTION B-B

R40 R80 R5

Offset 3

R10 R30

Ø12

R7

B

B

120 90 15 48 26 8 32 80 56

18 10 105° 13 30 70° 20° 105° 12 22

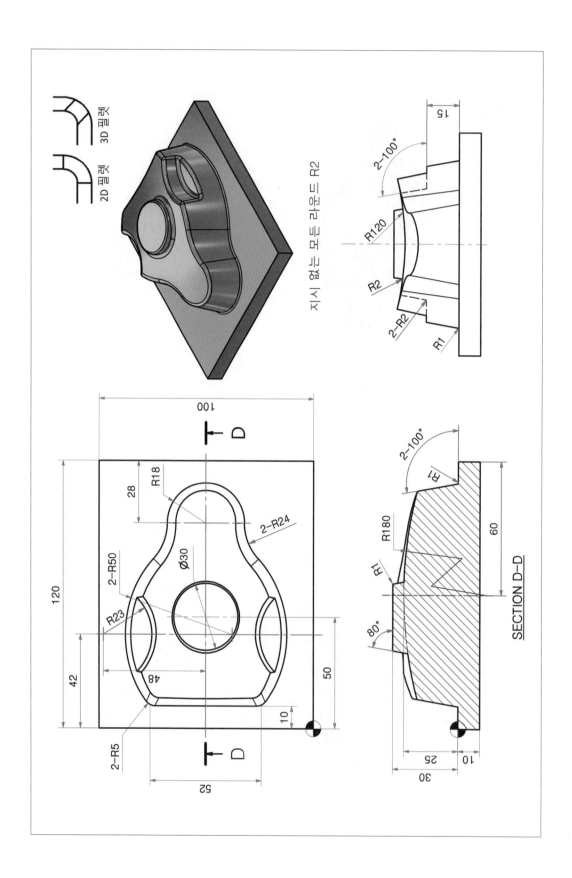

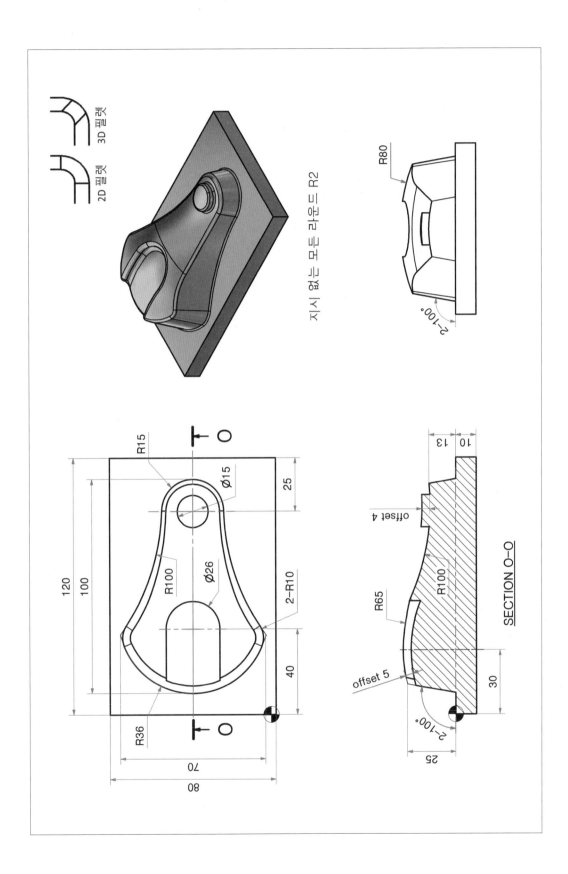

2D 필렛 3D 필렛

지시 없는 모든 라운드 R2

R80

2-100°

R15

Ø15

25

R100

Ø26

2-R10

120

100

40

R36

70

80

offset 4

R65

R100

SECTION O-O

offset 5

2-100°

30

25

13

10

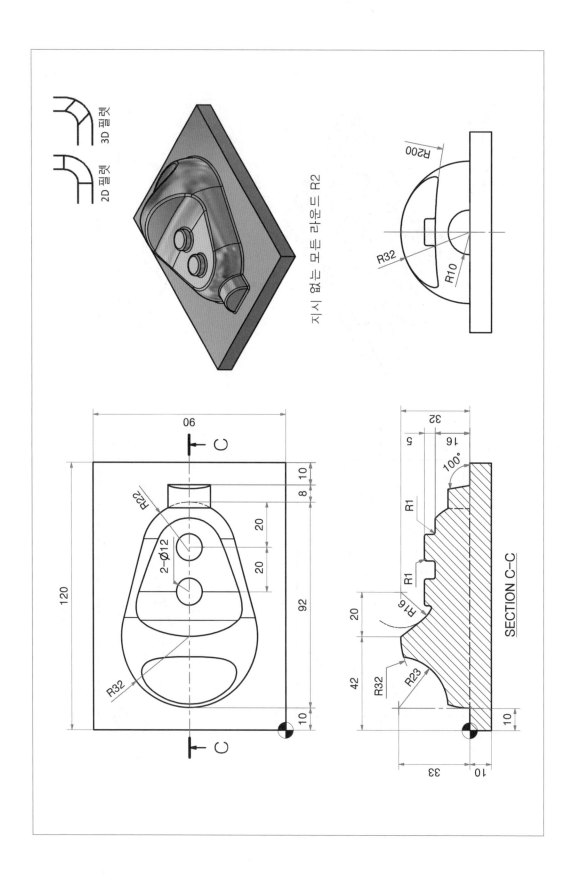

2D 필렛

3D 필렛

지시 없는 모든 라운드 R2

R200

R32

R10

90

R22

2-Ø12

20

20

120

92

R32

10

8 10

C

C

32

5

16

100°

R1

R1

20

R16

R1

42

R32

R23

10

33

10

SECTION C-C

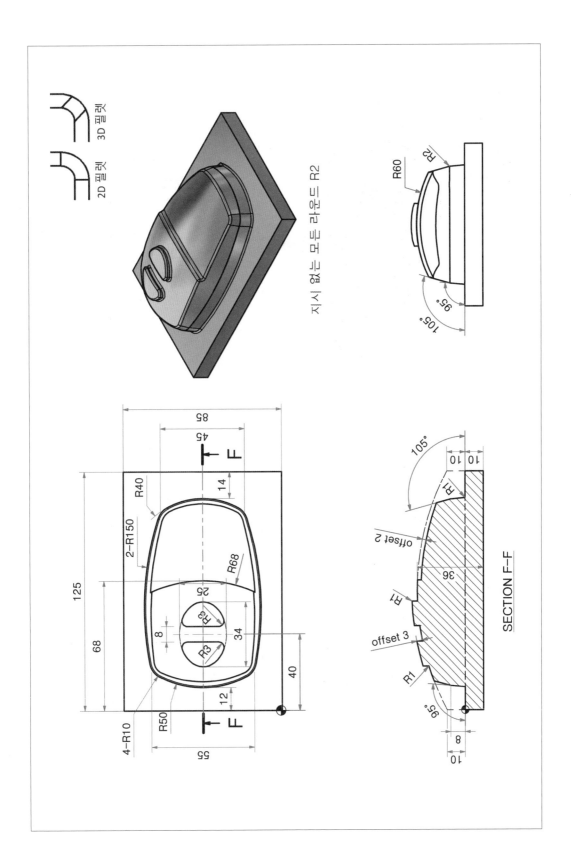

2D 필렛   3D 필렛

지시 없는 모든 라운드 R2

SECTION F-F

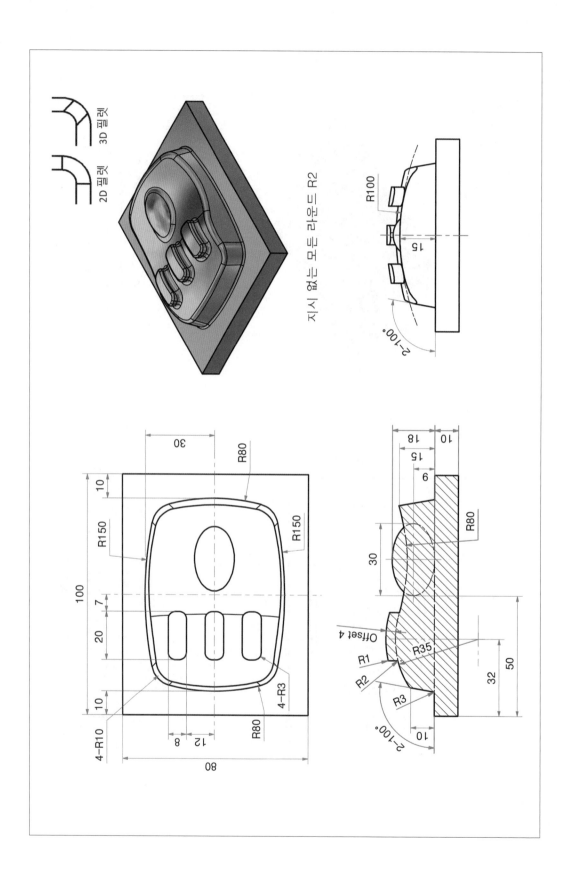

2D 필렛　3D 필렛

지시 없는 모든 라운드 R2

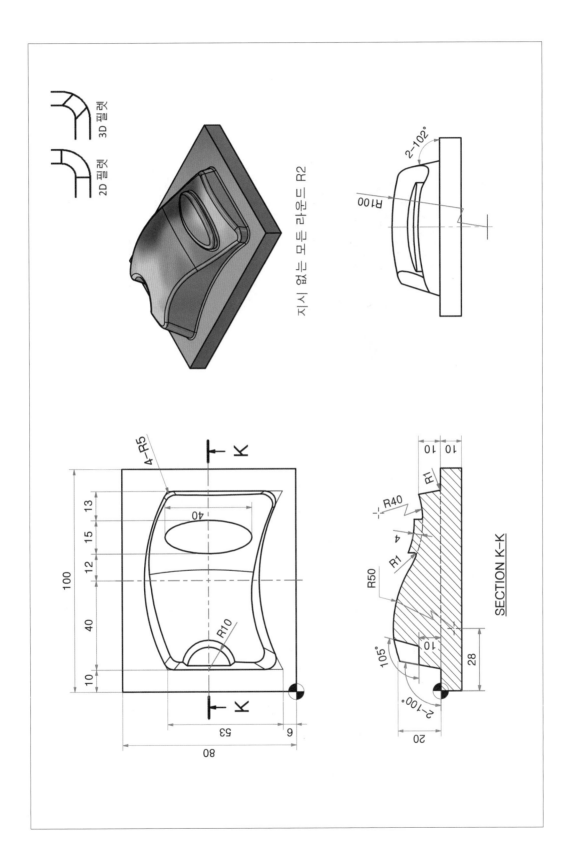

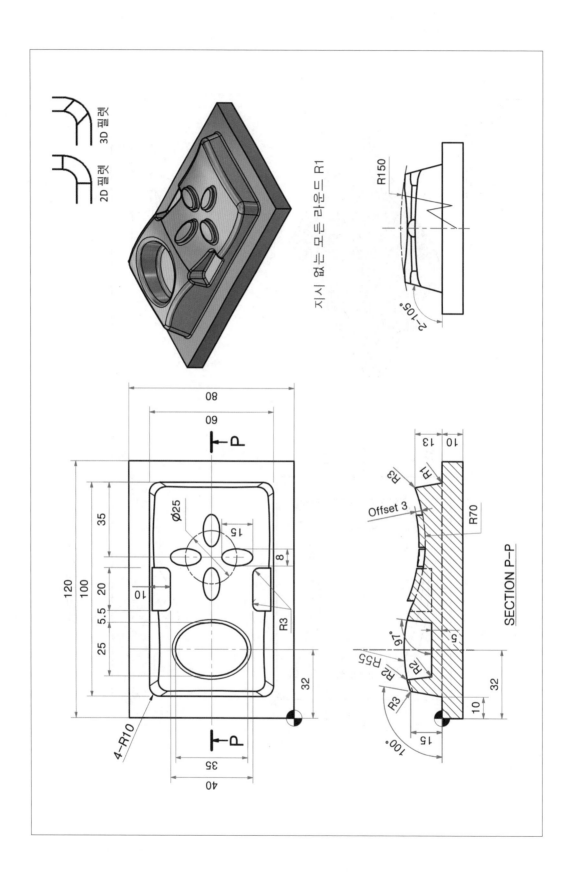

지시 없는 모든 라운드 R1

2D 필렛 3D 필렛

SECTION P-P

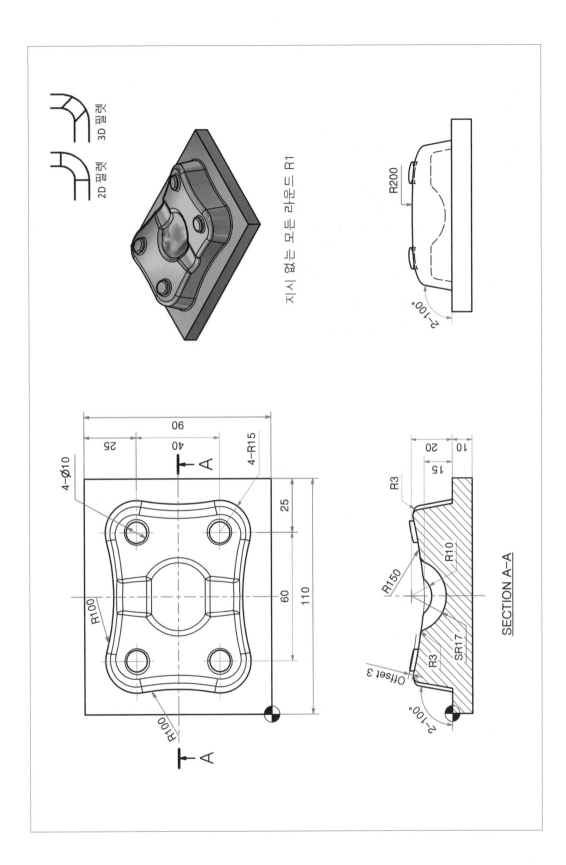

2D 필렛

3D 필렛

지시 없는 모든 라운드 R1

R200

2-100°

4-Ø10

25

90

40

4-R15

25

60

110

R100

R100

A—A

A—A

R3

20

15

10

R150

R10

Offset 3

R3

SR17

2-100°

SECTION A-A

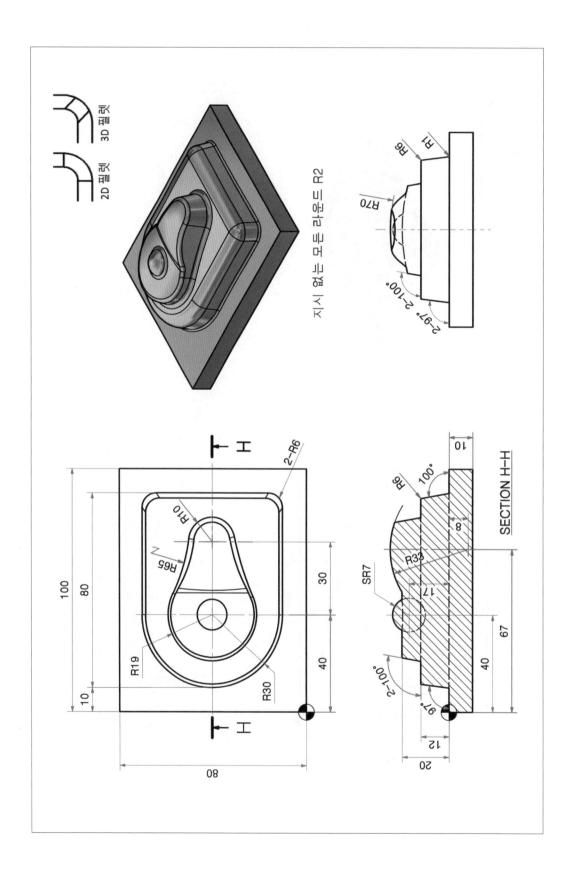

지시 없는 모든 라운드 R2

SECTION H-H

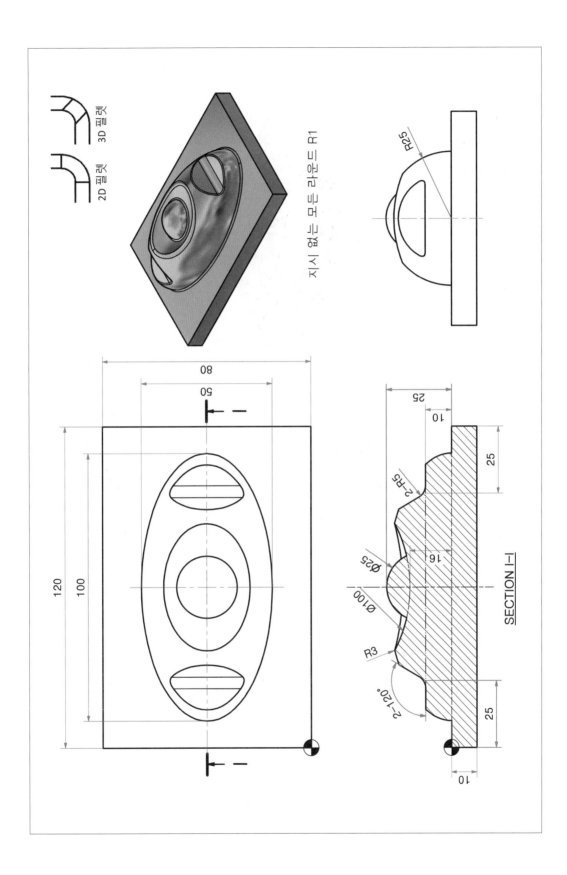

2D 필렛

3D 필렛

지시 없는 모든 라운드 R1

R25

SECTION I–I

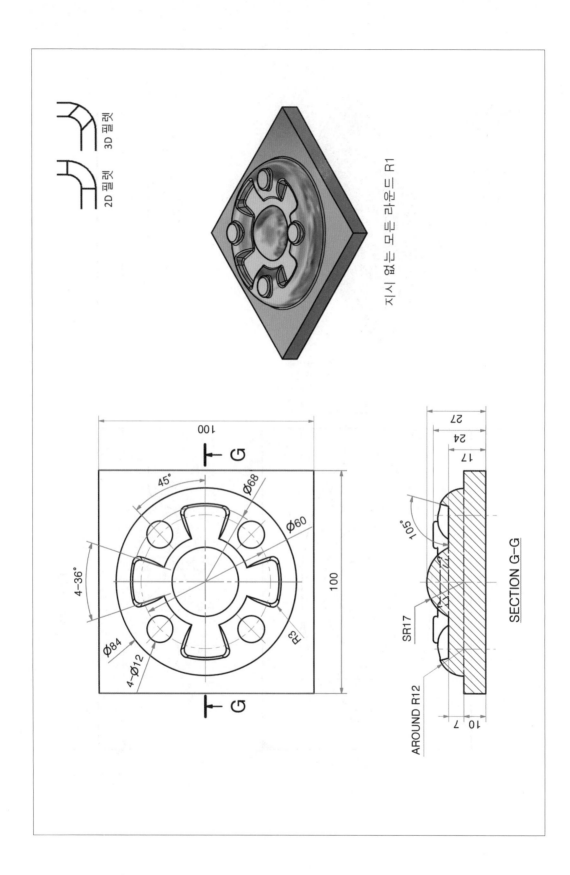

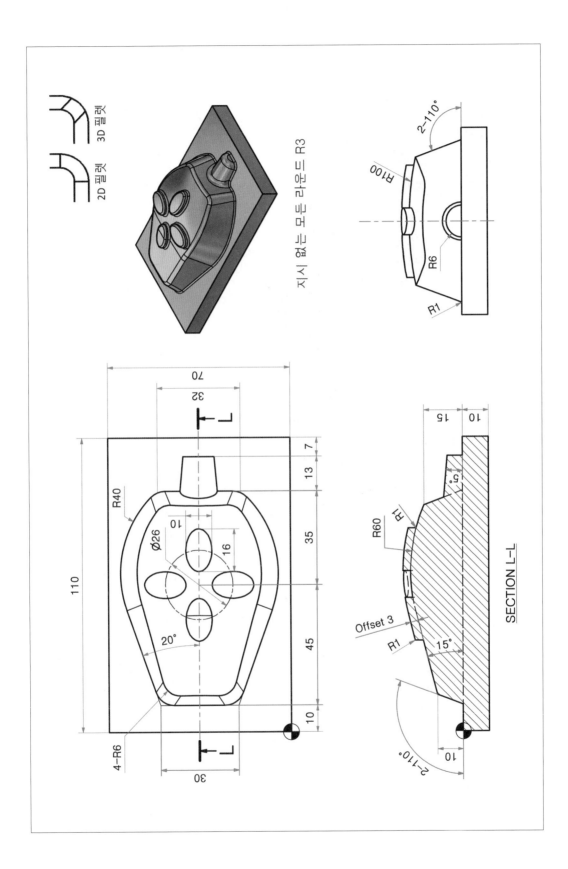

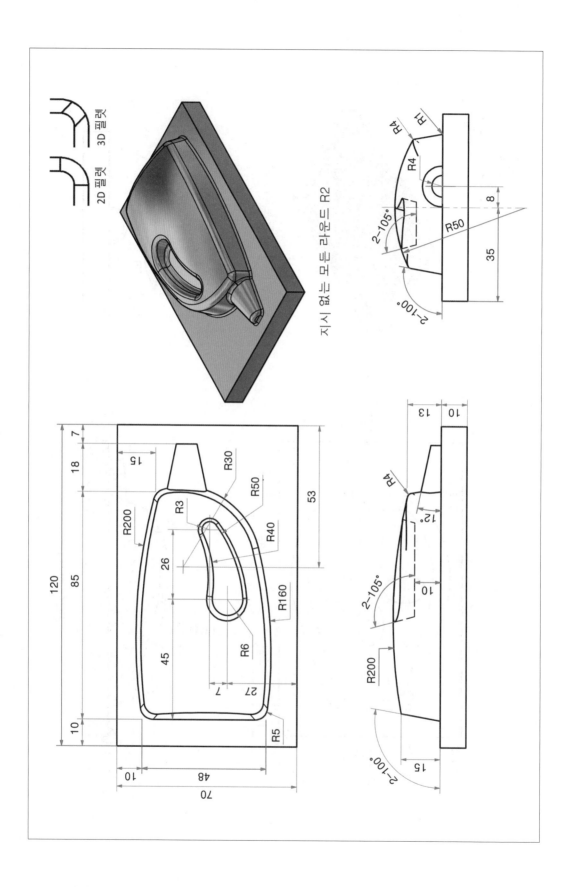

지시 없는 모든 라운드 R2

2D 필렛 3D 필렛

다양한 기능 및 모델링

재질 입히기, 질량 구하기 등 다양한 기능 활용과 회전 날개 모델링 방법에 대해 학습합니다.

1 재질 입히기

모델링한 파일에 재질을 입히는 방법은 리본 메뉴의 "모양"을 클릭하여 원하는 색과 질감을 입힐 수 있습니다. 우선 리본 메뉴의 재질 아이콘은 밀도값, 질량값 등 금속의 속성이 포함되어 있습니다. 그러나 "모양" 아이콘의 재질은 모델링의 원하는 면이나 일부분에 원하는 색과 질감 등을 표현하는 것입니다.

리본 메뉴의 "모양" 아이콘을 이용한 재질 적용 방법에 대해 알아보도록 하겠습니다.

1 모델링 파일 불러오기

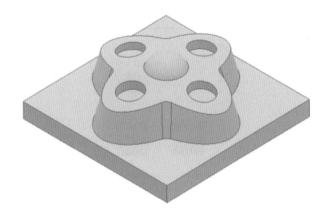

2 도구 ▶ 모양 클릭

❶ 모양 검색기 재질 검색 ▶ 반연마, 니켈 선택

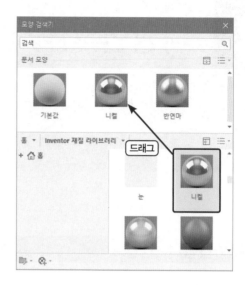

❷ 검색기 ▶ 피처 선택 ▶ 모양 검색기 반연마 선택

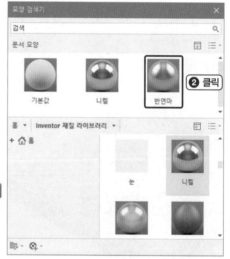

❸ 모델링 윗 부분 마우스로 드래그하여 선택

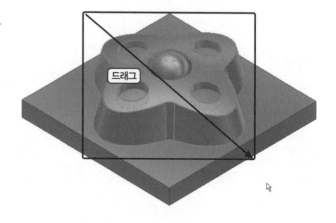

④ 모양 검색기 ▶ 니켈 선택

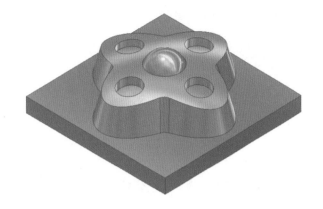

2 질량 구하기

① 기존 재질을 이용하여 질량값을 구하는 방법(밀도값 7.85)

❶ 검색기 ▶ 피처(100×100) 아이콘 선택 ▶ 마우스 오른쪽 버튼 클릭 ▶ iProerties 선택

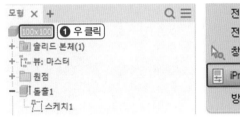 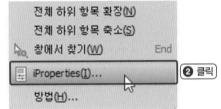

❷ 재질을 "강철"로 변경 (밀도 : 7.85) ▶ 요청된
정확도 "매우 높음"으로 변경 ▶ 질량값 확인

※ 현재 질량값의 단위는 킬로그램(kg)입니다. 그램(g)
단위로 변경합니다. (다음 순서 참고)

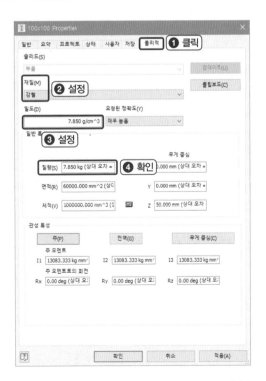

❸ 도구 탭 ▶ 문서 설정 클릭

❹ 단위 탭 ▶ 질량 ▶ 그램으로 변경 ▶ 확인

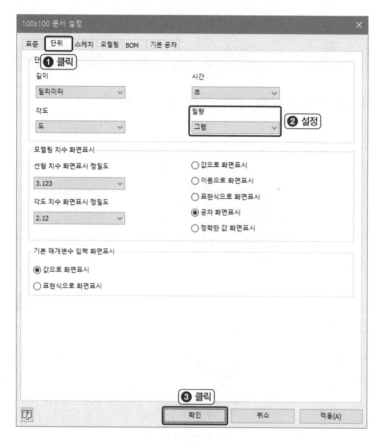

❺ 검색기 ▶ 피처(100×100) 아이콘 선택 ▶ 마우스 우 클릭 ▶ iProerties 선택

❻ 질량값 단위(g) 변경 확인

② 새로운 재질을 만들어 질량값을 구하는 방법

❶ 도구 탭 ▶ 재질 클릭

❷ 검색기 하단 새로 만들기 아이콘 클릭 ▶ 새로 만들어진 재질 선택 ▶ 마우스 우 클릭 ▶ 이름 변경
▶7.85 ▶ 7.85 재질 마우스 왼쪽 버튼 더블 클릭 ▶ 물리적 탭 ▶ 밀도값 7.85 입력▶ 확인

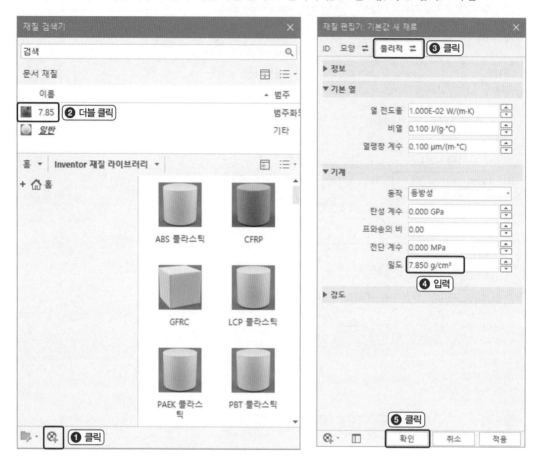

❸ 재질 검색기 ▶ 피처(100×100) 선택 후 새로 만든 재질(7.85)을 선택하여 적용 후 iProerties에서
질량값 확인

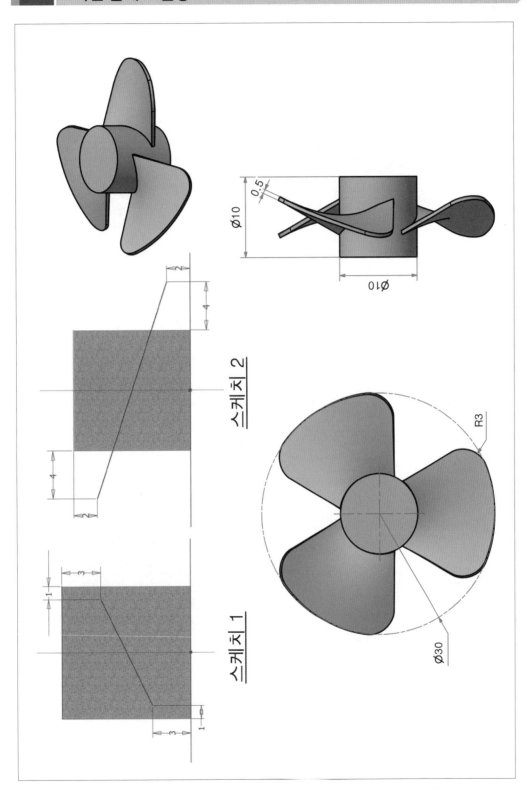

스케치 2

스케치 1

R3

Ø30

Ø10

Ø10

0.5

새로 만들기 ▶ 2D 스케치 시작 ▶ XZ 평면 선택 ▶ 원 지름 10 작성 ▶ 돌출 10 ▶ 확인

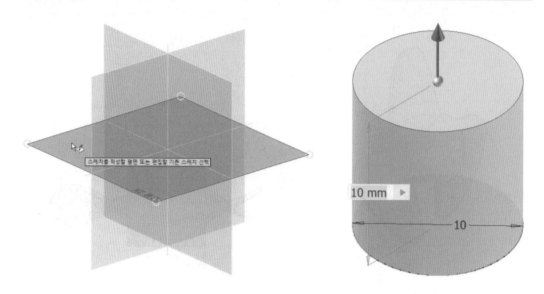

검색기 원점의 XY 평면 선택 ▶ 새 스케치 ▶ F7 (그래픽 슬라이스) ▶ 아래와 같이 스케치 ▶ 스케치 마무리

※ 예제의 치수와 동일하게 작성하지 않을 경우 오류가 발생할 수 있습니다.

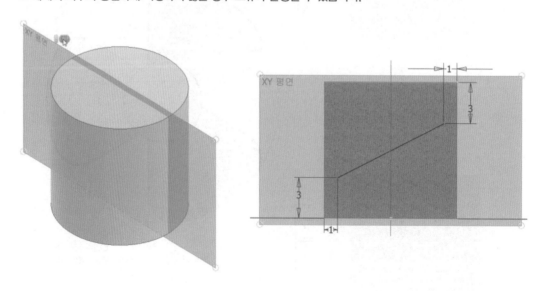

Step 03   3D 스케치 시작

Step 04   곡면에 투영 아이콘 클릭 ▶ 원통 옆면 선택 ▶ 선 선택 ▶ 확인

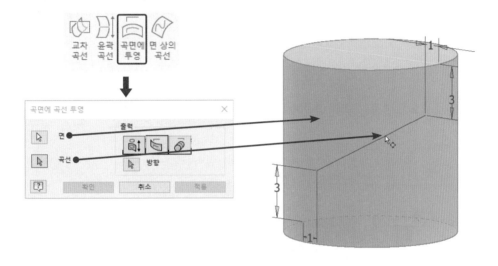

Step 05   원통 옆면에 곡선 투영 완성

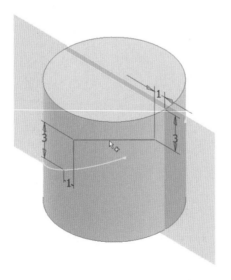

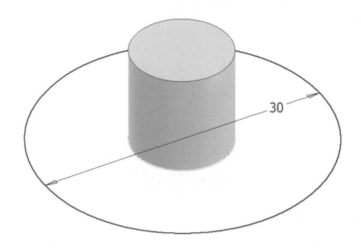

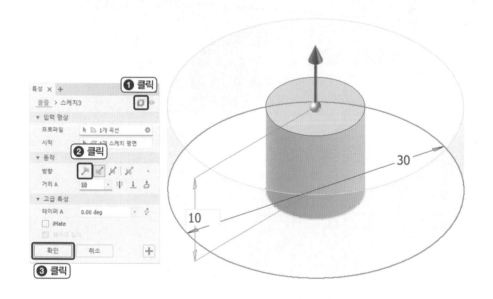

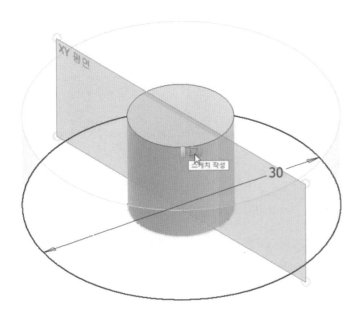

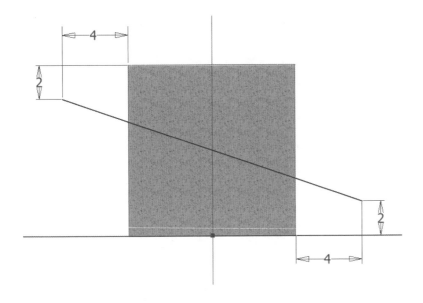

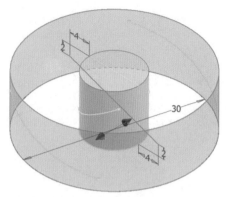

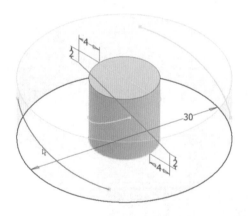

※ 대화창에서 반드시 곡면을 먼저 선택 후 선을 선택합니다. 순서가 바뀌면 오류가 발생할 수 있습니다.

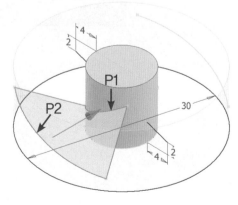

Step 13 두껍게 하기 / 간격 띄우기 아이콘 클릭

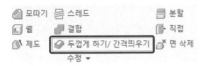

Step 14 방향은 양쪽 "대칭"으로 클릭 ▶ 거리 0.5 입력 ▶ 확인

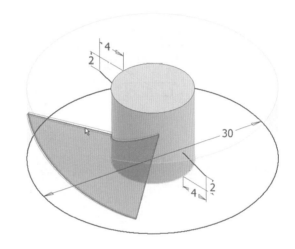

Step 15 모깎기 3 입력 ▶ 모서리 선 선택 ▶ 확인

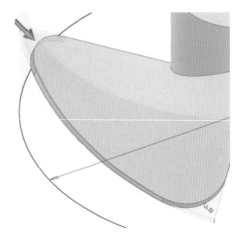

Step 16 원형 패턴 ▶ 검색기의 로프트 곡면, 두껍게 하기, 모깎기 선택 ▶ 배치 "3" 입력 ▶ 확인

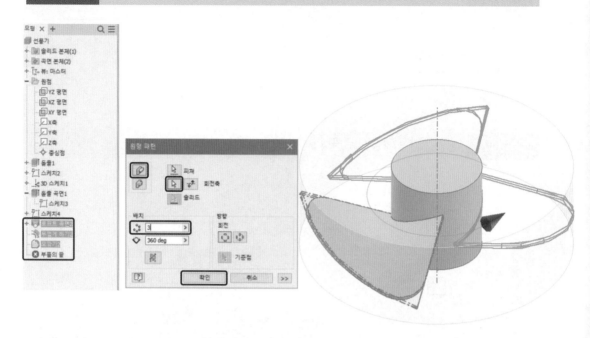

Step 17 모델링 완성

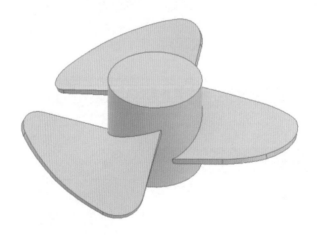

CAD 실무능력평가 CAT 1·2급

Auto CAD

홍성기, 강민정 지음 | 356쪽 | 25,000원

📖 CAD 실무능력평가 1·2급은

2D 도면작성 능력을 검증하는 2급 시험과 3차원 모델링 능력을 검증하는 1급 시험을 대비함은 물론이고 초보에서 실무자 모두에게 캐드의 기초에서 3차원까지 핵심을 한 눈에 알 수 있도록 구성하였습니다.

📖 이 책의 특징

1. Part1에서는 캐드의 기본 명령어와 함께 각각의 기능별 종합예제를 통해 기본 개념과 기능 활용 위주로 기술하였습니다.

2. Part2는 CAD 실무능력평가 2급 시험의 기본 설정, 예제 등 시험과 관련된 중요 내용과 기출문제를 자세히 분석하였고, 일부 중요한 부분은 동영상이 있어 이해와 실전 능력을 키울 수 있도록 구성하였습니다.

3. Part3은 3차원 기본 명령어와 함께 솔리드 기능과 작성 요령에 대해 기술하였습니다.

4. Part4는 CAD 실무능력평가 1급 예상문제 50개와 저자 직강 동영상 강의(유료)를 통해 시험 합격에 대한 노하우를 공개하였습니다(성안당이러닝(www.bmcyber.co.kr) 사이트).

쇼핑몰 QR코드 ▶다양한 전문서적을 빠르고 신속하게 만나실 수 있습니다.
경기도 파주시 문발로 112 파주 출판 문화도시 TEL. 031)950-6300 FAX. 031)955-0510

BM (주)도서출판 **성안당**

인벤터 설계

2021. 10. 19. 초 판 1쇄 인쇄
2021. 10. 27. 초 판 1쇄 발행

지은이 | 홍성기, 강민정
펴낸이 | 이종춘
펴낸곳 | **BM** (주)도서출판 **성안당**

주소 | 04032 서울시 마포구 양화로 127 첨단빌딩 3층(출판기획 R&D 센터)
     | 10881 경기도 파주시 문발로 112 파주 출판 문화도시(제작 및 물류)
전화 | 02) 3142-0036
     | 031) 950-6300
팩스 | 031) 955-0510
등록 | 1973. 2. 1. 제406-2005-000046호
출판사 홈페이지 | www.cyber.co.kr
도서 내용 문의 | damis01@naver.com, mjengk@hanmail.net
ISBN | 978-89-315-5453-3 (13000)
정가 | 27,000원

저자와의
협의하에
검인생략

이 책을 만든 사람들
책임 | 최옥현
진행 | 최창동
본문 디자인 | 인투
표지 디자인 | 박원석
홍보 | 김계향, 유미나, 서세원
국제부 | 이선민, 조혜란, 권수경
마케팅 | 구본철, 차정욱, 나진호, 이동후, 강호묵
마케팅 지원 | 장상범, 박지연
제작 | 김유석

www.cyber.co.kr ★★★
성안당 Web 사이트